SHEQU JIAOZHENG SHEHUI GONGZUO

社区矫正社会工作

主编

李 辉　马永清

撰稿人

（按章节撰写顺序）

李 辉　艾娅敏　傅 今　马永清　赵向兵
李 硕　段鉴峰　普忠鸿　王 攀　汤维幸

中国政法大学出版社

2024·北京

社区矫正学丛书

编委会主任：李　辉
副 主 任：马永清　佴　澎　王　峻　余蕊娅
　　　　　　周建军　于　涛
编　　委：李林声　黄金泉　张　婕　唐锦江
　　　　　　李红武　杨丰合　张姣妹　刘俊辉　虎贵华

总 序

　　社区矫正是人道主义原则、社会防卫思想及犯罪人治理的事业。党和政府高度重视社区矫正事业，并以时不我待的精神与科学谨慎的态度，积极、稳妥地推进社区矫正制度的建构和完善。2013年11月，中国共产党第十八届中央委员会第三次全体会议通过《中共中央关于全面深化改革若干重大问题的决定》，明确提出要"健全社区矫正制度"。2014年4月21日，习近平总书记在听取司法部工作汇报时明确指出，社区矫正已在试点的基础上全面推开，新情况新问题会不断出现。要持续跟踪完善社区矫正制度，加快推进立法，理顺工作体制机制，加强矫正机构和队伍建设，切实提高社区矫正工作水平。习近平总书记的重要指示，充分肯定了社区矫正工作取得的成绩，对社区矫正工作的目标、任务、措施等作了全面论述，提出了明确要求，为进一步做好社区矫正工作、完善社区矫正制度指明了方向。根据习近平总书记的重要指示，最高人民法院、最高人民检察院、公安部、司法部（以下简称"两高两部"）2014年8月颁行了《关于全面推进社区矫正工作的意见》，正式、全面地推行社区矫正制度。2019年，《中华人民共和国社区矫正法》（以下简称《社区矫正法》）颁布；2020年，《中华人民共和国社区矫正法实施办法》颁行。至此，中国特色的社区矫正制度正式形成。

　　从社区矫正制度的渊源、社会防卫的思想与犯罪人治理的目的出发，社区矫正兼具社区刑罚、刑罚执行的性质。从我国的情况来看，社区矫正还处在非监禁刑罚执行制度的层面，是宽严相济刑事政策在刑罚执行方面的体现，较好地体现了社会主义法治教育人、改造人的优越性。但从动态发展的层面看，社区矫正制度势必包含社区刑罚的内容，具有更为丰富的内涵和更加深远的旨趣。其中，作为社区刑罚的社会矫正制度将在社会防卫思想的指引下，进一步依法扩大社会权力的作用，推动犯罪人治理体系和能力的现代化。考虑到社会支持的根本作用及其动员、参与方式，尽管西方国家的社区矫正及其帮困扶助工作终归是资产阶级利益的体现，不是为了广大人民群众的根本利益，也要从社会防卫的需要出发，广泛动员社会力量参与犯罪人的治理及其帮困扶助工作。就此而言，西方主要国家的社区矫正制度也有一定的借鉴意义。

　　社区矫正学是专门研究社区矫正行为、现象及其规律的学科或科学。尽管社区矫正学的专门研究蓄势待发，犹如春前之草，但积土成山，非斯须之作。卢建平的《刑事政策与刑法》（中国人民公安大学出版社）、吴宗宪的《社区矫正导论》（中国人民大学出版社）、王顺安的《社区矫正研究》（山东人民出版社）、翟中东的《中国社区矫正制度的建构与立法问题》（中国人民公安大学出版社），周建军的《刑事政治导论》（人民出版社），郭建安、郑霞泽的《社区矫正通论》（法律出版社），王平的《社区矫正制度研究》（中国政法大学出版社）等作品较早奠定了社区矫正思想和制度研究的基础，对社区矫正学的正式产生具有重要的支撑作用。对此，我谨代表丛书的全部作者致以诚挚的感谢！然而，社区矫正学不是一门自治、自足的科学。从根本上说，社区矫正学是深嵌于现代社会的、以犯罪人治理为根本的知识体系。因应于社会的动态发展与犯罪人处遇的不断改善，社区矫正的理念、目的、方法和要求都将不断调整、变化。唯有如此，方能称之为学科或学问。

在中国特色社会主义进入新时代，中国社会迈入全面建设社会主义现代化国家的历史条件下，国家治理体系与能力现代化建设对社会防卫与犯罪人治理的系统化、精细化提出了更高的要求。从全国政法队伍教育整顿来看，社区矫正的实际执行还存在理念、目的、社会力量参与、社会工作方法应用等方面的不足。为此，我们系统编写了包含《社区矫正学》《社区矫正原理与实务》《社区矫正社会工作》《社区矫正心理工作》《社区矫正教育》《社区矫正个案矫正技术》《社区矫正文书制作》7部作品的《社区矫正学丛书》，以满足社会行刑及犯罪人治理工作的需要。总的来说，《社区矫正学丛书》的编写既是深耕细作社会矫正学科体系的斗升之水，也是社会行刑工作的咫尺跬步，社会防卫思想及犯罪人治理的事业亟待更多、更好的作品。

《社区矫正学丛书》由云南司法警官职业学院牵头，云南师范大学、云南民族大学、云南警官学院等省内外高校的专家学者参与，历经两年完成。编写组克服了立法调整、人员变动的困难，并以迄今最新的社区矫正法律制度体系为基础，完成了社区矫正学的写作任务。初稿形成后，又报请云南省司法厅审核，云南省司法厅高度重视本丛书的审稿工作，抽调了来自院校、厅局相关业务处室、州市县司法局的业务骨干，系统全面地进行了审定，并提出了修改意见。在此，我们要一并感谢为本丛书的编写与出版给予关心支持的云南省司法厅及相关高校。向本书的作者们致以崇高的敬意！

李　辉

2024年5月

前 言

党中央高度重视社区矫正工作，习近平总书记对社区矫正工作作出重要指示，强调"要持续跟踪完善社区矫正制度，加快推进相关立法，理顺工作体制机制，加强社区矫正机构和队伍建设，切实提高社区矫正工作水平"。习近平总书记还指出，"要发挥社会工作的专业优势，支持广大社工、义工和志愿者开展心理疏导、情绪支持、保障支持等服务"。

2020年7月1日，《社区矫正法》正式实施，这标志着我国社区矫正工作进入了新的发展阶段。2023年3月，中共中央、国务院印发《党和国家机构改革方案》，其中提出组建中央社会工作部，这是我国社会工作发展中的一个重要里程碑，不仅标志着社会工作进入专业化的新阶段，也是在党的领导下创新社会治理、促进社会和谐稳定的必然要求。

在新形势下，相关专业教育和人才培养也快速发展。据不完全统计，目前全国已有云南民族大学、上海政法学院、新疆政法学院、山东政法学院、中央司法警官学院等高校设立社区矫正专业。全国开设社会工作专业的高校更是达300余所。相关专业蓬勃发展的同时，也存在一些不可忽视的问题与困难，其中之一就是教材建设严重不足。本教材的编写正是针对国内同类教材比较缺乏，不能满足教学、研究和实务需要而开展的。

《社区矫正社会工作》是社区矫正、社会工作等专业的必修课或选修课。基于教学需要，本书全面介绍了社区矫正社会工作基本概念、社区矫正社会工作国内外实践、我国社区矫正社会工作政策、社区矫正社会工作的价值和伦理、社区矫正社会工作理论、社区矫正社会工作方法，以及特殊人群的社区矫正社会工作。本书可作为高等学校社区矫正、社会工作以及其他相关专业的教科书或参考书，同时也可供实际工作者和有兴趣的各界人士阅读。

本书由多家高校从事社区矫正和社会工作专业教学研究的教师参与编写，全体参编人员始终以严谨、认真、求实、创新的科学精神，力求向读者提供一本深入浅出、适合教学、研究和实务的教材或参考书。囿于主客观原因，尤其是国内社区矫正实践、社会工作实践、社区矫正专业、社会工作专业的发展时间都比较短，可资借鉴的参考文献也十分有限。加上社区矫正社会工作是社区矫正和社会工作的交叉学科，相应地对专业知识融合要求也更高。此外，基于参编人员较多、水平有限、时间紧、任务重等因素，本书可能存在一些缺陷甚至错误，我们编写这本书在很大程度上就是作为引玉之砖，恳请各领域专家和广大读者批评指正。

本书由主编拟定了写作提纲，经多次集体讨论后确定下来，之后由编写小组成员分章编写。各章分工如下：

第一章：李辉（云南司法警官职业学院）；

第二章：艾娅敏（云南司法警官职业学院）；

第三章：艾娅敏（云南司法警官职业学院）；

第四章：傅今（云南民族大学）；

第五章：傅今（云南民族大学）；

第六章：马永清（云南民族大学）、赵向兵（云南司法警官职业学院）；

第七章：李硕（云南司法警官职业学院）；

第八章：段鉴峰（云南司法警官职业学院）；

第九章：艾娅敏（云南司法警官职业学院）；

第十章：普忠鸿（楚雄师范学院）；

第十一章：王攀（云南民族大学）；

第十二章：汤维幸（云南司法警官职业学院）；

全书由李辉、马永清完成统稿。

李　辉　马永清

2024 年 5 月

目 录

第一章　社区矫正社会工作导论 …… 1
第一节　社区矫正社会工作的产生和发展 …… 1
第二节　社区矫正社会工作的内涵 …… 3
第三节　社区矫正社会工作的要素和功能 …… 6

第二章　国外社区矫正社会工作实践 …… 10
第一节　美国社区矫正社会工作实践 …… 10
第二节　加拿大社区矫正社会工作实践 …… 15
第三节　英国社区矫正社会工作实践 …… 19
第四节　日本社区矫正社会工作实践 …… 24

第三章　我国社区矫正社会工作实践 …… 28
第一节　北京模式 …… 28
第二节　上海模式 …… 31
第三节　我国港澳台地区的实践 …… 34

第四章　我国社区矫正社会工作政策 …… 40
第一节　我国社区矫正的政策演进 …… 40
第二节　社会工作介入社区矫正的政策发展 …… 47
第三节　社会工作介入社区矫正的政策完善 …… 49

第五章　社区矫正社会工作价值观与伦理　55

第一节　社区矫正社会工作价值观…………………………………… 55
第二节　社区矫正社会工作专业伦理…………………………………… 64
第三节　社区矫正社会工作伦理责任…………………………………… 73

第六章　社区矫正社会工作理论　78

第一节　社区矫正社会工作理论概述…………………………………… 78
第二节　精神分析理论…………………………………… 80
第三节　认知行为理论…………………………………… 84
第四节　社会生态系统理论…………………………………… 88
第五节　增权理论…………………………………… 91
第六节　优势视角理论…………………………………… 94
第七节　社会支持理论…………………………………… 96

第七章　社区矫正社会工作过程　101

第一节　接案…………………………………… 101
第二节　预估…………………………………… 105
第三节　计划…………………………………… 110
第四节　介入…………………………………… 114
第五节　评估…………………………………… 122
第六节　结案…………………………………… 127
第七节　跟进…………………………………… 130

第八章　社区矫正个案社会工作　133

第一节　社区矫正个案社会工作的基本概念…………………………… 133
第二节　社区矫正个案社会工作的主要模式…………………………… 140
第三节　社区矫正个案社会工作的基本技巧…………………………… 160

第九章 社区矫正小组社会工作 170

第一节 社区矫正小组社会工作的基本概念 170
第二节 社区矫正小组社会工作的类型 172
第三节 社区矫正小组社会工作的过程 175
第四节 社区矫正小组社会工作的技巧 188

第十章 社区矫正社区社会工作 196

第一节 社区矫正社区社会工作的基本概念 196
第二节 社区矫正社区社会工作的主要模式 203
第三节 社区矫正社区社会工作的原则和程序 212
第四节 社区矫正社区社会工作的技巧 218

第十一章 社区矫正社会工作行政 225

第一节 社区矫正社会工作行政的基本概念 225
第二节 社区矫正社会工作机构 232
第三节 社区矫正社会工作计划 235
第四节 社区矫正社会工作督导与激励 240
第五节 社区矫正社会工作服务机构的协调与控制 242
第六节 社区矫正社会工作服务评估与报告 244

第十二章 特殊人群社区矫正社会工作 249

第一节 吸毒人员社区矫正社会工作 249
第二节 未成年人社区矫正社会工作 258
第三节 女性社区矫正社会工作 264

参考文献 268

高举中国特色社会主义伟大旗帜，全面贯彻新时代中国特色社会主义思想，弘扬伟大建党精神，自信自强、守正创新，踔厉奋发、勇毅前行，为全面建设社会主义现代化国家、全面推进中华民族伟大复兴而团结奋斗。

——2022年10月16日，习近平总书记在中国共产党第二十次全国代表大会上的报告

第一章 社区矫正社会工作导论

社区矫正社会工作是社区矫正和社会工作相结合的产物。本章介绍社区矫正社会工作的产生和发展，社区矫正社会工作的内涵，以及社区矫正社会工作的要素和功能。

第一节 社区矫正社会工作的产生和发展

一、国外社区矫正社会工作的产生和发展

社区矫正的产生可追溯到18世纪后半叶，英国监狱改革家约翰·霍华德提出的反对监狱非人道化刑罚的监狱改革理论，该理论促进了对罪犯的人道化待遇。19世纪后半期，随着资本主义社会矛盾的激化以及犯罪现象的剧增，意大利犯罪学家龙勃罗梭采用实证主义的方法，研究了教育、劳动等因素对罪犯心理和行为的影响。基于这些思想、理论和研究成果，西方社会逐步出现了缓刑、假释、不定期刑等一系列现代刑法制度。

社会工作则是19世纪末20世纪初产生于欧美国家的一种社会救助实践活动，20世纪初至20世纪50年代末逐步走向职业化、专业化和科学化，发展成一个专门的学科专业，并成为一些国家和地区社会保障、社会福利和社会救助制度的内容之一，成为解决社会问题的特殊制度化手段。社会工作在预防解决各种社会问题、提高民众生活

质量、维护社会稳定、促进人类发展等方面发挥着重要的社会功能。

由于社区矫正与社会工作有天然的契合性，二者逐渐融合，产生了社区矫正社会工作。据考证，现代矫正社会工作起源于美国，其创始人是美国波士顿的一位名为约翰·奥古斯特斯（John Augustus）的制鞋匠。1841年波士顿成立了"华盛顿全民禁酒协会"，奥古斯特斯就加入其中，并经常去监狱探望囚犯，对酗酒入狱者进行感化教育。他认为自己的工作如果能使十分之一的犯人有改善也是值得的，因为把一个人从错误中扭转过来，等于把他从死亡中拯救出来一样。由于他的开创性业绩，奥古斯特斯也因此获得了"感化工作之父""世界上第一位伟大的观护人"的称号。

矫正社会工作制度的确立，可从英国1907年通过的《感化犯人法》算起。该法律改变了英国以往以志愿方式为基础开展感化矫正服务的方式，确立了由法院任命的专职人员以公共服务方式推进矫正社会工作的格局。1925年英国制定了《刑事裁判法》，规定各承审法院设立"感化委员会"，专门负责辖区内社区矫正社会工作者的任命、薪水支付和其他一切行政事务，从而在体制上保证了矫正社会工作的进一步开展。同年，美国《联邦观护法案》在国会通过，标志美国全国范围内的矫正社会工作制度由此得以建立。第二次世界大战后，日本在吸收了英、美经验的基础上，于1947年和1949年分别制定了《恩赦法》和《犯罪者预防更生法》，建立了矫正社会工作制度。日本在借鉴别国经验基础上发展起来的适合本国情况的矫正工作制度，是当代资本主义国家中最成功、最有效的。

二、我国社区矫正社会工作的产生和发展

社区矫正社会工作在我国起步较晚。21世纪初，在世界范围的刑事司法制度改革潮流的影响下，在"以人为本"的科学发展观指导下，"社区矫正"作为一种理念和制度被提上了我国刑事司法观念和制度改革的议事日程。首先是2002年上海市在普陀区启动了社区矫正试点工作，2003年北京市在东城区也启动了试点工作。2005年"两高两部"联合发文，将试点范围扩大到18个省（区、市）。

2006年，党的十六届六中全会通过了《中共中央关于构建社会主义和谐社会若干重大问题的决定》，提出"建设宏大的社会工作人才队伍"，并要求"实施宽严相济的刑事司法政策""积极推行社区矫正"，推动了社区矫正社会工作的发展。2008年12月，中央政法委《关于深化司法体制和工作机制改革若干问题的意见》明确要求推进社区矫正立法工作。经中央批准，2009年9月，"两高两部"联合下发了《关于在全国试行社区矫正工作的意见》，10月召开了全国社区矫正工作会议，对全面试行社区矫正工作作出了部署。

2011年2月，第十一届全国人民代表大会常务委员会第十九次会议通过的《中华人民共和国刑法修正案（八）》规定，对判处管制、缓刑以及假释的罪犯依法实行社区矫正。2012年3月，第十一届全国人民代表大会第五次会议通过的《全国人民代表大会关于修改〈中华人民共和国刑事诉讼法〉的决定》，对社区矫正制度作出了进一步的规定，明确规定"对被判处管制、宣告缓刑、假释或者暂予监外执行的罪犯，依法实行社区矫正，由社区矫正机构负责执行"。《中华人民共和国刑法》和《中华人民共和国刑事诉讼法》关于社区矫正的规定标志着我国社区矫正法律制度的确立。2012年1月，司法部会同最高人民法院、最高人民检察院、公安部联合制定了《社区矫正实施办法》，明确规定了社区矫正执行体制、执行程序、矫正措施、法律监督等主要问题。2019年12月28日，第十三届全国人民代表大会常务委员会第十五次会议通过了《社区矫正法》，自2020年7月1日起施行，为社区矫正工作在全国依法顺利开展提供了制度保证。

经过多年努力，我国社区矫正工作发展迅速。2023年是《社区矫正法》实施三周年，成效显著。司法部作了全面总结：一是全面加强党对社区矫正工作的绝对领导，领导体制和工作机制进一步健全完善。依法完善了"党委政府统一领导、司法行政部门组织实施、有关部门密切配合、社会力量广泛参与"的领导体制和工作机制。二是大力推进社区矫正机构队伍建设，专门执法力量进一步壮大。全国省、市、县三级依法在人民政府设置社区矫正机构的建成率分别达到78%、73%、68%。三是推进社区矫正法治化、专业化，社区矫正监管教育水平进一步提高。各地制定社区矫正工作权责清单和执法工作标准，依法完善执法制度体系、监督体系和责任体系，全面推进严格、规范、公正、文明执法。四是推进社区矫正工作社会化，社会力量参与社区矫正工作力度进一步加大。全国共有5.8万名社会工作者参与社区矫正工作，与立法前相比增长29.1%。五是加强社区矫正工作保障水平，基层基础进一步夯实。全国已建成2922个县（区）社区矫正中心，基本实现了"一县一中心"。六是坚持总体国家安全观，社区矫正安全稳定水平进一步提升。[1]

第二节　社区矫正社会工作的内涵

一、社会工作

"社会工作"这一概念是由英文"Social Work"翻译而来，指的是非营利的、服务

---

[1]《司法部有关负责人就〈中华人民共和国社区矫正法〉施行三周年回答记者的提问》，载 https://www.moj.gov.cn/pub/sfbgw/zcjd/202306/t20230629_481685.html，最后访问日期：2024年5月8日。

于他人和社会的专业化、职业化的活动。在国外，还有社会服务（Social Service）或社会福利服务（Social Welfare Service）等称谓。社会工作是在资本主义发展过程中逐步产生的，19世纪末20世纪初为萌芽阶段，最初是一些民间自发的对贫困人群的救助活动，之后逐步发展成为专业化和科学化的职业活动，并被纳入国家制度体系。

一般认为，社会工作是一种助人的职业和专业。我们可以这样认为：社会工作是秉持利他主义价值观，以科学知识为基础，运用科学的专业方法，帮助有需要的困难群体，解决其生活困境问题，协助个人与社会环境更好地相互适应的职业活动。[1] 其内涵有以下方面：

第一，社会工作是以帮助他人（服务对象）为目的的活动。人们的行动有利己和利他之分。社会工作是以帮助有困难、有需要的人为出发点的，是利他的而非出于利己动机的，虽然社会工作者通过提供服务也会得到社会所认可的报酬。

第二，社会工作是以科学知识为基础的活动。社会工作所要解决的问题十分复杂，需要以多种科学知识为基础。

第三，社会工作是一套科学的助人方法。面对复杂的、需要解决的问题，要有科学的、系统的方法，它们是人们在助人实践中积累起来并得到实践检验的。

第四，社会工作是职业化的助人服务活动。社会工作是帮助人，特别是帮助在社会生活中遭遇困境的人的活动，这种服务活动是职业化的，它是一种社会分工。[2]

二、社区

社区是一个既有自然属性又有社会属性的概念。社区是进行一定的社会活动，具有某种互动关系和共同文化维系力的人类群体及其活动区域。也有人强调"共同体"这一人群要素，认为社区通常指以一定地理区域为基础的社会群体。[3]

我们可以从以下方面来理解社区的含义：

第一，社区具有地理空间属性。即社区要占有一定的地域，如村落、集镇等，社区形态都存在于一定的地理空间中。

第二，社区具有社会空间属性。即社区是一个人文空间，社区内的人们有共同的行为规范、生活方式及社区意识，如共同的文化传统、民俗、归属感等。它们构成了社区人群的文化维系力。

第三，社区的人口要素。作为一个社会"共同体"，人口是不可或缺的要素，包括

---

[1] 王思斌：《社会工作概论》，高等教育出版社2014年版，第9页。
[2] 全国社会工作者职业水平考试教材编委会编写：《社会工作综合能力（中级）》，中国社会出版社2023年版，第2页。
[3] 郑杭生主编：《社会学概论新修》，中国人民大学出版社2019年版，第248页。

人口的数量、集散疏密程度以及人口素质等。

第四，社会活动和社会关系。人们在经济的、政治的、文化的各项活动和日常生活中产生互动，形成了各种关系，并由此聚居在一起，形成了不同形态的社区。

按空间特性，我们一般把社区分为三类：

第一，法定社区，即通常讲的地方行政区。它们的界限可以明确地标示在地图上并加以法律形式的规定。

第二，自然社区，即人类在生产和生活中自然形成的聚落。其中最主要的就是村落、集镇和城市。自然社区与法定的行政区有时是重合的，有时则是不重合的。

第三，专能社区。它是指人们从事某些专门活动而形成于一定地域空间上的聚集区。一所大学、一座军营、一个矿区等都是一种专能的社区。[1]

三、社区矫正

社区矫正，或称"社区矫治"，是一种不使犯罪人员与社会隔离并利用社区资源教育改造罪犯的方法，是所有在社区环境中管理教育罪犯方式的总称。我国的"社区矫正"是与监禁矫正相对的行刑方式，是指将符合条件的罪犯置于社区内，由专门的国家机关在相关社会团体和民间组织以及社会志愿者协助下，在判决、裁定或决定确定的期限内，矫正其犯罪心理和行为恶习，并促使其顺利回归社会的非监禁刑罚执行活动。[2]

社区矫正工作是将不需要监禁或不再需要继续监禁的罪犯，[3]置于社区之内，遵循社会管理规定，运用社会工作方法，整合社会资源和力量对其进行思想上的教育、改造，在判决或裁定规定的期限内，矫正其犯罪意识和行为恶习，并促使其尽快、顺利回归社会的非监禁刑罚执行活动。它所采用的是开放型的、更注重思想改造效果的改造方式。这一改造方式，较之传统刑罚执行模式，具有较大的社会优越性，是社会文明进步的表现，也是国家刑罚体系完善的表现。

四、矫正社会工作

矫正社会工作指社会工作实施于矫正体系中，运用社会工作专业理论、方法和技术，为罪犯在审判、服刑、缓刑、刑释或其他社区处遇期间提供思想教育、心理辅导、行为纠正、生活照顾等，使之消除犯罪心理，修正行为模式，回归社会的一种福利

---

[1] 郑杭生主编：《社会学概论新修》，中国人民大学出版社2019年版，第249页。
[2] 王丹丹、黎键编著：《社区矫正社会工作服务指南》，中国社会出版社2017年版，第1页。
[3] 目前我国适用的主要是缓刑、假释、管制、剥夺政治权利、暂予监外执行五类罪犯。

服务。

矫正社会工作作为社会工作的一种形式,是社会工作与社区矫正基于同等的救助理念以及相似的工作程序之上的相互联系的统一体。社会工作方法作为专业矫正的方法被运用于社区矫正中,社区矫正社会工作者被赋予了以人性化、社会化补充刑罚执行的单一管理化的使命。[1]

五、社区矫正社会工作

社区矫正社会工作特指在社区矫正领域开展的社会工作,是在社区矫正这一刑罚执行和社会福利过程中开展的,运用专业的知识和方法,帮助社区服刑人员恢复社会功能,促进社区服刑人员融入社会的职业活动。通常将开展此类工作的社会工作者称为社区矫正社会工作者,简称"社矫社工",以同现在使用的"司法社工""社区矫正工作者""矫正社会工作者"等区别开来。近年来,我国"社区矫正社会工作"的实践在各地不断开展,相关研究也在逐步向前推进。[2]

第三节 社区矫正社会工作的要素和功能

一、社区矫正社会工作的要素

(一) 服务对象

社区矫正社会工作中的服务对象也称受助者,或称案主,是违反了国家相关法律,并符合相关条件,适合放入社区,由专门国家机关在相关社会团体和民间组织以及社会志愿者的协助下,为其提供帮助,矫正其犯罪心理和行为恶习,并促进其顺利回归社会的人员。另外,社会工作的服务对象不仅指个人,也指某一家庭、群体或社区,当他们陷入自己无法摆脱的困境时,就可能成为社会工作的服务对象。

(二) 社会工作者

社会工作者是指在社区矫正社会工作过程中,为服务对象提供专业服务的专职人员。社会工作者是助人行动的主体,由他们向服务对象提供物质的或精神的服务与支持。社会工作者需受过社会工作专业教育和训练,被相关行业主管机构或社会工作专业组织所认可,持有相关资格证书。一些国家和地区实行社会工作注册制度,那些具

---

[1] 王丹丹、黎键编著:《社区矫正社会工作服务指南》,中国社会出版社2017年版,第24页。
[2] 范燕宁等编著:《社区矫正社会工作》,中国人民公安大学出版社2015年版,第5页。

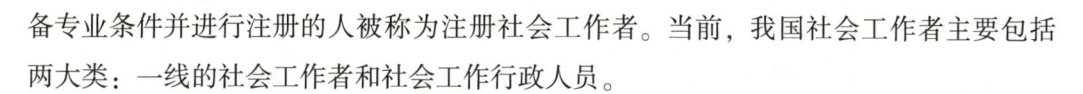

备专业条件并进行注册的人被称为注册社会工作者。当前，我国社会工作者主要包括两大类：一线的社会工作者和社会工作行政人员。

(三) 价值观

社会工作活动不仅是一种技术实践，同时也是一种道德实践，即带有价值观的活动。社会工作价值观是社会工作者所持有的评判助人活动的一套观念，包括社会工作者对助人活动的看法、对服务对象的看法以及对自己的看法等。社会工作价值观的核心是利他主义，即社会工作者以帮助他人、服务他人为自己行动的目标。社会工作的价值观包括尊重服务对象，相信服务对象有改变的能力，遵守保密原则，坚持公平、正义、诚信等。

(四) 助人活动

助人活动即服务过程，是社会工作者根据矫正对象的需要，秉持社会工作价值观，依据社会工作理论方法和原则，为矫正对象提供专业服务的过程。助人活动是一种持续、科学、专业的互动过程。也就是说，助人活动是助人者和受助者双方互相理解对方的行动，相互合作，共同去实现克服困难、解决问题的过程，而不是受助者被动地接受服务，或者助人者一厢情愿地提供服务。助人活动是多种多样的，提供物质帮助、思想开导、精神鼓励、心灵陪伴等都是助人活动常见的形式。

(五) 专业方法

社区矫正社会工作的助人过程是一种科学的专业活动，其科学性和专业性表现在社会工作的一系列专业方法。在社会工作中，个案工作、小组工作、社区工作是三种重要方法。此外，还有社会行政、社会工作研究、社会工作评估等方法。在这些方法中，又有各种工作模式和工作技巧，共同构成了社会工作的方法体系，有别于其他学科、其他知识领域的专业方法。社会工作专业方法是社会工作者必备的专业技能，需经过专业学习培训和实践积累才能熟练运用。[1]

二、社区矫正社会工作者的角色

社区矫正社会工作者的角色是指社区矫正社会工作者在社会服务过程中所应有的行为模式。通常包括直接服务角色和间接服务角色两方面。

(一) 社区矫正社会工作者的直接服务角色

社区矫正社会工作者提供直接服务时，通常充当服务提供者，治疗者，支持者，

---

[1] 全国社会工作者职业水平考试教材编委会编写：《社会工作综合能力（中级）》，中国社会出版社2023年版，第19页。

关系协调者，倡导者的角色。

1. 服务提供者。即社会工作者直接向矫正人员提供包括物质帮助、劳务服务、心理辅导、政策咨询、信息提供等在内的专业服务，以缓解服务对象的困难处境。这种服务不是简单的体力劳动，而是复合型的服务，即赋予服务以更多内容，通过这种服务尽量使受助者获得更大的帮助。

2. 治疗者。社会工作中的"治疗"是指社会工作者帮助因贫困、离婚、吸毒、犯罪和违法等原因，思想和行为偏离了社会正常规范的服务对象发现其自身思想和行为的问题，并进行反省、纠正和重塑，进而回归正常。

3. 支持者。社会工作者为服务对象除提供物质支持和服务外，更注重激发服务对象的能力和克服困难的信心，使其自强自立、克服困难、自我决策，自己解决自己的问题，即"助人自助"。

4. 关系协调者。人是环境中的人，不仅处于自然环境中，更是处于社会环境中的人。"正常"生活的人，需要处理好自身与环境之间的关系，实现关系协调和谐。当服务对象的人际关系和社会关系失调时，社会工作者就要扮演关系协调者的角色，帮助服务对象学习处理社会关系的技巧，建立与环境的和谐关系。

5. 倡导者。倡导即提倡，合适的倡导可以增强服务对象的信心和勇气。作为倡导者就是社会工作者向服务对象提倡某种行为。在服务对象不知如何走出困境时，社会工作者应该成为服务对象采取某种行为的倡导者，即向服务对象倡导某种合理行为，并指导他们成功。[1]

（二）社会工作者的间接服务角色

社区矫正社会工作者的间接服务角色包括行政管理者，资源筹措者，政策影响者等角色。

1. 行政管理者。社会工作者在社会工作过程中进行组织、策划、协调、监督、指挥、管理等工作，以使社会工作过程能得到人、财、物的有效配置，并能有效合理地推进和展开工作。此时，社会工作者就充当了行政管理者的角色。

2. 资源筹措者。资源筹措者也叫资源链接者。社会工作为实现有效助人，必须有人、财、物等资源的支持。为聚集必要的资源使社会工作能顺利开展，社会工作者需获得相关方面的支持，争取服务对象所需的资源。

3. 政策影响者。社会工作不仅是实施社会政策的过程，同时也是推进社会政策制定和完善的过程。社会工作者在实际工作中最容易发现社会政策是否符合现实需要，

---

[1] 全国社会工作者职业水平考试教材编委会编写：《社会工作综合能力（中级）》，中国社会出版社2023年版，第23页。

是否缺失，可以通过相关渠道提出政策意见建议，成为社会政策的影响者。[1]

三、社区矫正社会工作的功能

社区矫正社会工作的功能即该项活动所产生的作用。我们可以从个人即服务对象和社会两个层面来理解。

（一）社会工作对服务对象的功能

对于矫正对象来说，通过社会工作就能帮其脱离困境，恢复正常社会功能，促进与社会环境的相互适应，回归社会。

1. 脱危解困。社区矫正社会工作通过对矫正对象提供人、财、物的直接帮助以及精神鼓励、心理支持和信心重建，使服务对象获得相应资源，缓解其困难并走出危难。

2. 激发潜能。社会工作相信每个人都是有潜能的，所以坚持"助人自助"的理念，把激发服务对象潜能作为目标，使其在得到物质帮助的同时也增加自己面对困难和解决问题的能力和勇气。

3. 促进发展。"助人自助"的落脚点在于"自助"，即服务对象能正视自己的问题，自己解决自己的问题，处理好个人与环境之间的关系，实现自我学习，能够自我掌控，也就是实现了自我发展，回归了正常。

（二）社会工作对社会的功能

作为现代社会制度体系不可或缺的组成部分，社会工作对社会良性运行和协调发展具有积极作用。

1. 解决社会问题。社会问题是一种不正常的社会现象，妨碍了社会成员的正常生活。社会工作是一种解决社会问题的手段，不仅在个体层面发挥作用，而且在社会层面发挥作用。不仅直接解决社会问题，也积极预防社会问题的产生。

2. 维持社会秩序。违法犯罪是一种社会问题，破坏了社会的正常状态。社会工作则通过服务化解矛盾、解决问题，从而达到维持社会秩序的效果。社会工作与法律、行政管理等社会管理方式形成合力，共同维护了社会秩序。

3. 推动社会进步。社会的文明在于每个社会成员都能得到发展。社会工作不仅解决问题，更以发展为目标，促进服务对象回归正常，实现多赢。对弱势人群和有需要的人群提供帮助，是一种社会进步的理念。

---

[1] 全国社会工作者职业水平考试教材编委会编写：《社会工作综合能力（中级）》，中国社会出版社2023年版，第24页。

坚定道路自信、理论自信、制度自信、文化自信，以更加积极的历史担当和创造精神为发展马克思主义作出新的贡献，既不能刻舟求剑、封闭僵化，也不能照抄照搬、食洋不化。

——2022年10月16日，习近平总书记在中国共产党第二十次全国代表大会上的报告

第二章 国外社区矫正社会工作实践

国外社区矫正社会工作实践产生较早，发展也较成熟和成体系。本章介绍美国、加拿大、英国和日本的社区矫正社会工作实践。

第一节 美国社区矫正社会工作实践

一、发展历程

美国是世界上最早引入社区矫正的国家之一，已有一百多年之久，形成了较为完善的矫正模式，矫正人数居世界前列，矫正形式丰富多样，研究成果也具有一定代表性，有许多可供借鉴之处。而对美国社区矫正发展历史的研究离不开美国刑罚制度的不断变革，一般来说美国刑罚制度经过了三个阶段，即萌芽时期、初步发展时期、成熟时期。

（一）萌芽时期——殖民地时期

16世纪初哥伦布发现了美洲大陆后，欧洲殖民者相继前往新大陆建立自己的殖民地。作为英国的殖民地的美国，其刑罚体系基本上沿用16、17世纪的欧洲及英国传统。受当时康德和黑格尔的报应主义的刑罚思想影响，惩罚罪犯的方式极为残酷，一

般以剥夺生命和肉体折磨两种为主，死刑的执行方式如焚烧、绞刑、肢解等，而身体刑多采用烙印、鞭打、囚笼等，惩罚方式完全丧失人道主义。

生命刑和身体刑的残忍暴力，激起了被统治者的反抗和斗争，人权意识逐步觉醒，英国殖民者为了更好地统治美国，不得不对现有的刑罚制度进行改革。1682年，威廉·潘恩到达北美后，结合美国当时的现实情况，制定了一部刑法典。这部刑法典除故意杀人外，删除了大量被判死刑的行为范畴，极大程度地保护人权。同时用监禁刑代替了死刑，不仅如此，所有罪犯还拥有了保释的资格。惩罚模式也逐步过渡到矫正教育，不再一味剥夺生命。虽然这部刑法典使用时间不长，即在潘恩去世后就终止使用，但其中体现的矫正思想为美国后期刑罚制度的改革奠定了思想基础。

(二) 初步发展时期——独立战争以后

美国经过独立战争后，彻底摆脱了被殖民的厄运，开始逐步探索制度、文化、政治、社会的建立和发展。受当时欧洲启蒙运动的影响，人权、人道主义深入人心。同时美国正值起步阶段，生产力的发展、社会的不断发展急需大量劳动力，而当时的刑罚制度剥夺人的生命，伤害人的身体，极大程度破坏了劳动力，不利于美国的扩张发展，因此独立的美国政府抛弃了英国殖民时期残酷暴力的统治手段，开始探索更加符合人权的刑罚制度。18世纪末，受欧洲刑罚和监狱制度改革运动的影响，美国也开启了从惩罚到矫正为特点的监禁刑时代。从18世纪中期开始新建了许多监狱，进入监狱的犯人之间禁止接触，意图在于让罪犯在全面隔离的环境下通过严格的纪律约束达到全面的自我反省和忏悔。这种禁闭模式的盛行也让美国的监禁刑发展到达了顶峰。

随之，该模式也受到许多社会学者的抨击，认为这种隔离式的监禁手段是对罪犯精神上的折磨，长此以往，抑郁、自残行为将成为主流，不利于罪犯身心健康。因此崇尚自由和民主的美国人开始注重人权的保护，探索新的监禁模式，旨在从精神和物质层面帮助出狱人顺利回归社会。此外，18世纪末的美国还涌现出许多如感化院、救济院、少年犯收容所等救济场所，这些场所与传统监禁场所相比，更加具有人道主义，考虑罪犯的情感需求，让罪犯共同生活在一起，形成类似社区的居住环境，这也更加符合现代化的刑罚手段，为后期社区矫正制度发展打下牢固的基础。

(三) 成熟时期——19世纪中期以后

1870年，美国在辛辛那提召开第一届美国监狱大会，发表了《原则宣言》，提倡不定刑期，提高罪犯改造自己的积极性，增强人的主观能动性。在此次会议的影响下，1876年在纽约建立了美国历史上第一家具有教育改造性质的矫正机构——爱尔米拉教养院，主要针对青少年初犯，较多地强调对青少年的改造教育。该院发布的《爱尔米拉教养院法令》，既是第一个不定刑期的立法，又是第一个假释制度的立法，在美国社区矫正发展史具有重要意义。

19世纪初，科学实证主义思想在美国盛行，受这一思想的影响促进了矫正领域医疗模式的产生。由此出现的康复性矫正治疗开创了民间力量与社会环境相融合的新模式。第二次世界大战之后，美国犯罪问题再次爆发，监狱爆满，监狱环境恶化，引起了社会各界关注。经研究发现，缓刑的罪犯与监狱监禁的罪犯再犯罪率相比，两者相差不多，且前者要更低一些，而且缓刑成本较小。人们开始探索让罪犯回到社区，重新与社会结合的模式。许多社区矫正新词汇由此出现，如提前释放、非刑罚处理、非监禁化等；在传统缓刑和假释的基础上，出现了种类繁多的社区矫正社会工作服务计划，如中途之家、治疗社区、缓刑服务等。

20世纪70年代，由于社区矫正模式不够成熟，在当时引发了不少社会问题，罪犯身份的特殊性遭到了社区居民的反对，社区矛盾频发，罪犯难以融入社区，这也与矫正的初衷背道而驰，犯罪率再次持续上涨。大量民众开始反对社区矫正制度，社会学者也开始批判社区矫正的弊端，过于柔和的惩罚手段不足以震慑罪犯，不足以改造罪犯防止再次犯罪。为顺应民声，时任美国总统尼克松提出了"严惩犯罪"的思想，随之在监狱系统实行更长刑期的监禁，审判结果更多为监禁或死刑，缓刑和假释逐渐淡出人们的视野。很显然这种变革存在极大的隐患，监狱开始人满为患，监禁财政支出大幅度增加，在1980年到2000年这20年间，美国监狱的在押犯增加了100万以上，州政府刑罚财政运营费用由1984年的59亿美元，增加到了1996年的207亿美元。[1]

这些现实因素不得不让当地政府重新考虑社区矫正存在的必要性，社区矫正又得到了进一步的发展，巨额经费的投入让当地政府开始研究更加科学、高效的矫正方式。首先，量刑与社区矫正正式结合。其次，新的技术和思想被引入了矫正领域，社区矫正的效率极大提高，如引入了电子监控等新技术。最后，社区矫正的政治地位也发生了改变。如20世纪60年代，美国历史上第一部社区矫正法——明尼苏达州《社区矫正法》正式出台，这是社区矫正第一次取得了合法的地位和制度支持。

总之，美国社区矫正的发展经过了漫长而又曲折的200年，它蕴含着浓厚的刑法人文关怀和深厚的刑罚人道主义精神，在世界社区矫正发展史上具有重要的意义。

二、管理体制

（一）管理机构

美国的社区矫正机构设置分为联邦和州两级，全国没有统一的社区矫正机构，联

---

[1] 郭建安、郑霞泽主编：《社区矫正通论》，法律出版社2004年版，第25页。

邦一级与州一级也不存在领导与被领导的关系，各州都分别有各自的管理制度。联邦政府下设法务部，法务部下设的机构有法律政策办公室、国际和公共关系办公室、联邦检察官办公室、联邦监狱局、联邦假释委员会等。[1] 联邦一级的社区矫正事务主要由联邦地方法院来管理。在州一级，大部分州都设有矫正局，负责该州的监狱和社区矫正工作。此外还存在一些私人管理的社区矫正机构。

（二）管理队伍

美国官方的矫正队伍被称为矫正官，他们是由缓刑官和假释官组成，具有公务员的身份，分属联邦、州、市、县的政府司法部门。现今美国的矫正官是采用法官任命和公务员考试择优录用两种形式，这为美国矫正机构管理队伍的专业性和职业化提供了制度保障。此外，美国还存在一大批非官方的社区矫正组织和志愿者，通过与政府签订合同，以政府购买服务的形式，为矫正者提供了丰富且具有个性化的矫正项目。

三、种类和形式

美国社区矫正方式多样，根据不同罪犯的特点采取不同的矫正手段，如缓刑、假释、审前释放、转处、中间制裁等多种形式，而缓刑和假释是最主要的两种矫正方式。

（一）缓刑

在美国，缓刑指特定的罪犯[2]被判有罪，要么暂缓宣告，要么暂缓执行，经过一定时间的管束考验，如果没有取消缓刑特定事项的发生，则不再进行有罪宣告或者刑罚执行。根据犯罪情况的严重程度，低程度缓刑犯只需按照缓刑官的要求，缴纳罚金，例行进行药检，并在相关矫正项目中接受治疗；而高危险性缓刑犯必须遵从严格的要求。[3]

（二）假释

在美国，假释可定义为一名服完部分刑期的罪犯从监狱释放，但仍处于政府的监控之下，一旦有违法行为将再次收监。在美国，大约有90%的罪犯可以通过假释制度离开监狱回到社会。

（三）审前释放

审前释放是指在法院审判前根据矫正官的调查，表明罪犯所居住的社区情况良好，罪犯也愿意接受改造并递交保证书和交付保释金，在此基础上由法院批准释放。犯人

---

[1] 芦麦芳主编：《社区矫正教育》，法律出版社2016年版，第257页。
[2] 主要是指初犯或者犯罪性质轻微者。
[3] 种若静：《美国社区矫正制度》，载《中国司法》2008年第10期。

须承诺在审前释放期间,如果法院要求,随时要到法院报到。

(四) 转处

转处是指对情节和危害较轻的犯罪人采用非刑事方法处理,可以避免因进入刑事司法程序产生标签化副作用。此类案件主要包括酒后驾车、家庭冲突等轻微案件。审理前一部分被告通过保释、劳动释放等途径交由社区矫正机构监管,另一部分被告通过调解等方式交由社区矫正机构监管。只要对犯罪人的犯罪指控在一个特定的时间段里被撤销,或犯罪人成功地完成该转处项目,诉讼将不再受理。[1]

(五) 中间制裁

中间制裁是指介于传统监禁和传统缓刑之间一种更为有效、更为公平的刑罚手段,它是20世纪后期发展起来的理论,比传统监禁的严厉程度轻,但又比缓刑严厉程度重,有更多的限制条件,它既可以单独使用,又可以和监禁、缓刑结合一起使用。此矫正手段的出现弥补了监禁到缓刑的中间空白区域,更加符合现代化的刑罚需求。中间制裁主要包括中途住所、日报告中心、家中监禁、电子监控、社区服务等形式。[2]

四、特点

经长期发展,美国社区矫正形成了具有自身特点的一套制度体系,主要体现在三个方面。

(一) 社区矫正贯穿刑事司法始终

美国的社区矫正贯穿了整个刑事司法的全过程,包括逮捕、控诉、定刑量化,每个阶段都可以与社区矫正相结合,因此也在此基础上形成了三个系统——警察系统、法院系统、矫正系统。社区矫正发展的目的是代替监禁刑,以更低的成本来帮助罪犯改造自我、重塑自我,因而在警察逮捕、审前拘留、法院举行的听证,再到最终的法院判刑阶段,都需要社区矫正的参与,从刑罚复归社会的理念到具体改造罪犯刑罚社会化的理念,都有其社区矫正存在的意义和价值。

(二) 社区矫正体现刑罚个人化

刑罚个人化是刑罚量化的一般原则,指的是刑罚的适用要根据行为人的犯罪事实的严重程度以及对社会危害程度来具体裁量宣判。在美国社区矫正中最能体现刑罚个人化的就是判决前的调查报告,其是指在审判前,根据法院的要求,由缓刑机构通过对罪犯的各项调查而形成的书面报告,包括犯罪事实的认定、前科、本人生活史、对

---

[1] 种若静:《美国社区矫正制度》,载《中国司法》2008年第10期。
[2] 芦麦芳主编:《社区矫正教育》,法律出版社2016年版,第263页。

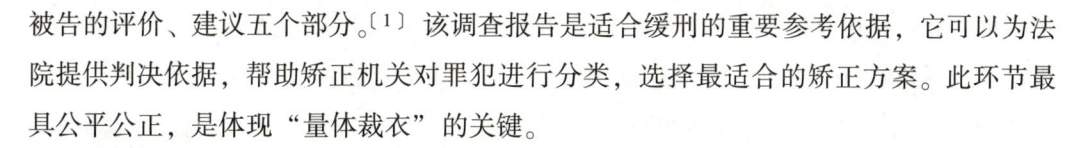

被告的评价、建议五个部分。[1] 该调查报告是适合缓刑的重要参考依据，它可以为法院提供判决依据，帮助矫正机关对罪犯进行分类，选择最适合的矫正方案。此环节最具公平公正，是体现"量体裁衣"的关键。

(三) 社区矫正队伍系统较为完善

美国的社区矫正队伍庞大，且已经形成职业化、正规化、专业化的模式，他们通常被称为矫正官，承担了许多角色，比如社会工作者、法律执行者、日常监督者等，这些矫正官正是美国社区矫正得以顺利发展壮大的中坚力量。要想成为一名州、县或市级社区矫正官，必须经过相关专业学习和取得相应文凭，具备社区矫正所要求的各种素质，并经过相应考核和培训。此外，社会力量与政府机构相互结合，形成了美国结构合理、独具特色的社区矫正队伍，为美国社区矫正的发展提供了人才保障。

第二节 加拿大社区矫正社会工作实践

一、发展历程

(一) 成人矫正

在加拿大，社区矫正制度根深蒂固，究其原因，与加拿大社区矫正的理念密切相关。加拿大的社区矫正以保障公共安全为第一目标，通过协助犯人改过自新，保护公众安全，尽可能少地限制罪犯的自由，鼓励社会公众参与社区矫正工作。加拿大矫正当局认为，保护公众安全的最佳方法就是让犯罪人安全地回归社会，最大限度地降低重新犯罪的可能性，使其成为守法公民。

加拿大联邦在1867年成立时，根据《不列颠北美法案》的规定，联邦政府负责管理"感化院"，省级政府负责管理"监狱和管教所"。1868年，联邦政府首部《感化院法》颁布施行，其中规定"感化院"关押刑期在2年或2年以上的犯人，而"监狱和管教所"则关押刑期在2年以下的犯人。从此，"两年刑期"成为加拿大联邦政府和省级政府之间划分矫正责任的界限。

从1867年至1966年，加拿大司法部负责刑法和矫正法律的执行与实施，具体包括联邦警察、联邦追诉、刑事立法、矫正立法及实施、宽恕、有条件释放（如免除刑事处罚和假释）。但这种情况在1966年发生了改变。出于对起诉和与警察职能相近的考

---

[1] 赵波：《中美两国社区矫正比较研究》，载《理论月刊》2011年第9期。

虑，加拿大政府在这一年成立了内政部，将有关职能分割开来。其中，司法部继续负责联邦起诉和刑事立法，包括《加拿大刑法典》。其他职能则大体划归内政部。根据《内政部法》有关规定，内政部的职责范围包括：①管教所、监狱和感化院；②假释、减刑和法定释放；③加拿大皇家骑警；④加拿大安全局。自1992年开始，内政部还负责实施原住民治安计划。

随着社会的发展，1982年加拿大颁布了《加拿大权利和自由宪章》，之后法律迅速改革，使得1968年颁布的《感化院法》和1959年颁布的《假释法》随之落伍。在广泛征求了社会各界意见后，1992年加拿大颁布了《矫正和有条件释放法》，这是迄今指导加拿大成人矫正的主要法规。[1]

（二）青少年矫正

与成人司法不同，加拿大青少年司法强调四项核心原则：社会保护是青少年司法制度最重要的目标；青少年应该与成年人分开处遇；青少年犯罪的处理措施必须要让犯人承担责任，努力处理犯罪行为并且弥补损害；父母和受害人在青少年司法制度中应发挥建设性作用。鉴于此，1998年以来，加拿大政府广泛听取了各界意见建议，制定并实施了《青少年刑事司法法令》。该法赋予了省司法机关更多的灵活性，而且允许这些机关在有些方面作出最能符合青少年需要的选择。允许法院选择合适的刑罚，例如，对暴力犯人的监禁以及其他措施，使犯人承担责任，让社区、受害人和家庭参与。鼓励采取合作方式处理青少年犯罪问题，因为经验表明司法只是处理这类难题的一个短暂方式，长久的解决方法涉及儿童福利、心理健康、教育、社会服务和就业等领域。

《青少年刑事司法法令》规定着重于三个方面，即预防青少年犯罪；明确犯罪的严重后果将使犯罪青少年承担责任；改进复归和再社会化的工作使其回归社会。可以说，该法明确区分了暴力犯罪与非暴力犯罪之间的界限，确保青少年面临的后果可以反映出他们犯罪的严重程度，同时也发挥着防止青少年犯罪并且支持犯罪青少年转变生活态度的作用。[2]

二、管理体制

（一）管理机构

加拿大矫正体系具有"二元化"的结构特点，即矫正机构分为联邦矫正系统和省级矫正系统两套体系。加拿大内政部下设皇家骑警、安全局、矫正署、国家假释委员

---

[1] 王增铎等主编：《中加矫正制度比较研究》，法律出版社2001年版，第92页。
[2] 王珏等主编：《中加社区矫正概览》，法律出版社2008年版，第188页。

会。矫正署即联邦矫正部门,属于联邦政府的组成部分之一,负责管理刑期在 2 年及 2 年以上的成年犯人的改造工作,管理加拿大的联邦矫正机构和假释中心。除管理联邦矫正机构内的在押罪犯以外,还负责监管处在有条件释放阶段并在社区服满他们一部分刑期的假释犯。省级矫正中心是加拿大矫正体系的重要组成部分,负责管理宣告刑期不满 2 年的罪犯,其宗旨是通过协助犯人改过自新、重新做人,为建立安全的社区作贡献。国家假释委员会与联邦矫正署是两个平行的行政机关,总部设在首都渥太华。根据法律规定,国家假释委员会拥有服刑人员的假释决定权,有权对联邦矫正机构在押犯人行使假释决定及终止或撤销假释权。

(二)管理队伍

加拿大矫正工作人员分为专业矫正人员和社会志愿者两部分,假释官等矫正工作人员属于政府公务人员的范畴,受国家管理和监督。

专业矫正人员包括缓刑官、假释官、社区矫正官。缓刑官负责向法庭提供有关犯人的背景资料,负责对犯人进行监督、保证犯人遵守法庭法令,并为缓刑犯提供咨询、进行评估以及及时向被害人通报诸如犯人矫正情况等信息,同时还为社区提供保护、宣传社区矫正,提出社区矫正社会工作服务计划。假释官分为监狱假释官和社区假释官。社区假释官在犯罪嫌疑人判刑前就开始负责收集有关犯人的背景资料,罪犯被判处监禁刑入狱后,社区假释官便与监狱假释官共同制定将延续到释放回归社区的犯人的矫正方案,犯人从监狱释放后,社区假释官对其进行监督。联邦矫正署配备了多名社区矫正官,专门负责从联邦监狱假释出去的服刑人员的矫正工作,各省也配备社区矫正官负责各自监狱出去的假释人员的矫正工作。[1]

在加拿大社区矫正中,志愿者发挥着重要的作用,并且大多数公民是通过非政府组织来参与社区矫正。各种各样的非政府组织提供探视、咨询、居住、就业指导、缓刑与假释犯监督等服务。其中不得不提的是"救世军",这是加拿大参与社区矫正最悠久和最有影响力的非政府组织,最早成立于 1865 年,是基督教的一个分支。"救世军"的任务是通过以基督的爱和关心的方式来帮助犯人、被害人、证人、穷人、违法者以及其他人员。"救世军"向社区矫正对象提供探视和咨询服务,释放后的计划、居住服务,以及开展寻找工作以及监督社区矫正对象等项目。[2]

三、种类和形式

加拿大的社区矫正形式有缓刑、假释、一般的监督、家中监禁、电子监控、中途

---

[1] 许冷:《对加拿大社区矫正的考察、思考和借鉴》,载《犯罪与改造研究》2004 年第 11 期。
[2] 社区矫正考察组:《加拿大社区矫正概况及评价》,载《法治论丛》2004 年第 3 期。

住所等，这里主要介绍假释和缓刑。

（一）假释

在加拿大，所有罪犯在矫正机构服刑一段时期后，都有资格获得"有条件的释放"，"有条件的释放"允许犯人在严格规定的条件监管下，在社区服满部分刑期。加拿大矫正署监督这些罪犯，并确保其遵守假释的有关规定和条件。如果罪犯不遵守有关规定和条件，将根据他们行为的严重程度决定是否应送回矫正机构。"有条件的释放"主要包括六种情况：短暂缺勤、工作释放、日间假释、完全假释、加速假释和法定假释。[1]

（二）缓刑

在加拿大，联邦无缓刑制，省一级才有缓刑制，主要是针对低风险的容易监控的罪犯。判处缓刑需要对缓刑犯的犯罪风险进行评估。各省为此分别制定法律，为法庭建立了缓刑或暂缓监禁判决，允许犯人在缓刑令的条件下待在社区里，但期限不能超过3年。一项缓刑令有两类条件：一类是强制性条件，即对所有申请缓刑的人均适用的各种限制，包括要求遵守有关规定并向缓刑官报告；另一类是选择性条件，即只对某些个别犯人适用，如支付赔偿、完成社区服务或参与社区矫正项目。

四、特点

归纳起来，加拿大社区矫正社会工作有以下特点：

（一）联邦矫正机构管理模式层次清晰

加拿大联邦矫正机构分为高度、中度和低度三种安全警戒，关押对象是2年以上的罪犯。首先根据犯罪的严重性及社会危害性程度，将罪犯经过分类中心分别送到不同等级的机构。但即使是分到高度安全警戒的矫正机构，在服刑2年后，也可根据情况进行调整，进入中度或低度矫正机构。当然如果表现不好，还可以再进入高度矫正机构。这样有利于调动罪犯服刑改造的积极性。在中度矫正机构，监狱组织了多种形式的矫正项目，而联邦低度安全矫正机构没有任何狱墙一类的屏障，具有严而不厉的特点。[2]

（二）罪犯风险评估与管理制度居于基础性地位

加拿大在十分重视罪犯风险评估，其评估技术已经发展到第四代，普遍用于罪犯矫正的各个主要环节。从法院判决，到判后罪犯应当安置于何种警戒级别的矫正中心，

---

[1] 刘武俊：《加拿大社区矫正制度巡礼》，载《中国司法》2008年第9期。
[2] 刘武俊：《加拿大社区矫正制度巡礼》，载《中国司法》2008年第9期。

再到在什么条件下将犯人从监禁机构释放到社区中,均要运用风险评估技术。在某种程度上可以说,罪犯风险评估与管理在加拿大矫正制度中居于基础性地位。加拿大罪犯风险评估的基本方式是通过量表进行,主要有三种风险评估量表:针对一般罪犯的通用风险评估量表、针对关系犯罪人的风险评估量表、针对性犯罪人的风险评估量表。风险评估的结果主要为三种判断:低风险、中风险、高风险。评估结果将作为决定罪犯分配至何种矫正中心、分配至矫正中心的何种关押单元、适用何种矫正计划、何时出狱等各个环节的重要依据。

(三) 注重电子信息技术在矫正工作中的运用

加拿大在社区矫正工作中重视电子信息技术等新科技的运用。如要求罪犯必须佩戴电子监控仪,以便对罪犯实行动态和有效监管。社区矫正中心设有中央监控室,通过移动电话或者固定电话以及个人识别装置,可以将罪犯的活动空间限制在100米的范围内,还可以对罪犯的特定行为进行监控。监控室可以通过对被监管人进行时间表编程等技术,对被监管人进行动态监管。除了运用电子监控技术外,加拿大矫正局还建立了完善的罪犯信息共享系统,各个部门汇集与共享罪犯信息。这种罪犯电子信息共享系统的建立极大地便利了矫正工作的开展。[1]

第三节 英国社区矫正社会工作实践

一、发展历程

(一) 萌芽期

纵观英国社区矫正历史发展的漫漫长河,早在公元10世纪这一理念就初露端倪。在公元940年,英国的亚西路思旦王子在制定法律中提到:"被判处死刑的15岁少年,考虑其未成年不应该判处死刑,而交付当地僧侣监督看管,如果再犯才判处其死刑。"[2] 这一规定的理念与现代的社区矫正缓刑制度类似,给予了刑罚极大的仁慈性。

(二) 雏形期

19世纪初英国法官爱德华·考克斯考虑到初犯少年的特殊性,让他们以誓约的方式代替监禁刑,同时还让任命的法官加以监督,这一措施实际上成为了社区矫正的早期雏形。在1879年,英国颁布了《简明裁判法》,规定让犯轻罪的罪犯在社区接受改

---

[1] 姚建龙:《加拿大矫正制度的特色与借鉴》,载《法学杂志》2013年第2期。
[2] 潘晓晨:《英国社区矫正制度及其启示》,山东大学2014年硕士学位论文。

造，这也是最早的社区矫正法案。

（三）发展期

进入20世纪，英国的社区矫正进入了新的发展阶段，相关的制度更加完善，社区矫正取得了卓越的成绩。1907年出台了《犯罪者矫正法》，使得社区矫正制度规定范围更加明确；1925年出台的《刑事司法法》让社区矫正在刑事法上有了明确的地位和作用；1972年出台的《刑事审判法》成为了社区服务令的来源；1973年出台的《刑事法庭权利法》对社会服务的时间限制进行了一定的调整，更加考虑的不是惩罚性而是公益性。20世纪80年代，"重罪重罚，轻罪轻罚"成为英国刑法思想的主导。因而对轻犯者一般建议进行社区矫正，特别是未成年人，要注重感化为主，使其身心健康发展，早日回归社会。2000年出台了《刑事法律权利法（判决）》，这是英国目前为止对社区矫正规定最为详细、系统的一部法案，它对社区矫正进行完备而明确的规定，具体包括了护理中心、假释、社区服务、保护观察、宵禁、毒品治疗与监测等一系列矫正措施。

英国的社区矫正发展伴随着一系列法律制度的不断建立与完善，这也使得英国的社区矫正在全国取得了明确的地位与社会认同，社区矫正已然成为英国刑罚执行的重要组成部分。

二、管理体制

（一）管理机构

英国社区矫正在管理机构分为中央和地方两级。2014年实施更生转型计划，组建社区更生公司，引起社区矫正组织结构的重大调整。在国家罪犯管理局下设国家缓刑监管机构，负责管理释放到社区的高风险罪犯，并对21家社区更生公司进行对接，同时国家缓刑监管机构和社区更生公司取代先前的35个缓刑托管机构。缓刑监管机构重点在于管理高风险的罪犯，21家社区更生公司重点管理中等或低度风险的罪犯。[1]

（二）管理队伍

英国负责社区矫正的工作人员分为缓刑管理者、缓刑官、缓刑服务工作者、监督者以及文职行政人员。他们一部分是国家公务员，另一部分是由社会上具有法律知识的人员组成，包括法官、政法议员等。这一部分人员的录用审批必须通过本人申请、内政部或法务部审核、任命这三个环节，同时至少具有两年缓刑专业的毕业证书，该

---

[1] 武玉红：《英国社区矫正组织管理模式的改革、创新与启示》，载《河南司法警官职业学院学报》2018年第1期。

证书是由英格兰和威尔士缓刑地区、高等教育机构、全国职业资格评价中心联合颁发，这些较为严格的要求，使矫正人员的专业性得以保证。对未成年人矫正对象，还组成了包括公务员、教师、警察以及卫生部门相关人士在内的管理队伍。

三、种类和形式

英国的刑法体系分为三个层次：罚款、社区矫正、监禁刑，社区矫正是由一项或者多项社区令组成，是一个复合型刑种，根据2000年出台的《刑事法院量刑权限法案》的具体规定，社区矫正刑包括缓刑令、社区惩罚令、宵禁令、毒品治疗与检测令、监督令、出席中心令、行为规划令等形式。

(一) 缓刑令

缓刑令也称为社区恢复令，也就是俗称的缓刑。目前英国已经形成了比较健全完善的缓刑制度。一般而言，缓刑即被判处2年以下监禁刑同时宣告暂缓1~2年予以监督执行，其目的是要通过2年的社区改造让罪犯改过自新，重新做人，以非监禁的目的帮助罪犯适应社会，融入社会。缓刑令适用于16周岁以上，期限一般是6个月到3年。在缓刑期间，罪犯仍然可以在社会上活动，但需要接受缓刑官的监督，并定时向缓刑官汇报情况，如果这段时间内，罪犯遵守法规，表现良好，缓刑目的已经达到，且已经完成了全部刑期的一半以上，则可以由缓刑官向法院提出申请，提前终止缓刑令的执行。

(二) 社区惩罚令

社区惩罚令即社区服务令，指符合条件的罪犯要在社区进行40小时到240小时不等的无偿社区劳动。这种矫正方式既惩罚了罪犯，即通过自己的劳动补偿给社会，又从一定意义上保证了罪犯与社区、居民之间的联系，为其搭建桥梁，以便后期回归社会。罪犯在社区所从事的活动内容十分丰富，既包括体力活动，如社区人居环境清洁工作、社区基础设施建设工作等，具体根据当地社区的需求来进行统一安排；同时也有部分脑力活动，如根据罪犯所长，帮助社区居委会完成相应文字创作等。此外社区服务令在管理上较为严格，罪犯若无正当理由未在规定期限内完成相应的工作，将由缓刑监督机构给予一次警告，如果再犯则取消服务令。

(三) 宵禁令

宵禁令是一种限制人身自由的刑罚方式，要求罪犯自命令作出之日起在不超过6个月的期间内，必须有2~12小时待到特定地点，比如醉酒闹事、偷窃的罪犯规定夜晚禁止出门，不与外界接触，远离容易滋生犯罪的场所。宵禁令通常执行期为6个月，该令需要指定一名负责人来监督执行，可以结合电子监控的方式来监控罪犯在宵禁期的表现。但宵禁令不能阻止罪犯从事无关危险的活动，比如工作、学习培训、接受治疗等。从实际效果考虑，宵禁令有助于减少某些形式的犯罪，也保证了社区、城市的安全与和谐，同时对于罪犯来说，既没有隔绝与外界的联系，又良好地约束出行时间，是一项人性化的刑罚制度。[1]

（四）毒品治疗与检测令

毒品治疗和检测令是为了检测和治疗罪犯对毒品的依赖程度，在罪犯明确的意愿下、在特定的时间内让符合条件的罪犯接受检测和治疗。这一社区令服刑期限应当为6个月以上3年以下，主要包括两个方面：一是在戒毒期间，要求罪犯在指定场所接受治疗；二是要求罪犯在戒毒期间定期提供血液样本，由矫正官检测治疗效果。

（五）监督令、出席中心令、行为规划令

英国考虑到未成年罪犯的特殊性，在社区矫正中出台了许多刑罚方式，如监督令、出席中心令、行为规划令。监督令是适合于10岁以下17岁以上犯轻微罪的未成年人，该令是以一种家长的身份建议、帮助和教育未成年罪犯，具体而言，社会工作者经常性与服务对象见面，沟通谈心并发现问题，从而提出建议。出席中心令又称为护理中心令，适用于10岁至20岁的未成年人，具体而言就是要求他们在某一时间段参与护理中心举办的活动，这些活动通常由警察、监狱管理人员、教师等志愿者组织，场所一般为少年宫或者学校，时间上而言参与活动必须达到12小时，活动内容一般为益智学习活动、普法讲座、问题处理、人际沟通等集体活动，通过参加这些活动，青少年可以提高他们的人际交往能力和应急应变能力，通过普法讲座，学习法律知识，成为知法、懂法、守法的公民。行为规划令是指10岁以上17岁以下的未成年罪犯从判决生效之日起，依照监管人指定的行为规划行事，服从监管人的命令，期限为3个月。具体而言，罪犯必须在规定时间参加特定活动；在指定的时间会见指定的人；在指定时间和地点向监督人报到；不能涉足禁止场所等，总之一切行为规范必须按照监督人的要求。

四、特点

（一）社区矫正法律制度健全完善

英国大力发展立法事业，作为英国三大刑罚种类之一的社区矫正刑，在立法层面可谓自成一体，涵盖了社区矫正的方方面面。从1879年颁布《简明裁判法》，到1907

---

[1] 沈雨燕：《英国未成年人社会矫正与社会工作服务初探》，华东政法大学2021年硕士学位论文。

年《犯罪者矫正法》的出台，弥补部分法律空缺，到 1925 年《刑事司法法》，使社区矫正有了明确的法律地位，再到 1972 年《刑事审判法》具体落实，2000 年出台的《刑事法律权利法（判决）》对社区矫正制度作出了明确的规定，包括社区刑中每一项的内涵、适应条件、执行程序等。英国的各项法律法规对社区矫正的各项内容作出了明确的规定，对适用条件、执行方式、量刑标准、机构选择等都有具体规定，涵盖了社区矫正刑罚的全部内容，真正做到有法可依，有规可循。

（二）社区矫正服务精细个别化

英国社区矫正服务精细个别化体现在诸多方面。一是社区矫正刑罚层次鲜明，内容丰富。英国社区刑罚多达 10 项，种类多样且具有针对性，每一种社区刑都有自己特定的对象，这大大充实了社区矫正的适用范围，法官会根据罪犯的年龄、性别、犯罪程度等具体情况发挥自由裁量权，因人施刑，选择最适合罪犯的一项或几项刑种组合，达到预期的矫正效果。二是罪犯入矫前进行分类教育。在英国，被判处社区矫正刑的人员一开始都要进行分类矫正，其目的就是便于危险控制，根据他们存在的危险因素将矫正对象分为三类：高度危险、中度危险、低度危险，再根据分类制定相应矫正计划，高危险的矫正者进入国家矫正机构，其他两类由地方矫正机构负责。三是未成年犯特殊照顾。英国极其重视对未成年罪犯的教育与改造，不仅在刑罚设置上增添多种针对未成年的社区令，如监督令、出席中心令、补偿令等，而且还为未成年人设立专门的未成年人司法委员会，在审判阶段专门设置独立的法庭，17 岁以下的犯人在青少年法庭接受审判，17 周岁以上的在成年法庭接受审理。同时在英国还成立了由社会各界组织起来的青少年犯罪工作组，专门针对青少年违法犯罪问题开展相关矫正服务。

（三）社区矫正惩罚彰显人文主义

虽然英国设立的社区矫正令是一种刑罚，但其宽容性和教育性尤为突出，具有鲜明的人道主义特点。很多情况不会影响罪犯的生活和工作，十分考虑罪犯的个人特殊性，在选择何种刑罚方式时，关注罪犯的年龄、性别、就业情况、是否为初犯等，使其所接受的社区令与自身上学、工作、生活不相违背，并且与罪犯的宗教信仰不相违背，使罪犯有尊严地接受教育和改造，这样的执行方式也使罪犯易于接受，矫正效果更加有效。

第四节　日本社区矫正社会工作实践

一、发展历程

日本是最先引入社区矫正的亚洲国家，日本在吸收了欧美国家社区矫正的经验和做法的同时，结合本地的社会背景以及法律制度，有选择地、因地制宜地形成了具有本土特色的社区矫正制度，并影响了周边的国家，具有一定借鉴和学习意义。

在日本，社区矫正又称为更生保护制度，也是一种社会内处遇制度，是一种不将罪犯收置监狱，让罪犯在社会内进行改造、教育，避免其再犯，使其能够最终重新融入社会的非监禁性的处罚方式。日本的社区矫正经历了漫长的发展时期，总的来说可以分为早期萌芽期、二战后发展期、21世纪成熟期。

（一）早期萌芽期

日本更生保护制度可追溯于明治二十一年，金原明善氏设立的静冈县出狱人保护社，专门帮助从监狱释放后回到社会的人员，旨在为出狱人提供食宿，并且帮助其顺利就业教育等，同时还在全县成立保护委员会，予以出狱者生存帮扶。这起初是由民间团体组织开展，后来政府意识到保护运动的重要性，也开始在全国设立官方机构，成立专门的组织，帮扶对象也从刑满释放人员扩展到假释人员、缓刑人员。1901年，日本政府提出要物质支持，奖励民间更生保护机构，1937年，成立了"全日本司法保护联盟"，奠定了现代更生保护制度的基础。同时考虑到未成年和女性罪犯的特殊性，在政府鼓励、支持、引导下，还成立了被称为"兄弟姐妹会"的青年志愿者组织和"妇女更生保护会"。

（二）二战发展期

日本更生保护制度是在二战后逐步确立的，基于当时动荡的国际社会背景，国内犯罪率持续升高，日本政法为应对当时的社会问题，不断思考更生保护制度的优劣，出台法律法规，确定了其法律地位和社会合法性。1947年的《恩赦法》对恩赦的权利、实施方法等有关基本事项作了规定；1949年颁布《犯罪者预防更生法》，确立了保护观察、假释、预防犯罪活动等基本制度；1950年，日本颁布的《紧急更生保护法》，规定对刑满释放人员在其再社会化过程中提供紧急更生保护，避免其铤而走险，使其顺利回归社会。同年的《保护司法》对保护司的选任产生、管理，包括培训及经费等加以规定；1995年的《更生保护事业法》规定了从事更生保护事业的更生保护法人的设立及其组织的运行,以及国家对其的监督,还对更生保护事业的内容及其保护对象的范围等作了规定。[1]

(三) 21 世纪成熟期

2000 年以后日本的更生保护制度进一步发展完善,相应的法律法规持续修改更新,2002 年修改了《更生保护事业法》;为了提高保护观察处遇能力,2007 年整合了《犯罪者预防更生法》《缓刑者保护观察法》《司法保护事业法》《紧急更生保护法》等,重新颁布了《更生保护法》,对更生保护制度作出了更加明确具体的要求。同时日本在社会掀起了一系列以更生保护为主题的社会活动,为更生保护制度的发展打下良好的群众基础,为刑满释放人员重新回归社会铺垫了文化背景。日本每年 7 月会组织开展"使社会更加光明"这一全国性民众参与预防犯罪的活动,同时将每年 7 月 1 日设立为更生保护日,宣传倡导关注罪犯回归社会、预防犯罪等活动,赢得了全国人民的支持,取得显著效果,罪犯回归社会之路顺畅,再犯罪率逐渐减低,更生保护制度在日本逐渐成为了主要的刑罚制度。

二、管理体制

(一) 日本社区矫正相关的机构

日本社区矫正的管理组织架构是一会一局"两级管理"体制。一会是指中央更生保护审查会,设在法务部内。中央更生保护审查会由委员长 1 人和委员 4 人组成,由法务大臣任命,主要职责为向法务大臣申请个别恩赦,负责起草相关法律的修改建议,监督、指导全国更生保护工作。第二级别是地方更生保护委员会,设置在全国 8 个高等法院所在地,由 3 位以上委员组成,委员长由法务大臣任命,主要负责审查由监狱长提出的假释申请、社区矫正法律和政策的贯彻执行。[2]

一局为法务省保护局,设有总务处、调查联络处、观察处、恩赦处,是更生保护行政事务的中央机关,主要负责社区矫正具体工作的指导和监督。第二级别为保护观察所,这是更生保护制度最基层的机构,在全国法院所属地设置,主要负责保护观察具体事项、舆论引导、调整当地更生保护制度的法规等。

(二) 日本社区矫正的管理人员

在日本,更生保护制度的管理人员由保护观察官和保护司构成。

---

[1] 刘晓梅、张智宇:《日本更生保护制度及其对中国的启示》,载《社会工作(下半月)》2010 年第 7 期。
[2] 张荆:《中日两国社区矫正制度建设比较研究》,载《北京联合大学学报(人文社会科学版)》2016 年第 4 期。

保护观察官是隶属地方更生保护委员会事务局和保护观察所的政府官员，是专职的保护观察官，即矫正官。保护观察官应当具有一定程度的心理学、医学、教育学、社会学或其他与更生保护相关的基础专门知识，从事并领导保护司针对各类社会内处遇对象实行保护观察、人格考察等犯罪者更生及预防犯罪工作。保护观察官的日常工作主要有与被保护者面谈，仔细阅读少年情况登记簿、少年调查登记簿、刑事记录等资料，和保护司进行交流，以及制作各种调查计划和处遇方案等。[1]

保护司是日本法务大臣委任的民间志愿者，作为对保护观察官的补充，接受地方更生委员会或保护观察所所长的指挥监督，充分利用地域情况和社会资源，开展更生保护活动。

三、种类和形式

日本的更生保护制度是由多个制度组合而来，具体包括假释、保护观察、恩赦、更生紧急保护、善时制等，下面主要介绍比较具有日本特色的两种类型。

（一）保护观察

所谓保护观察就是由保护观察官和保护司共同承担对被保护观察的人进行指导、监督、辅导和援助，旨在通过前述措施的实施使其悔过自新、重新回归社会的处遇方法。保护观察的职能一是指导监督。保护观察官需要经常与被保护者联系沟通，保证被保护者可以认真遵守规定，并且对其生活做出相应的指示，确保被保护者按照计划完成自我改造。二是辅导援助。具体而言就是保护观察官要保证其衣食住行，使被保护者能顺利在社会上生存，住有所依，病有所看，育有人教，业有所谋。保护观察有五种类型，即接受保护观察处分的少年、少年院假释出来的少年、假释者、缓刑者、妇女辅导院的假释出院人员。

（二）更生紧急保护

更生紧急保护制度是指具有犯罪前科的刑满释放人员出狱后，不能成为保护观察对象，而且出狱后其生存问题不能依靠家人或社会福利机构帮助，而另外采取其他措施。其主要职能是纠正出狱人的不良恶习，养成健康的生活习惯，帮助其树立正确的人生观和价值观；化解家庭矛盾，调整家庭关系，促进家庭和谐稳定；提供必要的物质保障，保证正常食宿需求；培养其劳动意识，学习锻炼其劳动能力，帮助其顺利就业、稳定就业，从而帮助他们重新回归社会。适用人员包括：①刑满释放的人及假释期满的人；②免除执行监禁、徒刑、拘留的人；③宣告判处徒刑、监禁缓期执行、判

---

[1] 芦麦芳主编：《社区矫正教育》，法律出版社2016年版，第282页。

决尚未确定的人；④宣告判处徒刑、监禁缓期执行、未附保护观察的人；⑤不起诉的人。[1]

四、特点

（一）机构设置比较合理

双主体执行机制实现了社会矫正行刑的"社会性"。[2] 从基层来看，地方更生保护委员会与保护观察所并驾齐驱，直接隶属于法务省，共同为日本社区矫正服务，这种垂直化的组织体制为社会矫正行刑工作的规范化、统一化管理提供了坚实的组织保障。同时这些机构性质明确，分工合理，能有效配合，共同完成社区矫正工作。

（二）社会力量高度参与

日本的社区矫正发展位居世界前列，很大原因在于市民的积极参与配合。日本的更生保护制度源自民间，有十分坚实的公众基础，经过长期的发展，形成了"官民协作，以民为主"的运作机制。日本的更生保护制度不仅有一大批社会志愿者（保护司）的全程参与配合，还存在着许多民间更生保护组织，如少年更生保护会、妇女更生保护会、合作雇主，也就是热心公益的企业家通过设置岗位的形式为刑满释放人员安排就业，同时还有更生保护设施，也被称为中途之家，具有更生保护法人资格，为他们提供食宿、培训、教育等服务。这些民间团体与政府部门密切配合，着力于社区发展、家庭问题、未成年人保护等领域，共同为日本的更生保护制度发展出力。

（三）重视预防犯罪的宣传

政府部门高度重视预防犯罪活动的开展，在每年7月1日设立的"更生保护日"，会举行相应的活动，通过大力宣传，引导群众对罪犯回归社会、改造自我的理解和支持，消除群众对于这类人员的抵触情绪，有效帮助他们回归社会。同时通过预防犯罪的主题，可以消除犯罪的因素，有效降低社区犯罪率。首先会开展广泛的宣传活动，主要通过张贴标语口号、征文、媒体传播等方式介绍该项活动主题及目的。其次还会举行各类民间仪式，主要是为了呼吁国民参加该项活动，强调活动的重要性，引起全民关注，不仅如此，各地保护观察所也积极开展各类宣传贯彻活动。

---

[1] 海滨：《中国社区矫正发展现状、缺陷与展望——以日本为主要参照展开讨论》，复旦大学2011年硕士学位论文。

[2] 王喆：《日本社会矫正行刑制度及其启示》，载《学海》2015年第5期。

一切从实际出发,着眼解决新时代改革开放和社会主义现代化建设的实际问题,不断回答中国之问、世界之问、人民之问、时代之问,作出符合中国实际和时代要求的正确回答,得出符合客观规律的科学认识,形成与时俱进的理论成果,更好指导中国实践。

——2022年10月16日,习近平总书记在中国共产党第二十次全国代表大会上的报告

第三章　我国社区矫正社会工作实践

2003年7月,"两高两部"联合发布了《关于开展社区矫正试点工作的通知》(以下简称"两高两部"《通知》),之后多地开展了实践,形成了各具特色的模式。本章介绍我国北京市、上海市、香港特别行政区、澳门特别行政区和台湾地区的社区矫正社会工作实践。

第一节　北京模式

一、形成与发展

"北京模式"这一概念最早出自2004年6月北京市社区矫正工作试点一周年的交流研讨会。北京模式的形成与发展大概经历了以下三个时期。

(一)初步探索期

北京社区矫正工作正式开展于2001年底,在市司法局成立了"监狱教养工作联络处",当时是将此联络处作为社区矫正的官方工作机构,全权负责连接罪犯与社会的矫正工作。机构成立后,北京开始着力于实践探索,于2002年8月首次在当时的密云县

对假释等监外执行的罪犯进行社区矫正的试验。

(二) 三步走试点期

2003 年 7 月,"两高两部"《通知》确定了北京、天津、上海、江苏、浙江、山东六省市为全国首批社区矫正的试点地区,北京则选定东城区、房山区和当时的密云县为社区矫正初期试点区县。此后试点工作的程度和范围不断扩大。2004 年 5 月,北京市在前期试点工作的基础上,将社区矫正试点工作扩大至朝阳、大兴、通州、丰台等 6 个区县,次年开展了试点第三步工作,将以往形成的经验向当时全市 18 个区县全面展开,[1] 这标志着北京模式正式形成。

(三) 精细化管理期

自 2012 年 7 月 1 日《北京市社区矫正实施细则》实行后,北京将接受社区矫正的适用对象范围缩减为被判处管制、被宣告缓刑、被裁定假释、批准予以监外执行的罪犯,取消了当时仍在全国适用的被剥夺政治权利的罪犯。北京在社区矫正探索发展中思路清晰,不断探索最优方案,减少了不必要的类别,提高了社区矫正的质量。

二、要素与结构

(一) 北京模式矫正机构与队伍

1. 社区矫正管理机构。2003 年,《中共北京市委政法委员会、首都社会治安综合治理委员会关于开展社区矫正试点工作的意见》出台,确定了北京社区矫正的组织结构。具体而言,形成了较为完善的市、区和街乡三级社区矫正管理网络。在市一级成立了社区矫正工作领导小组,设立在北京市司法局,统领全市的社区矫正工作,区一级由区司法局基层科负责,街道、乡镇由司法所来管理。

2. 社区矫正教育平台。专业化的矫正机构是社区矫正实施的主要阵地。北京在过去的经验基础上,不断探索矫正教育模式,建立为矫正对象提供教育、矫正服务的平台,逐步建立了社区矫正集中教育中心和阳光中途之家的两个教育平台,形成了个别矫正与集中矫正、心理矫正与行为矫正相结合的一套具有北京特色的教育矫正体系。北京社区矫正集中教育中心专门负责全市矫正对象的初始教育,中途之家负责平时的集中学习和过渡安置。北京模式可以简单归结为:中途之家+市社区矫正集中教育中心。

3. 社区矫正队伍。北京市经过近 20 年的探索,逐渐形成了以司法行政专职矫正干

---

[1] 张荆:《北京社区矫正模式特色与问题点分析》,载《中国人民公安大学学报(社会科学版)》2013 年第 3 期。

部为基础、借调监狱司法警察、矫正协管员协助、社会志愿者为补充的"3+N"模式。其中"3"是指司法行政专职矫正干部、司法民警和社会聘用的协管员三支从事社区矫正工作的专职工作队伍。"N"是指社会工作者、社区居民和社区矫正对象近亲属等社会力量组成的志愿队伍。

(二) 北京模式的特点

1. 矫正模式行政色彩浓重。在北京模式中，国家机关特别是司法所一直都是社区矫正的主角，国家行政机关统筹全局、全程参与，以司法主导、刑罚执行为特色，通过行政力量实现对矫正对象的心理、行为矫正。北京市成立了很多社区矫正服务中心，这些机构虽名义上是民间组织，但实则是由政府组建的管理机构，无论从筹建、经费来源还是人员的聘用等都是政府主导的。

2. 矫正理念侧重刑罚强制。北京模式更倾向于是一项严肃的刑事执法工作，其实际上是司法矫正，其更侧重从刑罚执行的角度考虑，其基本理念是"先行的社区矫正工作的试点是对原有的由公安机关作为执行主体的社会服刑工作的集成与完善。"[1] 同时出台的一系列政策法规中都注重了社区矫正的惩罚性、强制性、专业性和严肃性。

3. 矫正方式因地制宜、因人施矫。北京社区矫正的布局发展可以说是"一点、多面、放射性网格"，[2] 在市司法局领导下，北京当时的18个区县可以在北京统一管理细则上根据各地的区位特点、社会经济发展情况，因地制宜采取适合本地的社区矫正形式，不需要统一贯彻执行一种模式。同时对于接受社区矫正的人员也是采用个别对待的矫正方式，建档立案，因人施矫，根据个人现实情况采取个性化矫正方案。

三、工作方法

(一) 分类分阶段管理

北京市分类管理、分阶段教育的社区矫正模式是在对国内外社区矫正理论与实践不断进行深入研究的基础上，针对北京市的实际情况提出的具有中国特色的社区矫正个案管理与矫正模式。该模式首先是经评估后将矫正人员进行高、中、低危险性分类，根据分类结果对三类人员实施从低到高的管理强度，包括报到间隔时间、活动范围大小、走访次数和频率、公益时间长短等。其次根据社区矫正对象在接受矫正过程中心理、行为规律，将社区矫正全程分为初始教育、常规教育和解矫前教育三个阶段。

---

[1] 靳利飞：《我国社区矫正模式比较研究及思考》，载《四川警察学院学报》2009年第2期。
[2] 张龙、彭智刚：《首都社区矫正模式的实证分析与对策调整》，载《中国社会科学院研究生院学报》2015年第6期。

(二) 坚持"四个结合"

为了强化教育工作,基层社区矫正组织采取了四个结合的方法。一是坚持教育管理与感化帮扶相结合,一方面按照矫正工作程序对服刑人员进行严格管理,另一方面对生活确有困难的服刑人员在劳动就业、升学考试、技能培训、低保办理、解决户口等方面给予积极的帮助。二是坚持普遍教育与个性化教育相结合。在开展普遍教育的基础上,结合每个服刑人员的犯罪经历、心理特征和家庭状况等情况进行个性化教育。三是坚持专门矫正机关与社会教育相结合。在矫正教育的主体方面,最大限度地发挥司法所、抽调干警、派出所等专业力量的作用,同时注重发动社会力量参加矫正。四是坚持课堂教育与实践活动相结合。在对服刑人员开展人生观、世界观、法治教育等课堂教育之外,通过组织服刑人员到狱中进行警示教育,组织参加社会公益劳动等实践活动,增强教育效果。

第二节 上海模式

一、形成与发展

上海市是最早开始探索社区矫正的地区,社区矫正模式相对其他地区要更加成熟、系统,经过几十年的探索,上海形成了"政府主导推动,社团自主运营,社会多方参与"的工作理念。通过政府购买服务,发展矫正社团,吸纳社会工作者等思路逐步形成了具有上海特色的社区矫正模式,即"上海模式"。[1] 上海模式的形成和发展可以大致分为三个时期。

(一) 早年尝试期

2000年9月,上海女子监狱开始对行刑社会化探索,对于符合条件的部分女犯实施半监禁性刑罚,她们在工作日可以回到社会重获自由,而节假日要回到监狱继续服刑,换言之,上海女子监狱这一操作可以让罪犯提前接触社会,适应社会,避免与社会过度脱节。这一尝试可以称为当时中国对行刑社会化的初步探索。

(二) 逐步试点期

2002年,上海在市委、政法委的直接领导下,开始了社区矫正的试点工作。徐汇区斜土街道、普陀区曹杨新村街道、闸北区宝山路街道被选为上海首批试点街道。半

---

[1] 鲁晨辉:《我国社区矫正模式研究》,南京师范大学2011年硕士学位论文。

年后试点工作扩展到了这三个区的所有街道。一年后，试点工作又增加了浦东和卢湾两个区。到 2003 年 7 月，在"两高两部"下发的通知中，上海作为全国首批六个省（市）社区矫正试点区之一，开始在全市全面开展社区矫正工作，这也标志着上海的社区矫正进入了高速发展。

（三）模式成熟期

试点工作的有序开展对上海社区矫正建设产生了重大的影响，在上海市政府的支持和领导下，逐步探索出了"政府主导推动，社团自主运营，社会多方参与"的工作理念。为了大力吸引社会力量参与进来，上海决定以政府出资购买服务的形式，鼓励推动社会资源参与社区矫正领域。在这种现实背景下，由上海政法委牵头，分别于 2003 年 12 月、2004 年 1 月、2004 年 2 月组建了志强社会服务总社、新航社区服务总站、阳光社区青少年事务中心三家民办非企业社会组织，分别负责对药物滥用、社区矫正和社区青少年犯罪等高危人群提供专业社会工作服务，致力于从源头上预防和减少犯罪。2004 年 8 月起，在前期试点工作的基础上，社团自主经营的体系建设在全市各区县全面推进，逐渐形成了多元化、各司其职、协同管理的综合治理新格局，初步构建了预防和减少犯罪的工作体系。[1] 正从此时起，上海模式在全国产生了强烈的反响，上海模式逐渐发展壮大。

二、要素与结构

（一）上海模式矫正机构与矫正队伍

1. 社区矫正管理机构。上海市社区矫正管理机构包括市、区、街道三级，层级领导，分工明确。在市一级成立了社区矫正工作领导小组，在上海市司法局设立了社区矫正办公室，下设综合处、矫正处、联络处。区一级一般在司法局设立社区矫正科，街道一级全权由司法所负责，区办公室直接对区、县司法局的矫正科和下属的司法所进行管理指导。同时为顺应工作发展的需要，进一步提高社区矫正工作的严肃性与完整性，上海市各区县开始建设社区矫正中心，主要在宏观层面进行监督和指挥，具体矫正工作还是由各区县社会团体负责。

2. 社区矫正队伍。按照社区矫正工作要求，上海市建立了以司法行政机关执法工作者为核心、社会工作者为辅助、社会志愿者为补充的"三位一体"的社区矫正工作队伍。[2] 上海模式的执法主体是司法行政机关执法工作者，工作主体是社会工作者，

---

[1] 陈海：《论社区矫正之"上海模式"》，载《江西警察学院学报》2014 年第 2 期。
[2] 靳利飞：《社区矫正的两种模式》，载《中国社会导刊》2008 年第 30 期。

这种责任分工更加强调社工的作用,在具体实践当中,社会工作者已经扮演着社区矫正"主力军"的角色。司法行政机关执法工作者主要从公、检、法、司等相关部门抽调,主要负责统筹协调与公安、监狱等部门的关系,以及具体的行政工作;而社会工作者则是由新航总站面向社会进行招聘。[1]

(二) 上海模式的特点

1. 淡化行政色彩,机构自主经营。上海模式在构建和发展、制度设计、模式探索中基本上不依靠行政力量,由社区矫正组织自主摸索,自上而下地形成机构的组织架构和管理方式,采用了社会工作的服务理念和工作技巧,独立自主地完成社区矫正工作。上海模式最大的特色之一就是抛开了传统政府机关"层层抓、样样管"的"家长"模式,给予社会组织更大的自主性,以政府购买服务出资的形式形成了政府与非政府组织之间平等和谐的合作关系。这种管理模式的优势在于:其一,有利于政府机关精兵简政。其二,有利于社区矫正社会工作者以平等视角开展工作。其三,矫正对象较容易认同社会工作者,从而积极配合实现矫正社会工作的工作目标。[2]

2. 注重社工力量,手段专业有效。在上海模式中,社会工作者已然成为社区矫正的主力军,上海市政府部门高度贯彻落实"政府主导推动、社团自主运作、社会各方参与"的理念,大力支持社会工作专业与人才队伍的建设,自从2004年新航社区服务总站成立以来,一支高素质专业化的社工队伍也就随之建立起来,承接了上海社区矫正工作的"半壁江山",同时也确立了社会工作者在社区矫正领域的重要地位,社会工作者在社区矫正的作用和效果也引起了社会学者的关注。社会工作"助人自助"的理念与社区矫正价值理念本质上是一致的,社区矫正本质上不仅仅局限于社区矫正对象实现矫正的目的,更深层次应该是实现自我发展的需要,恢复其社会功能,社会工作者以其自身专业的优势从一定程度上唤醒、感化、重塑矫正对象的内心和人格,最终完成社区矫正的目的,改造自我,发展自我,回归社会。

三、理论运用与工作方法

(一) 社会工作理论

在社区矫正领域主要运用社会工作的增权视角、优势视角、灵性视角、社会支持理论、生态系统理论、证据为本理论等视角和理论,这些视角和理论可以实现矫正过

---

[1] 陈侃:《社区矫正制度之司法社工队伍建设——以"上海模式"为研究对象》,华东政法大学2015年硕士学位论文。

[2] 但未丽:《社区矫正的"北京模式"与"上海模式"比较分析》,载《中国人民公安大学学报(社会科学版)》2011年第4期。

程中的互动、沟通，更真实地了解和体会矫正对象的感受和需求，提高矫正质量。

(二) 工作方法

上海模式注重发挥社会工作专业的优势，充分利用社会工作项目和方法来达到矫正的目的。社会工作方法包括个案工作、小组工作与社区工作三种，由于社区矫正的特殊性，社区矫正一般采取个案和小组来进行，下面的章节会重点介绍。

在上海模式中，社会工作项目运用也是其中一大特色。项目运作是社工对矫正人员进行专业矫治的集中体现。在"工作项目化"的指导思想下，新航社区服务总站及各区县分站已组织开展实施了一系列社区矫正项目并形成了众多品牌，如"新航港湾"家庭服务项目、"爱满新航"关爱特殊未成年子女行动项目、"旭日新航"青少年帮教服务项目、"心灵导航"心理帮教服务项目、"菊缘心灵驿站"项目等，取得了良好的矫正效果。[1]

第三节 我国港澳台地区的实践

一、香港特别行政区的实践

(一) 香港特别行政区的社区矫正社会工作概况

香港特别行政区的相关规定中没有使用"社区矫正"这一术语，但在刑罚执行中的非监禁处罚与内地的社区矫正有相似之处，其在实际开展社区矫正工作时借鉴英国的矫正工作传统，注重感化教育，与内地社区矫正"改造、纠正"的理念不同，更加注重矫正对象内心世界的重塑。

香港的非监禁刑主要包括社会服务令、保释、罚金、感化（即缓刑监督）、下令补偿或赔偿、没收及吊销驾驶执照等。但在实际执行中主要是社会服务令和缓刑监督。社会服务令，又称社区服务或者公益劳动，是指由法院判令罪犯在特定的期限内无偿地完成一定时数的于社会有益的工作与服务，以此视为对自身行为的补偿并替代其他判决，或在其他处罚之外判令犯罪人从事有益于社会的无报酬工作。[2] 香港的社会服务令可以追溯到20世纪80年代，现在正在实施的是1997年6月30日版本的《社会服务令条例》。社会服务令于1992年11月16日起扩展到香港所有裁判法院，并于1998

---

[1] 陈海：《论社区矫正之"上海模式"》，载《江西警察学院学报》2014年第2期。
[2] 陈立峰、高晓峰：《香港社区矫正介绍及其对内地的借鉴》，载《浙江万里学院学报》2006年第6期。

年 5 月 19 日起，引入香港区域法院和香港"高等法院"的原讼法庭及上诉法庭。[1]

缓刑监督又名感化，也是一种非监禁性的刑罚方式。香港的"缓刑制度"借鉴了英国法中的暂缓宣告制度，其缓刑的依据主要是《罪犯感化条例》。缓刑令是指法庭判处犯罪者在一定时间内受到缓刑官定期上门评核犯罪者的行为及表现。在实践中，缓刑令适用对象一般是青少年犯罪和轻罪等社会危害性较小的犯罪。[2]

（二）香港社区矫正社会工作的管理机构

香港社区矫正社会工作大致可分为官办的社区矫正社会工作和民办的社区矫正社会工作，双方共同配合，互为补充力量。

官办的社区矫正工作主要是由惩教署和社会福利署完成。惩教署是监狱工作的主管机关，统一管理监狱、惩教所、劳役中心、戒毒所、精神治疗中心的监禁刑，同时也负责一部分非监禁刑的执行。社会福利署的主要职责是负责社区矫正项目的执行，通过推广一系列项目来重塑矫正对象的人格，使其重新融入社会，主要的项目就是感化服务、住院训练、社会服务令。

民办的社区矫正工作主要是与香港善导会和香港戒毒会两家机构合作。香港特别行政区政府从一开始就意识到社区矫正工作繁重，光靠特别行政区政府的力量很难实现，因此一直鼓励和支持社会组织的参与，香港善导会就是一个比较成功的例子，也是提及香港社区矫正不得不谈的经验。[3]

（三）香港社区矫正社会工作特点

1. 社区矫正队伍角色定位清晰，权责分明。对比"上海模式"将社会工作者的身份界定于"监督者、执行者、协管员"之间，香港在相关条例中给予从事社区矫正的社会工作者一个法定身份去执行相关工作，同时香港的社会工作者有独立的执业身份和监管组织——香港社会工作者注册局，公务员编制及法律所赋予的身份。

2. 社区矫正服务尊重人权，淡化标签。在香港的《社会服务令条例》中规定的很多内容都透露着对被告人、罪犯的人权保护，比如须尽量顾及罪犯的宗教信仰，社区服务执行的时间不得与自身上班、上学等必要活动所冲突，还有在社会服务令的具体实施过程中，有时他们会直接让矫正人员以社工身份参加社区服务，而不会随意向他人宣告其矫正身份，与其他人并无两样地进行社会服务，并且在社区矫正社会工作服务单位大都不会提及"帮扶""改造""矫正"等字眼，大多数情况下，很多社区矫正

---

[1] 高岚：《浅析香港地区的社会服务令对我国大陆地区社区矫正制度构建的启示》，载《法制与社会》2015 年第 35 期。

[2] 王佳：《香港地区与内地未成年人社区矫正制度比较研究的思考》，载《犯罪研究》2017 年第 1 期。

[3] 冯卫国：《香港刑事执行工作概览》，载《河南司法警官职业学院学报》2003 年第 3 期。

人员并不愿意被标签化、成为特殊人群"被帮扶",因此香港这一做法下,很大程度上保护了矫正人员内心的尊严,从而使矫正效果事半功倍。

二、澳门特别行政区的实践

(一) 澳门特别行政区的社区矫正社会工作概况

澳门特别行政区在1996年实现了社区矫正的本土化,并广泛运用在刑事处罚中,成为澳门主要刑罚手段。澳门的社区矫正理念是偏人道主义的,强调刑罚的目的不是对罪犯的惩罚,而是通过一系列的教育帮扶使其改过自新,重新回归社会。澳门的社区矫正主要包括缓刑、假释、日计劳动替代罚金等。

澳门的假释制度也是借鉴英美的制度优势,同时本土化形成独特的社区矫正制度。具体实施上的不同主要是在假释之日2个月前,社会重返厅(管理机构)须向法官提供一份调查报告,分析判刑者性格、家庭情况、职业背景以及重新适应社会生活的能力及意愿,对于被监禁超过5年的,还要为其制定重新适应社会之个人计划。被判刑者一旦获得假释,必须到社会重返厅接受社区矫正。社会重返厅将安排社会重返技术员为其提供支援服务及监督其假释义务的履行,并且每3个月定期向法院交报告,刑期结束时交终期报告,再由法院给予其确定性自由。被判刑者在假释期间明显或重复违反假释义务或重新适应社会之个人计划,或者重新犯罪并获刑的,法院将废止假释收监执行。[1]

澳门的缓刑适用对象中比较有本地特色的是对于超过1年徒刑而暂缓执行并且犯罪时未满25岁的被判刑者,法官可以作出暂缓执行徒刑但必须附随考验制度的命令。考验制度需基于罪犯重新适应社会的个人计划,在个人计划当中,法官可以命令其履行及遵守一定的义务或行为规则,如及时报告迁居或工作变动情况,离开澳门须事先获得执行计划的法官许可等。同时由社会重返厅负责监督其义务的履行并对其进行辅助,每3个月向法院交定期报告,缓刑期结束时交终期报告,再由法院取消其刑罚。在暂缓执行徒刑期间不遵守相关义务规定的,法院可以对其警告,或者要求其对履行义务作出保证,或者命令其履行新的义务或遵守新的行为规则,或者延长暂缓执行徒刑的期间。对于明显或重复违反其应当履行的义务或重新适应的个人计划,或者重新犯罪并获刑的,法院须废止缓刑收监执行。

---

[1] 司法部基层工作指导司社区矫正工作处:《关于澳门社区矫正和香港更生康复工作研讨会有关情况及思考》,载《人民调解》2008年第1期。

（二）澳门特别行政区社区矫正社会工作的管理机构

在澳门，行政法务司辖下的社会重返厅主要负责社区矫正工作，其主要职责是提供成年人的更生服务以及违法青少年的矫治服务，主要目的是帮助矫正对象重新融入社会，恢复社会功能，重建社会网络系统。社会重返厅设有司法官和社会重返技术人员，他们是实施社区矫正的主要人员，具有优秀的社会学、法学等知识背景，主要工作内容是编写判前调查报告，以协助法院判决；协助法院执行非监禁刑罚；提供心理辅导、善导宿舍、职业培训及讲座、释放前辅导、经济援助等配套服务。[1] 比较有特色的是善导宿舍，它是建立于1998年，由特别行政区政府出资，民间机构管理，主要目的是为有需要的矫正对象提供免费的住宿服务，帮助他们解决出狱后的过渡性安置问题。

（三）澳门特别行政区社区矫正社会工作的特点

澳门社区矫正主要有两个特点：一是相关部门密切配合，信息共享。澳门特别行政区的刑事诉讼法典对法院、社会重返厅、检察院、监狱等部门之间的衔接程序作出了明确规定。具体而言，在法院、监狱和社会重返厅建立了衔接转介和档案信息交流共享机制，对于罪犯系统化的管理上做到了不间断，将工作重点放到具体矫正过程中，减少了部门之间联系沟通的繁琐环节，总而言之，相关部门在社区矫正工作中协作配合十分密切。二是社区矫正法律制度完善健全。澳门特别行政区的刑法典和刑事诉讼法典对社区矫正的种类、适用条件、执法机构、被判刑者应当履行的义务等都作了明确规定，通过制度先行，给予社区矫正清晰的法律地位和行业界定，让社区矫正的全过程都有法律依据可遵守，为这项工作的开展提供了制度上的保障。

三、台湾地区的实践

（一）台湾地区社区矫正社会工作的概况

社区矫正在台湾地区也被称为社区处遇，其社区矫正工作受日本的影响较大，因此在社区矫正方面与大陆有诸多不同，下面具体介绍。

1. 台湾地区社区矫正适用对象。台湾地区现行社区矫正主要执行对象有下列五大类型：一是假释出狱者；二是判处缓刑者；三是受缓起诉处分者；四是易服社会劳动者；五是少年受保护处分者。

2. 台湾地区社区矫正类型。在台湾地区所有获得缓刑处分、假释处分、缓起诉处分者，甚至所有接受感化教育、监护、禁戒、强制工作等其他保安处分者，都需接受

---

[1] 程莹：《我国社区矫正执行主体研究》，汕头大学2011年硕士学位论文。

由检察官或观护人所提供的社区性矫正之观护处分,也就是"观护制度",这也是台湾地区社区矫正的核心:监督和保护。目前台湾地区所采用的社区矫正,主要包括缓刑、假释、社区服务、电子监控以及更生保护(出狱后的保护)等措施。[1]

观护是为了避免罪犯执行监禁性处罚,而使其进入社区,但是需要附加条件,要求保持善行的一种措施。其基本理念在于矫治复归、整合于社区、风险管理与保护社区、控制犯罪人。

缓刑是指法院经判定认为其有罪,但没有实际执行刑罚的必要时,可以于一定时间暂缓执行刑罚,若在此期间经过观护官的监督后未发现违纪情况,则不再执行刑罚。

假释是指罪犯经过一定时间的关押后,表现良好,可以附以条件允许其提前出狱,若在期间经过观护官的监督后未发现违纪情况,则不再继续执行监禁处罚。

缓起诉处分指台湾地区于2002年2月实施的有关规定中的"缓起诉处分制度",规定了被告人无需经历漫长的审理时间,仅于侦查阶段,由检察机关与社区矫正机构签约,在缓起诉处罚履行期间,完成检察官的处分命令,无其他违纪情况,则不具有起诉处罚的法律效力。[2]

台湾地区有关规定中设立了刑罚易科制度,针对没必要和不适合实施自由刑的罪犯,采取了罚金和社会劳动两种形式。社会劳动措施借鉴了欧美国家的社区服务制度,要求罪犯要在社区无偿进行一定时间的劳动服务,主要包括清洁垃圾、维修设施、清理街道等基础性劳动服务。

更生保护是对出狱人保护的特有称谓,在本质上是一种社会福利措施。是帮助受保护者解决困难,促其弃恶从善,重做新人,受保护之人并不受任何强制或负担义务,是一种以预防犯罪为目的的社会福利措施。

(二) 台湾地区社区矫正社会工作的管理模式

1. 管理机构。我国台湾地区的社区矫正机构设置二级垂直管理。台湾地区所谓"法务部"下设保护司,负责对各市县工作人员的招聘、管理、调动、培训,并进行统一的经费预算和支出,以保障矫正工作的正常运作。同时"法务部"又下设检察署,由地方法院的检察署承担对矫正业务的指导和监督,一般在县市的地区法院检察署设有观护工作站,是台湾地区社区矫正社会工作中最基层的机构,主要专门从事对于观护对象的日常管理。[3]

---

[1] 许春金、谢文彦、刘宽宏:《台湾的社区矫正:基本理念与处遇形态》,载《北京联合大学学报(人文社会科学版)》2017年第4期。

[2] 贺睿:《两岸社区矫正制度之比较研究》,兰州大学2017年硕士学位论文。

[3] 刘强:《台湾观护制度组织建制及其对大陆社区矫正的启示》,载《青少年犯罪问题》2019年第4期。

2. 管理队伍。台湾地区将社区矫正的工作人员称之为"观护人",现已归入专门的公务员系统。观护人的工作立足于保护和监督并重的理念,坚持三种工作模式:监督控制模式、辅导与沟通模式、转介帮扶模式。[1] 同时在台湾地区还存在着观护佐理员,是专门招聘来协助观护人,在社区矫正领域发挥了重要的辅助作用。不仅如此,社会志愿者也是社区矫正中的不可或缺的力量,其中荣誉观护人队伍是志愿者代表中的佼佼者。而在未成年人观护体系中的专业工作人员主要有少年调查官和少年保护官,负责了受案、审理、宣判、执行的全过程,在少年社区矫正中扮演着重要的角色。

(三) 台湾地区社区矫正社会工作特点

1. 矫正工作者确立较高的准入资格与待遇。台湾地区的观护人被纳入公务员系列,每年根据设定的名额和统一的考试录用。一般要求具有本科学历,专业要求和考试内容基本是法律、心理学、社会学、社会工作等。工资标准高于监狱、看守所的狱警,这是因为观护人对缓刑、假释人员的管理需要承担一定的风险。另外,需根据客观要求,对观护对象进行有针对性的教育矫正工作,需要运用心理学、教育学、社会工作等相关知识,预防和减少其重新犯罪,工作具有复杂性。由于观护人的社会地位和待遇高于监狱管理人员,因此,在制度设计上保证了观护人队伍的相对稳定性。[2]

2. 矫正执法刚柔并济,强调司法保护。台湾地区的社区矫正中处处透露出保护的韵味,其中观护工作和更生保护都有一定程度上的体现。"法务部"保护司在诠释"保护"的提法时,采用了"用关心改造人心、以了解消弭不平、以复原循环生机"的诠释。不同于大陆的矫正理念,如刑法处罚和教育改造,台湾地区的矫正理念与欧美地区相近,更加宽容,以预防性手段对矫正对象进行教育、治疗、训练。

3. 未成年人区别对待,注重保护。为避免未成年人在刑事执行中被标签化的负面影响,台湾地区对未成年观护对象的管理设置了与成年人不同的机构。他们的未成年观护机构设置在少年法院,由少年调查官或少年保护官任职管理,处理少年调查及保护事宜,心理测试员、心理辅导员、佐理员则予以协助配合。同时在制度层面也有所凸显,少年观护制度的相关规定主要有:"少年事件处理法""少年事件处理法施行细则""少年及家事法院组织法""少年保护事件整理细则""刑法""少年及儿童保护事件执行办法"等,不仅如此少年观护制度在形成、发展、成熟层面都优于成年观护体系。对于未成年人的保护侧重可以说是台湾地区社区矫正的一大特色,对于预防和控制未成年人犯罪有着重要的作用。

---

[1] 戴艳玲:《我国台湾地区社区矫正观察及其启示》,载《中国监狱学刊》2015年第4期。
[2] 刘强:《台湾缓刑假释管理制度对内地社区矫正的启示》,载《中国司法》2013年第9期。

我们要坚持走中国特色社会主义法治道路，建设中国特色社会主义法治体系、建设社会主义法治国家。

——2022年10月16日，习近平总书记在中国共产党第二十次全国代表大会上的报告

第四章　我国社区矫正社会工作政策

我国2001年才开始有关于社区矫正的讨论，并在之后几年就如何开展社区矫正进行了系统探索，逐渐在全国范围开展试点工作，经历了先研究学习、后试点总结、再制度规范、最后正式开展的路径。在这个过程中，社会工作逐渐融入其中，进而出现了社区矫正社会工作。本章介绍我国社区矫正社会工作政策的发展过程。

第一节　我国社区矫正的政策演进

依据我国社区矫正法规政策发展阶段性质和标志性事件，可将我国社区矫正政策法规的发展历程分为以下四个阶段：①2003年7月之前的探索与准备阶段；②2003年7月至2010年的试点阶段；③2010年至2018年的制度形成阶段；④2019年法律形成阶段。四个阶段清晰地反映了我国社区矫正体系与社区矫正法规政策变迁的轨迹。

一、2003年7月之前：社区矫正的探索与准备

本阶段涉及社区矫正的法律法规主要包括：《中华人民共和国监狱法》（1994年公布）、《中华人民共和国刑事诉讼法》（1996年修正）、《中华人民共和国刑法》（1997

年修订）。[1]

(一) 社区矫正政策制度概况

1. 社区矫正的适用。2001年以前，中国的犯罪矫正体系以监禁刑为主，主要依据的法律是1994年公布的《监狱法》和1996年修正的《刑事诉讼法》，没有任何"社区矫正"字样的法规政策，只能称为"社区范畴的司法矫正"。参照这两部法律，我国当时的刑种和刑罚方式归属于社区矫正范畴的有[2]：①管制。管制刑是具有中国特色的与社区矫正制度性质相类似的非监禁刑，是指不予关押犯罪分子，但限制其一定自由的刑罚。它最适合于罪行较轻、无须关押、但又要给以一定惩罚的犯罪分子。②缓刑。缓刑是指对被判处一定有期徒刑刑罚的罪犯，在具备法定条件时，在一定期限内暂缓执行的刑罚制度。③假释。假释是指对被判处有期徒刑和无期徒刑的犯罪分子，因其在执行一定刑期后，确有悔改表现，不致再危害社会，而附条件地予以提前释放的一种刑罚方法。④监外执行。即符合监狱法规定的保外就医和其他监外执行手段。

2. 社区矫正的执行。根据《刑法》（1997年修订）和《刑事诉讼法》（1996年修正）相关规定，我国的社区矫正均由公安机关执行。而公安机关在人力资源有限的情况下，通常的工作只涉及三点：其一，仔细检查相关证明，包括出狱证明、释放证或解矫证明，严格材料接转手续，将罪犯列入重点人口管理范畴；其二，按期开展内勤入户登记；其三，做好监控档案，上报分局和检察院。

3. 社区矫正的实施情况。根据最高人民法院和司法部监狱管理局统计，社区矫正的实施情况如下：

（1）管制。1999年、2000年、2001年，全国各级法院判处管制人员分别为7 515人、7 822人、9 481人，各占当年被判处刑罚的罪犯总数比例为1.23%、1.21%、1.26%。

（2）缓刑。关于全国的缓适用率情况，1999年为14.86%，2000年为15.85%，2001年为14.71%。此外，各地人民法院适用缓刑的标准差异很大，有些法院适用缓刑的数量很少，还有一些法院几乎不使用缓刑这种刑罚方法。

（3）假释。1996年全国共假释罪犯36 552人，假释率为2.58%；1997年全国共假释41 993人，假释率为2.9%；1998年全国共假释罪犯29 541人，假释率为2.06%；1999年全国共假释罪犯30 075人，假释率为2.11%；2000年全国共假释罪犯23 550人，假释率为1.63%。

（4）监外执行。2001年，全国监狱系统监外执行的罪犯占押犯总数的1.13%。

---

[1] 以下相关法律名称均省略"中华人民共和国"。
[2] 司法部社区矫正制度研究课题组：《改革和完善我国社区矫正制度之研究（上）》，载《中国司法》2003年第5期。

(二) 社区矫正的转向

由于当时社区矫正未在我国真正施行，监狱收监压力越来越大。同时，随着社区矫正在国外的盛行以及在司法领域影响的扩大，我国司法部门开始重视社区矫正的推进。2002年10月，经过对社区矫正问题一年的全面、系统和深层次的研究，司法部社区矫正制度研究课题组提交了《改革和完善我国社区矫正制度之研究》的报告（以下简称《报告》）。《报告》对比分析了我国社区矫正制度现状、国外社区矫正制度概况、我国社区矫正制度存在的缺陷及其影响，并明确指出改革和完善我国社区矫正制度旨在实现的目标是："解决监狱拥挤状况，降低监狱行刑成本并改善监狱行刑的实际效果；增进犯人与社区的联系，避免监禁执行方式对犯人心理和行为的负面影响（监禁综合症），促进其最终回归社会；同时这种执行方式也有助于促进犯人的社会责任感和公民觉悟，并使社区服务成为犯人有意义的实践活动，为社会做出一定的补偿；探索具有中国特色的刑罚执行制度，充分体现社会主义的政治文明"。[1]这一阶段的转向，是我国开始改革和完善我国社区矫正制度的阶段性突破，对后期社区矫正实践与探索有重大现实意义。

二、2003年7月至2010年：社区矫正试点工作

本阶段涉及的相关政策主要有：《最高人民法院、最高人民检察院、公安部、司法部关于开展社区矫正试点工作的通知》（2003年公布），《司法行政机关社区矫正工作暂行办法》（2004年公布），《最高人民法院、最高人民检察院、公安部、司法部关于扩大社区矫正试点范围的通知》（2005年公布），《中共中央关于构建社会主义和谐社会若干重大问题的决定》（2006年公布），《中央政法委员会关于深化司法体制和工作机制改革若干问题的意见》（2008年公布），《最高人民法院、最高人民检察院、公安部、司法部关于在全国试行社区矫正工作的意见》（2009年公布）。

(一) 社区矫正初步试点

1. 2003年公布《最高人民法院、最高人民检察院、公安部、司法部关于开展社区矫正试点工作的通知》。2003年7月10日，《最高人民法院、最高人民检察院、公安部、司法部关于开展社区矫正试点工作的通知》（以下简称《通知》）发布，确定了北京、天津、上海、江苏、浙江和山东等省市为全国社区矫正的首批试点省市。我国的社区矫正试点工作正式开始。该《通知》明确了社区矫正内涵和基本工作要求，并

---

[1] 司法部社区矫正制度研究课题组：《改革和完善我国社区矫正制度之研究（下）》，载《中国司法》2003年第6期。

强调社会力量是社区矫正的执行主体之一，是社区矫正重要的参与者和资源提供者。同时"街道、乡镇司法所要具体承担社区矫正的日常管理工作"，并且监狱管理机关可以依法实施监外执行措施，而公安机关则退居为监督考察部门。

2. 2004年公布《司法行政机关社区矫正工作暂行办法》。2004年5月9日，司法部印发《司法行政机关社区矫正暂行办法》（以下简称《暂行办法》），该《暂行办法》是社区矫正试点工作制度化、法制化建设的重要组成部分，是指导各级司法行政机关开展社区矫正工作的全国性规章。《暂行办法》是司法行政机关规范社区矫正工作的专门性规章，对非监禁执行工作的机构设置、工作措施和环节，社区矫正工作的机构、人员及其职责，社区服刑人员的接收，社区矫正措施，社区矫正的终止等作出了规定。

(二) 社区矫正扩大试点范围

1. 2005年公布《最高人民法院、最高人民检察院、公安部、司法部关于扩大社区矫正试点范围的通知》

2005年，"两高两部"又下发了《关于扩大社区矫正试点范围的通知》（以下简称2005年《通知》），将河北、内蒙古、黑龙江、安徽、湖北、湖南、广东、广西、海南、四川、贵州、重庆12个省（区、市）列为第二批试点地区，社区矫正的试点范围从较发达地区扩展到中西部地区。2005年《通知》分别对首批试点的6个省（市）和第二批试点的12个省（区、市）提出要求：完善并扩大试点方案，提出具体实施意见，提高标准、严抓矫正质量、试出效果，起到全国典型示范作用。对于第二批试点的12个省（区、市）则是要尽快启动试点工作，在现行法律制度的框架内积极探索，结合本地区实际，制订实施意见或方案，并且要充分运用社会力量和社会资源，加强对社区服刑人员的教育矫正。

2. 提倡落实宽严相济的刑事司法政策。2006年，党的十六届六中全会作出《中共中央关于构建社会主义和谐社会若干重大问题的决定》，明确要求"实施宽严相济的刑事司法政策……积极推行社区矫正"。2008年《中央政法委员会关于深化司法体制和工作机制改革若干问题的意见》更进一步强调"宽严相济刑事政策"的重要性，提出"司法体制改革提出要把宽严相济刑事政策上升为法律制度，转化为司法体制和工作机制，落实到执法实践中去"。

(三) 全国试行社区矫正工作

2009年，《最高人民法院、最高人民检察院、公安部、司法部关于在全国试行社区矫正工作的意见》（以下简称《意见》）颁布，标志着社区矫正试点工作在全国范围内开展。《意见》对全面试行社区矫正的指导思想、基本原则、适用范围以及主要任务作出了全面部署，形成了后来的社区矫正制度的基本框架。《意见》认为我国社区矫正试点工作具有成效，并且已经在社会各界及人民群众中奠定了对社区矫正工作的认识基础，全面试行社区矫正的时机已经成熟。[1] 对于社区矫正而言，"教育矫正、监督管理、帮困扶助"是其特点和优势。在全面施行社区矫正工作阶段，要加强社区矫正工作的制度化、规范化、法制化，为推进社区矫正立法进程做好铺垫。要求各地应当主导建立专门的社区矫正工作机构，在司法所具体实施的过程中，建立社会力量广泛参与的社区矫正工作领导体制和工作机制。

三、2011年至2018年以来的社区矫正政策

本阶段主要涉及的法律法规包括：《中华人民共和国刑法修正案（八）》（2011年公布）；《社区矫正实施办法》（2012年公布）；《刑事诉讼法》（2012年修改第258条）；《中华人民共和国监狱法》（2012年修正）。

（一）2011年公布《中华人民共和国刑法修正案（八）》

2011年2月25日，第十一届全国人民代表大会常务委员会第十九次会议通过了《中华人民共和国刑法修正案（八）》（以下简称《刑法修正案（八）》），这是我国1997年全面修订刑法以来进行的规格最高、最重要的一次刑法修正。《刑法修正案（八）》第一次在我国法律中明文规定了"社区矫正"，使社区矫正改革有了明确的法律依据。同时对社区矫正的适用对象作了规定，明确规定对"判处管制的犯罪分子"（管制犯）、"宣告缓刑的犯罪分子"（缓刑犯）和"假释的犯罪分子"（假释犯），依法实行社区矫正。《刑法修正案（八）》对社区矫正的概念和对象的确定，标志着我国社区矫正法律制度的确立，同时对我国刑罚轻刑化、社会化也具有里程碑的意义。

（二）2012年公布《全国人民代表大会关于修改〈中华人民共和国刑事诉讼法〉的决定》

2012年通过的《全国人民代表大会关于修改〈中华人民共和国刑事诉讼法〉的决定》，在其中专门规定了社区矫正事项："对被判处管制、宣告缓刑、假释或者暂予监外执行的罪犯，依法实行社区矫正，由社区矫正机构负责执行。"对该规定所做的修正与《刑法修正案（八）》一致，即采用了"社区矫正"概念，并第一次使用"社区矫正机构"，将其规定为开展社区矫正工作的法律主体；完整表述了社区矫正的适用对象，在《刑法修正案（八）》规定的三类对象基础上，增加了第四类对象，即"暂予监外执行的罪犯"（暂予监外执行犯）。

---

[1]《司法部有关负责人解读〈关于在全国试行社区矫正工作的意见〉》，载 http://www.gov.cn/zwhd/2009-10/22/content_1446538.htm，最后访问日期：2022年3月21日。

(三) 2012 年公布《社区矫正实施办法》

2012 年 1 月 10 日,"两高两部"联合制定了《社区矫正实施办法》(以下简称《实施办法》),自 2012 年 3 月 1 日起施行。《实施办法》是基于各地在实践中行之有效的矫正方法、工作体制机制和模式的基础上形成的统一制度,是带有司法解释性质的规范性文件,共 40 条。《实施办法》全面规范了社区矫正的整个工作流程,包括适用前调查评估、交付与接收、矫正实施和解除矫正,是一部针对性、操作性更强的指导性文件,为社区矫正工作提供了制度保障。

(四) 2012 年修正《监狱法》

2012 年 10 月 26 日,第十一届全国人民代表大会常务委员会第二十九次会议通过了《关于修改〈中华人民共和国监狱法〉的决定》,并于 2013 年 1 月 1 日起正式施行。新修正的《监狱法》明确了暂予监外执行和假释罪犯由社区矫正机构管理的情况,并且规定了监狱、社区矫正机构、法院、公安机关等部门的衔接责任。

四、2019 年以来的社区矫正政策

(一)《社区矫正法》的颁布和意义

随着社区矫正法律制度的确立和社区矫正工作的不断深入,社区矫正立法势在必行。2019 年 12 月 28 日,第十三届全国人民代表大会常务委员会第十五次会议通过了《社区矫正法》。该法共九章 63 条,于 2020 年 7 月 1 日起正式施行。这是我国首次就社区矫正工作进行专门立法。

《社区矫正法》的颁布,填补了我国社区矫正工作缺乏统领性主干法律依据的空白,标志着我国社区矫正领域首部专门性法律正式出台,在完善社区矫正法律规范体系的进程中迈出关键性一步,[1] 对于推进社区矫正工作法治化、规范化、专业化以及国家治理体系和治理能力建设具有重大意义,充分体现了科学矫正、保障人权、宽严相济、修复融入、社会参与的现代刑事执行精神。

(二)《社区矫正法》的内容特点

《社区矫正法》不仅在我国立法历史上具有里程碑意义,在具体内容上也有许多值得关注的特点:

1. 突出对矫正对象合法权益的保障。由于社区矫正的目的是帮助矫正对象修复整体社会关系,重塑健全的人格和重新融入社会,因此《社区矫正法》的许多规定考虑

---

[1] 吴宗宪:《我国社区矫正法的历史地位与立法特点》,载《法学研究》2020 年第 4 期。

了矫正对象的生活便利性，如尽量不干扰正常生活和工作，对矫正对象给予合理关切。同时，强调矫正对象不应因矫正的施行而被损害应有的人身权利、财产权利和其他合法权利，对矫正对象不得限制或者变相限制人身自由，还应该从保障其正常生活和良好的社会接纳环境的角度考虑，严格保密其身份信息、位置信息和个人隐私，较好体现了人道主义精神。[1]

2. 确立了社区矫正的三大核心工作。《社区矫正法》明确了社区矫正的三大核心工作，即监督管理、教育矫正和帮困扶助。《社区矫正法》专设一章强调社区矫正中最基本也最重要的"监督管理"，这是对所有社区矫正对象都要开展的最基本的日常工作。另外在第3条将教育矫正与帮困扶助两项任务合并，统一为"教育帮扶"，以"坚持监督管理与教育帮扶相结合"作为开展社区矫正工作的指导方针。同时，在第五章用9个条目规定了教育矫正和帮困扶助两个方面的内容，[2] 即"专门机关与社会力量相结合，采取分类管理、个别化矫正，有针对性地消除社区矫正对象可能重新犯罪的因素，帮助其成为守法公民。"

3. 构建了多元社会力量参与社区矫正工作的机制。《社区矫正法》第10条至第13条，对参与社区矫正工作的各方主体的职责作了明确规定，鼓励和引导多元社会力量依法参与社区矫正工作，并在第40条授权社区矫正机构可以通过购买社区矫正社会工作服务或者通过项目委托社会组织等方式，为社区矫正对象提供心理辅导、社会关系改善等专业化帮扶。同时，《社区矫正法》通过规定"社区矫正委员会"为负责统筹协调和指导本行政区域内的社区矫正工作的组织机构，明确了社会力量广泛参与的工作机制，保障多元主体参与下的社区矫正工作顺利开展。

4. 设立特殊对象的特别规定专章。《社区矫正法》针对未成年社区矫正对象身心状况独特、社会联系较弱、面临的法律问题等特殊情况，设立专章予以特别规定，要求对未成年人与成年人分别进行社区矫正，给予未成年人重点关注和特别对待，采取针对性的矫正措施。对未成年社区矫正对象予以特殊保护，如为未成年社区矫正对象确定矫正小组，应当吸收熟悉未成年人身心特点的人员参加；保障未成年社区矫正对象完成义务教育以及为其提供职业技能培训，在复学、升学、就业等方面依法享有与其他未成年人同等的权利。[3]

---

[1]《〈中华人民共和国社区矫正法〉八大亮点解读》，载 https://m.thepaper.cn/baijiahao_7992253，最后访问日期：2022年3月21日。

[2] 吴宗宪：《我国社区矫正法的历史地位与立法特点》，载《法学研究》2020年第4期。

[3]《〈中华人民共和国社区矫正法〉八大亮点解读》，载 https://m.thepaper.cn/baijiahao_7992253，最后访问日期：2022年3月21日。

第二节　社会工作介入社区矫正的政策发展

自从20世纪80年代中国社会工作恢复之后，社会工作在我国呈现出了快速发展的趋势。社区矫正社会工作的探索和发展，正是我国社会工作在专门服务领域延伸的最好范例。

一、明确社会力量参与

社区矫正的政策中，最早关于社会工作的介入是以"社会力量"统一概括的。由于社区矫正是在基层社区中开展的，意味着社区矫正工作是一个综合性工作，仅依靠司法部门和官方的社区矫正工作者是远远不能满足工作需要的。因此，社区矫正的实施者应包括公、检、法、司等相关部门和其他社会力量。[1] 社区矫正中的社会力量主要包括社会工作者、志愿者、社会组织等。

自社区矫正开启改革探索之路后，国家和地方政府逐步意识到社会力量参与社区矫正的重要性，并开始明确社会力量参与社区矫正的方法和途径。2003年，"两高两部"发布了《最高人民法院、最高人民检察院、公安部、司法部关于开展社区矫正试点工作的通知》（以下简称《关于开展社区矫正试点工作的通知》），指出"社区矫正是积极利用各种社会资源、整合社会各方面力量，对罪行较轻、主观恶性较小、社会危害性不大的罪犯或者经过监管改造、确有悔改表现、不致再危害社会的罪犯在社区中进行有针对性管理、教育和改造的工作"，并要求"充分发挥基层群众自治组织、社会团体和社会志愿者的作用，积极参与和协助社区矫正的试点工作"。该文件明确了社区矫正的定义和社区矫正工作的要求，首次肯定了社会力量是社区矫正的执行主体之一，为社会力量参与社区矫正提供了直接的政策依据。2004年5月9日，司法部印发《司法行政机关社区矫正工作暂行办法》，多项条文涉及社会力量参与，包括社会力量参与的原则、内容、分类和组成，明确了社会力量参与社区矫正的基本要求。

虽然未直接提出"社会工作"介入社区矫正，但在以上文件的支持下，各地试点工作开始引入社会工作专业人员参与社区矫正，并通过地方行政文件明确相关规定。2003年11月6日，上海市司法局发布了《关于贯彻落实市委"构建预防和减少犯罪工作体系"的总体部署进一步推进社区矫正试点工作的意见》要求，坚持专门化机关管理与社会化运作相结合的原则，推进社区矫正试点工作。该意见对社会工作者提出要

---

[1] 吴宗宪：《社会力量参与社区矫正的若干理论问题探讨》，载《法学评论》2008年第3期。

求，明确工作目标，并通过组建社区矫正社会组织引入社会工作者介入社区矫正试点工作。次年，上海市建立政府购买社会工作介入社区矫正的方案，建立了一系列社区矫正社会工作者需要遵守和依据的工作制度，保障社会工作者的服务质量。2005年，北京也采用类似的形式，依托政府孵化的社会组织，发动社会力量参与社区矫正，并规定社区矫正社会工作者协助司法助理员和抽调监狱劳教干警参与工作，开展社区矫正宣传，组织各种社会力量对社区服刑人员进行帮教，参与矫正方案的制定和协助社区矫正服务中心对社区服刑人员开展辅导等。在上海模式与北京模式率先带领下，其他省份的社区矫正工作方式也基本是"在现行法律框架下，执行主体与执行对象不变，但具体的执行工作和矫正内容由司法行政机关的基层司法所承担和落实，调动与整合社区力量，对罪犯进行刑罚执行"。[1]

二、明确了社会工作介入社区矫正

第一批社区矫正试点的经验体现了社区矫正社会工作者对有效落实教育矫正措施、切实提高社区矫正质量起着重要作用，[2] 是社区矫正队伍不可或缺的中坚力量。2005年1月20日，"两高两部"发布《最高人民法院、最高人民检察院、公安部、司法部关于扩大社区矫正试点范围的通知》（以下简称《关于扩大社区矫正试点范围的通知》）。文件除了提倡"为社区矫正试点工作创造良好的社会环境和舆论氛围"，以更积极的态度吸纳社会力量以外，更重要的是首次将"社会工作方法"明确为社区矫正的主要方法："社区矫正工作是将罪犯放在社区内，遵循社会管理规律，运用社会工作方法，整合社会资源和力量对罪犯进行教育改造，使其尽快融入社会，从而降低重新犯罪率，促进社会长期稳定与和谐发展的一种非监禁刑罚执行活动。"

2009年，"两高两部"决定全国试行社区矫正工作，在《最高人民法院、最高人民检察院、公安部、司法部关于在全国试行社区矫正工作的意见》（以下简称《关于在全国试行社区矫正工作的意见》）第三大点第6条关于"切实加强社区矫正工作机构和队伍建设"的内容中，明确提出引入社会工作者："广泛动员社会力量参与社区矫正工作，建立健全社会工作者和社会志愿者的聘用、管理、考核、激励机制，切实加强社区矫正工作队伍的培训，提高队伍综合素质，提高做好社区矫正工作的能力和水平。"这是我国社区矫正政策文件中首次将社会工作者作为单独的职业种类予以规定，是社会工作介入社区矫正工作的直接的政策依据。

此外，2012年3月1日正式实施的《社区矫正实施办法》第3条规定了社区矫正

---

[1] 胡松：《论社区矫正机构队伍建设》，载《今日中国论坛》2013年第15期。
[2] 刘武俊：《社区矫正工作中的社会力量专论》，载《中国司法》2012年第7期。

队伍成员及各自角色,其中提到:"社会工作者和志愿者在社区矫正机构的组织指导下参与社区矫正工作。"即明确了社区矫正社会工作者是参与社区矫正工作的队伍之一。

在社区矫正全面推行期间,各地的经验成果更加证实了社会工作在社区矫正中的重要性和不可或缺性。2014年,司法部、中央综治办、教育部、民政部、财政部和人力资源社会保障部六部委联合出台了《关于组织社会力量参与社区矫正工作的意见》,提出"社会力量的参与则是健全社区矫正制度、落实社区矫正任务的内在要求",并在明确社会力量组成的时候,首先突出"社会工作者":"在工作力量上,既要有专职执法队伍,也要广泛动员社会工作者、志愿者以及社会组织、所在单位学校、家庭成员等各种社会力量,共同做好社区矫正工作"。该文件还提出政府购买社会工作服务,并一再强调社会工作的介入在引导社会组织参与社区矫正、建设志愿者队伍和矫正小组方面的重要性;文件也同时规定了对社区矫正社会工作者的保障。这是我国在形成社区矫正社会工作相关法律之前,对社会工作介入社区矫正相关内容规定得最细致的政策。

第三节 社会工作介入社区矫正的政策完善

一、社会工作介入社区矫正需要法律支持

(一)相关法律法规的进展

自我国开始推进社区矫正制度改革以来,中央和各省市都非常重视社会工作介入社区矫正的途径和机制,但直到2020年之前我国都缺乏社区矫正的专门立法,更不用说社会工作介入社区矫正的专门法律。根据我国法的形式和法律效力,可将社区矫正法规政策由上至下分为:法律与行政法规、地方性法规、行政规章(含部门规章和地方政府规章)和社区矫正机构制定的社区矫正工作制度。[1] 按此来看,在这之前,我国关于社区矫正的法律仅限于《刑事诉讼法》和《监狱法》,而两部法律皆未对社会工作介入社区矫正作出规定。因此,虽然2005年《关于扩大社区矫正试点范围的通知》、2009年《关于在全国试行社区矫正工作的意见》和2014年《关于组织社会力量参与社区矫正工作的意见》等行政规章对社会力量参与社区矫正和社会工作介入社区矫正的要求逐渐突出,但从效力上却不被现行法律支持。伴随着社区矫正试点工作的

---

[1] 范燕宁等编著:《社区矫正社会工作》,中国人民公安大学出版社2015年版,第47页。

开展与深入，相关法律制度需要进一步完善。[1]

社会工作介入社区矫正缺乏法律支持的困境，主要表现在以下几个方面：首先，社区矫正社会工作在实务工作中具体做法、相关手续和程序缺少法律支持，在合法性上遭到质疑。其次，服务对象无法可依。由于对实施对象和执行人群、执行的范围缺少明确规定，因此社区矫正社会工作可能会因为难以确定对象而无法执行。[2] 再者，社区矫正社会工作的专业性缺少标准和要求。社区矫正社会工作相关法律是我国社区矫正社会工作职业化和专业化的必要前提和重要保障，[3] 缺乏法律依据让社区矫正社会工作缺少工作规范的指向。最后，缺少法律支持有碍社区矫正社会工作的发展，仅有的行政规章还缺乏可操作性和社会工作者的权利保障等考虑。总体看来，法律法规应当从社区矫正社会工作者应有的法律地位、具备的资格、以何种方式介入社区矫正、职责与权利方面予以规定，[4] 只有从制度上予以保障，社区矫正社会工作才能在法制化、制度化、规范化的道路上稳步发展。

（二）新局面的开启

值得强调的是，《社区矫正法》的颁布意味着社会工作作为社区矫正多元共治的重要组成部分，得到了法律保障，多项条文为社区矫正社会工作的开展提供了法律依据。一是明确了社会工作者作为社区矫正实施主体之一，为社会工作介入社区矫正提供直接依据。二是赋予社会组织参与社区矫正合法性，为社会工作介入社区矫正工作提供相关依据。

《社区矫正法》的通过，全面开启了社区矫正工作的新局面，也为社会工作参与社区矫正的定位、参与形式和服务内容提供了法律依据。《社区矫正法》虽然未对社会工作具体的服务标准、程序和职业规范做出规定，但是其对社区矫正工作本身的全面规范性，特别从服务方面强调了个别化的教育和帮扶，标志着专业化矫正时代的到来，[5] 也意味着社会工作介入社区矫正即将走向专业化、标准化和规范化道路，为社会工作介入社区矫正工作开辟了新路径。

二、大力发展社区矫正社会工作服务机构

社区矫正社会工作服务机构是指由专门的社区矫正社会工作者运用社会工作方法，依照政府委托或授权为社区矫正服务对象开展心理矫正、教育帮扶、帮扶救困等服务

---

[1] 李迎生主编：《社会工作概论》，中国人民大学出版社2018年版，第547页。
[2] 范燕宁等编著：《社区矫正社会工作》，中国人民公安大学出版社2015年版，第47页。
[3] 刘武俊：《社区矫正工作中的社会力量专论》，载《中国司法》，2012年第7期。
[4] 周沛等主编：《社会工作概论》，华中科技大学出版社2008年版，第192页。
[5] 齐芳：《社区矫正法：开启矫正社会工作新里程》，载《中国社会工作》2020年第4期。

的非营利性社会组织。[1]

(一) 试点工作中的社会工作服务机构

2003年"两高两部"《关于开展社区矫正试点工作的通知》下发后,在响应社区矫正引入社会力量的背景下,试点地区出台相应政策鼓励社会工作服务机构参与社区矫正,一批具有代表性的社区矫正社会工作服务机构在这时出现。由于我国社会组织整体发展较为薄弱,这个阶段的社会工作服务机构基本为政府孵化成立,并通过政府采购实现政府对社区矫正工作的需求,之后由社会工作服务机构管理社区矫正社会工作者,政府则对机构提供社区矫正管理、监督和评估,可以说是一种准官办型机构。比较典型的机构为上海市新航社区服务中心和北京市阳光社区矫正服务中心。

2003年11月6日,上海市司法局发布了《关于贯彻落实市委"构建预防和减少犯罪工作体系"的总体部署进一步推进社区矫正试点工作的意见》,在第四部分"积极培育扶持社团组织参与社区矫正试点工作"中直接提出"力争于今年11月份注册成立'上海市新航社区服务中心'",并规定"该中心为民办非企业单位性质,根据市社区矫正工作办公室设定的总体工作目标,依据法律、法规及其章程的规定,组织社会工作者参与社区矫正试点工作。社团组织设立董事会、监事会和总干事,按社团组织的规章自主运作。"通过引入社会工作服务机构,上海市首创了"执法主体"和"工作主体"适度分离的工作模式。2004年,上海市又在此基础上正式成立上海市新航社区服务总站,为上海市社区服刑人员和5年内刑释解教人员提供专业服务。

与上海模式类似的北京模式,也同样由政府促进社会工作服务机构成立和参与。2005年3月底,北京市18个阳光社区矫正服务中心全部挂牌成立,[2] 受各区司法局的业务指导,以"政府出资,团体运作,面向社会招聘,购买专业服务,实行资源共享"为模式,面向辖区内社区服刑人员开展回归社会辅导、心理矫正、教育培训、临时救助、项目研究与开发等工作。为确保社区矫正服务中心各项工作规范运行和取得实效,北京市社区矫正工作领导小组办公室于2005年发布《关于进一步做好阳光社区矫正服务中心工作的试行意见》,明确规定社区矫正社会工作者作为司法助理员和抽调监狱劳教干警的协助,属于辅助帮教人员。2006年3月24日,北京市社区矫正工作领导小组办公室为进一步加强管理,后又发布了《关于加强阳光社区矫正服务中心建设的通知》,规定阳光社区矫正服务中心要建立社区矫正专职社会工作者队伍,要理顺阳光社区矫正服务中心与司法所的关系和细化职责、加强考核等。

---

[1] 范燕宁等编著:《社区矫正社会工作》,中国人民公安大学出版社2015年版,第72页。
[2] 《北京市首家社区矫正服务中心成立——西城区新街口街道举行社区矫正服务中心揭牌仪式》,载http://sfj.beijing.gov.cn/sfj/sfdt/ywdt82/jcgz20/377914/index.html,最后访问日期:2022年3月21日。

(二) 培育社区矫正社会工作服务机构

在社区矫正全面推进的背景下，司法部等部门多次发文提倡引导社会力量参与社区矫正工作，并在 2014 年发布《关于组织社会力量参与社区矫正工作的意见》，首次提出引导政府向社会力量购买社区矫正社会工作服务的原则和要求。[1] 明确要按照有利于转变政府职能、有利于降低服务成本、有利于提升服务质量和资金效益的原则，公开择优向社会力量购买社区矫正社会工作服务。同时，该意见首次为社区矫正工作试点以来已由政府公开招聘的社区矫正社会工作者制定了薪酬保障机制、专业技术水平评价和表彰奖励机制等保障措施，还对加强社会力量参与社区矫正工作的组织领导提出了明确要求。在此要求下，各地政府开始尝试以不同形式引进社区矫正社会工作服务机构，突出服务机构作为社会力量的主体性和独立性。

在社区矫正工作深入推进的过程中，越来越多的竞争性采购方式逐渐形成了有利于社区矫正社会工作专业机构发展的环境。除了直接提供服务的社会工作服务机构，我国还出现了不少从事社区矫正专门工作和研究的社会工作专业机构，[2] 如北京市海淀睿博社会工作事务所、首都师范大学社区矫正与社区发展研究中心、首都师范大学少年司法社会工作研究与服务中心以及深圳市社联社工服务中心等。这些社区矫正社会工作专业服务机构能够从不同方面为政府和服刑人员提供社会服务，在完善和落实社区矫正实施的过程中起到不可或缺的作用，同时能降低监禁刑带来的高成本和低改造率的弊端。然而，这类专业机构的数量过少，还远远不能满足我国现阶段社区矫正工作的需要。

虽然现阶段社区矫正社会工作服务机构迎来了良好的发展契机，能以更独立的主体姿态参与社区矫正工作，但整体的专业性还有很大的进步空间。专业化的服务机构是社区矫正工作中必要的要求，机构应通过自身的制度建设，对服务规范、伦理价值观、监督评估、工作过程规范等进行完善。我国的社区矫正社会工作属于国家司法体系中的社会福利工作，政策性强，由当地司法部门起主导作用，从而形成由政府部门牵头推进的社区矫正社会工作体系，没有建立全国性社区矫正社会工作专业机构。总体说来，我国社区矫正社会工作服务机构虽然在社区矫正工作推进下迎来了发展契机，但机构专业性仍是这项工作的瓶颈，还需要靠政府持续扶持、完善相关支持政策，加强社会工作专业性的建设，也需要重视对社会工作者的专业培训和服务考评体系，让社区矫正社会工作的专业性得到保障。

---

[1]《司法部等 6 部门首次提出政府向社会力量购买社区矫正社会工作服务》，载《中国政府采购》2014 年第 12 期。

[2] 范燕宁、席小华主编：《矫正社会工作研究（2008）》，中国人民公安大学出版社 2009 年版，第 73 页。

三、推进社区矫正社会工作服务专业化

(一) 社区矫正的专业化服务要求

社区矫正社会工作服务机构的专业性主要通过社会工作者来体现。由于社区矫正社会工作是一项涵盖了法学、心理学、管理学、社会学和社会工作等多学科的综合实践,对社会工作者的专业性有比较高的要求。受过专业学习和训练的社区矫正社会工作者,能够发挥社会工作优势,运用专业理论和方法对社区矫正对象提供专业化服务,进行心理和教育干预、整合各类帮扶力量和社会资源,为服务对象重建社会支持,改善社会环境,以便社区矫正对象能顺利地重返社会、重塑新生。[1] 然而,在社区矫正实际工作中,社会工作者往往缺乏应有的专业性,未能达到社区矫正社会工作服务的期望效果。主要体现在:一是社会工作专业人员缺乏,服务人员大多是非专业出身;二是对社会工作专业不理解,导致社会工作的服务范围界定不清,社会工作者难以发挥专业性;三是社会工作者待遇难以保障,无法吸纳专业人才。

(二) 进一步推进专业化建设

2020 年《社区矫正法》开始施行,强调了专业社会工作的介入,标志着专业化矫正时代的到来。[2]

首先,在社区矫正工作人员的专业素质方面,《社区矫正法》提出了基本要求:社区矫正机构聘用的社会工作者应当具备专业知识或者实践经验,方可开展社区矫正相关工作。这意味着社区矫正社会工作机构在选用社会工作者时要严格把关,从事社区矫正的社会工作者必须经过严格的考试和专业培训,要以是否具有社工证及是否通过国家司法考试作为选拔标准之一。[3]

其次,《社区矫正法》明确了社区矫正中各类力量的职责,便于社会工作者发挥专业性。明确社会工作服务的专业范围是"为社区矫正对象在教育、心理辅导、职业技能培训、社会关系改善等方面提供必要的帮扶",并且参与对准社区矫正服务对象进行"调查评估"和开展"跨地区开展帮扶交流和示范活动"。这些内容清晰地规定了社区矫正社会工作者的职责范围,也是对其专业性的肯定。

最后,《社区矫正法》明确规定了社区矫正的专业程序,为社会工作者的专业实践提供了进一步的保障。《社区矫正法》按前期对社区矫正对象进行调查评估、决定、接收,中期具体服务内容如监督管理、教育和帮扶,以及后期解除和终止等阶段,明确

---

[1] 吴宗宪主编:《社区矫正导论》,中国人民大学出版社 2011 年版,第 344 页。
[2] 齐芳:《社区矫正法:开启矫正社会工作新里程》,载《中国社会工作》2020 年第 4 期。
[3] 刘武俊:《社区矫正工作中的社会力量专论》,载《中国司法》2012 年第 7 期。

了各阶段的工作方式和内容。这就有利于社会工作介入社区矫正过程中规范化、系统化地提供服务,[1]也便于社会工作者与其他实施主体协同工作时明确各自的工作重点,更有利于各主体明确权责,发挥各自的专业特长,提供专业服务。

《社区矫正法》虽然在很多方面对社区矫正社会工作的专业化发展起到了助推作用,但是诸如社会工作人才的培养、考评方式、职业晋升和福利保障机制等关乎社区矫正社会工作专业化建设的内容,依然需要相关规章制度予以健全。社区矫正社会工作者的专业性建设是一项社会系统工程,需要有关部门通力合作,也需要全社会广泛参与。[2]除了司法部门以外,其他相关部门也应该合力提升社会工作者专业化建设,重视社区矫正社会工作者的选拔、培训等各个环节的工作,建立严格的考核筛查制度,规范行业标准,使专业社会工作真正成为社区矫正工作的得力助手和有益补充。

---

[1] 齐芳:《社区矫正法:开启矫正社会工作新里程》,载《中国社会工作》2020年第4期。
[2] 刘武俊:《社区矫正工作中的社会力量专论》,载《中国司法》2012年第7期。

社会主义核心价值观是凝聚人心、汇聚民力的强大力量。

把社会主义核心价值观融入法治建设、融入社会发展、融入日常生活。

——2022年10月16日，习近平总书记在中国共产党第二十次全国代表大会上的报告

第五章　社区矫正社会工作价值观与伦理

社会工作价值观与伦理是社会工作实践的基本前提和操作指南。它不仅规范了社会工作的目标和意义，也规范了社会工作的基本技巧和方法，以及社会工作机构、社会工作者的行为和态度。[1]换言之，社会工作价值与伦理是社会工作的灵魂，对社会工作具有极其重要的意义。本章介绍社区矫正社会工作价值观与伦理的相关内容。

第一节　社区矫正社会工作价值观

一、社区矫正社会工作价值观概述

社会工作实践即是一种技术实践，也是一种价值实践。在工作实践中，社会工作常常要先进行价值判断，然后再采取行动。这种价值观判断的知识和技能，在长期的社会实践中逐渐成为社会工作的专业能力，成为社会工作者奉行的和共同遵守的行为准则和道德规范。

---

[1] 文军：《个体主义还是整体主义：社会工作核心价值观及其反思》，载《社会科学》2008年第5期。

(一) 社区矫正社会工作价值观的内涵和主要内容

1. 内涵。社会工作专业的发展以价值倾向为基础，逐渐形成了一系列核心的价值观和伦理原则。在助人活动的各个领域里，社会工作者都必须以专业共同体所遵循的守则为基本指引，相信人的价值和尊严，积极维护个体的尊严与社会正义，使人的潜力得到最大程度的发挥，并促成个人与环境之间的关系的平衡发展。价值观是指人们关于基本价值的取向、判断、立场和态度。[1] 一般说来，价值观可划分为个体价值观、社会价值和专业价值观。社会工作价值观，即是一种专业价值观，是指一整套用以支撑社会工作者进行专业实践的哲学信念，以人道主义为基础，充分体现了热爱人类、服务人类、促进公平、维护正义和改善人与社会环境关系的理想追求，激励和指导着社会工作者的具体工作。[2]

2. 主要内容。自20世纪50年代以来，社会工作专业在各国得到了长足的发展。社会工作国际组织在推进社会工作专业发展、建立社会工作伦理的国际标准进程中，扮演了积极的角色。作为一个广泛得到认可的专业，社会工作价值观的基本理念与伦理守则也得到了联合国组织、其他国际机构以及各国社会工作者的认同。目前，国际社会工作界把社会工作价值观归纳为以下六个方面：[3]

(1) 服务大众。社会工作者的首要任务是服务社会中有需要的困难人群。社会工作者要超越个人利益，努力为社会大众提供专业的社会服务。

(2) 践行社会公正。社会工作者有义务推动社会变革。在服务中，社会工作者应与服务对象一起工作，了解他们的问题和需要，在社会政策的推行过程中，从改革和发展的角度出发，寻求和倡导社会积极的变革。

(3) 强调服务对象个人的尊严和价值。社会工作者要尊重和关心每一位服务对象，并要充分认识和理解服务对象个体的心理、生理和文化背景等各方面的差异，保持对多元文化和种族的包容和敏感意识。

(4) 注重服务中人与人之间关系的重要性。社会工作是基于人与人之间的沟通和互动的实践活动，是一项主要处理人的问题的工作。因此，人与人之间的关系贯穿社会工作实践全过程，社会工作者应充分认识到其重要性。社会工作者应做到积极建立与他人的关系、采用正向的沟通和交流方式，并要时刻换位思考，即设身处地为他人着想，与服务对象彼此分享和相互帮助。

---

[1] 陈钟林、黄晓燕：《社会工作价值与伦理》，高等教育出版社2011年版，第95页。
[2] 全国社会工作者职业水平考试教材编委会编写：《社会工作综合能力（中级）》，中国社会出版社2023年版，第31页。
[3] 全国社会工作者职业水平考试教材编委会编写：《社会工作综合能力（中级）》，中国社会出版社2023年版，第31页。

(5) 待人真诚和守信。社会工作者应坦诚地对待服务对象，适当自我暴露并真诚地分析自己的问题和需要，敢于认识到自身的不足，通过坚持专业的价值观、伦理原则与专业使命，有效地运用它们开展社会服务。

(6) 注重能力培养和再学习。社会工作者应坚持在实践中不断学习和不断接受教育的理念，持续地提升自我的专业能力，并保持一种好学的精神和开放接纳新观念、新知识和新技能的心态，在学习和反复实践中不断增强与提升专业实务的效果与效率，改善服务对象和社会大众的福祉。

(二) 社会工作价值观的重要性

社会工作价值观具有理论作用和实践作用。理论作用是构成专业社会工作的必要条件之一，是专业教育的核心内容，是确定社会工作专业使命或目标的根据。社会工作价值观，通过确定专业使命和核心关怀所在，确立了社会工作本身的专业特质，使得它同其他社会科学表现出明显的区别，是社会工作专业的根基。只有把以专业价值为基础的社会工作理论和以专业技能技巧为基础的社会工作实践统一起来，社会工作才能显示出强大的生命力。

社会工作价值观的实践作用主要体现为社会工作者的实践动力，通过社会工作的核心价值观，可以指导专业人员履行职责，并为社会工作者的行为规范提供指引，从而确保专业行动能够在最大限度上保护服务对象的利益，减少对服务对象造成各种潜在的或实际的伤害的风险，是促使社会工作者个人成长的有效力量，也是维系社会期望和社会工作专业服务关系的关键。[1]

此外，通过对专业共同体的社会责任和道德义务进行明确规定，社会工作价值观确保了社会工作专业群体能够作为维护社会正义和公平的重要力量，发挥其应有的作用。社会工作专业群体主张个人的价值和权利不可忽视，社会工作者相信人在社会中的重要性，也相信个人提升自我潜能的能力。因此，社会工作者的信念和价值判断，不仅影响着这个专业群体解决社会问题的态度与实践，也影响着受助者对生活的信心与战胜困难的勇气。

另外，社会工作价值观可以帮助社会工作者自我省思及价值澄清。[2] 社会工作者在服务的开展中不仅是提供服务者，也是学习者和实践者。在服务的过程中，社会工作者会遇到对个人价值认定的问题，尤其是在面临服务中的挫折和不顺时，更容易产生沮丧悲观和自我否定的情绪和想法。专业伦理反映社会工作的价值观念，引导社会工作者开展自我反思，积累服务经验，并从中寻求和树立与专业相一致的价值观念，

---

[1] 王思斌主编：《社会工作导论》，高等教育出版社2004年版，第73页。
[2] 陈钟林、黄晓燕：《社会工作价值与伦理》，高等教育出版社2011年版，第95页。

减少社会工作者的自我价值丧失感。所以，一套专业的价值体系在社会工作中对实现助人自助的专业目标有着非常重要的意义。

二、社区矫正社会工作的核心价值观

（一）尊重与接纳

社会工作最基本的信念就是相信每个人都有价值与尊严，[1] 这是每一个人不可剥夺的社会权利。无论服务对象过去或目前的行为、信念、生活方式及生活状况如何，社会工作者都应对他们的个人尊严和价值给予尊重与支持。"尊重"不仅意味着要对服务对象采用符合他们社会文化和礼俗的方式和用语，更重要的是要认可他们自身的价值和其他社会权利，并用社会工作专业技能协助服务对象获得更广泛的社会资源和相关服务。[2] 只有在认识到他们价值和权利的基础上，社会工作者才有工作目标的依据，为身处于不利环境的服务对象改善自我评价、连接资源，增强他们的权能，满足他们生存和发展的需要。对于社会工作者来说，尊重不只是一种思想认识，更是实践中的道德准则。

社区矫正社会工作的服务对象具有一定的特殊性，社区矫正对象既是社会工作服务范畴中缺乏社会适应能力的社会弱势群体，又是具有一定行为偏差的犯罪者。他们容易受到来自家庭、社会的歧视，也可能会被社会工作者区别于其他无犯罪历史的服务对象对待。按照尊重与接纳原则，社会工作者不应以矫正对象的犯罪行为评判他，而是应该尊重其人格，给予接纳，提供一视同仁的服务，以社会工作的价值理念为准则，以平等、尊重、接纳的态度去对待他们。

在尊重矫正对象的基础上，社会工作者就可以做到从内心接纳矫正对象。矫正对象是社会工作者工作过程中的伙伴，社会工作者以尊重包容的态度对待他们的习惯、信仰、价值取向、爱好等，对他们的外貌、心理特征、性别、种族（民族）、年龄、社会地位、职业类型和宗教信仰等也不持有歧视态度，接纳他们的不同，接纳服务对象的多元性。接纳体现了社会工作者对公众统一的服务态度，接纳意味着社会工作者对所有的服务对象都应当保持宽容、尊重的态度，不因他们的社会地位、职业及他们的过失行为而对他们有所歧视、排斥或拒绝提供服务。社会工作中的接纳不是认同，而是指社会工作者对矫正对象的个人特征和观点等个人属性的包容态度，是社会工作者开始专业实践的基本态度。接纳的态度不仅是在与服务对象建立关系中需要，而是贯穿

---

[1] 全国社会工作者职业水平考试教材编委会编写：《社会工作综合能力（中级）》，中国社会出版社 2023 年版，第 33 页。
[2] 陈钟林、黄晓燕：《社会工作价值与伦理》，高等教育出版社 2011 年版，第 96 页。

第五章 社区矫正社会工作价值观与伦理

在社会工作服务的每一阶段。社区矫正对象都属于犯罪情节比较轻的初犯、偶犯、过失犯,需要社会工作者从接纳他们开始,让他们感受到自己仍然是一个被社会接纳的人,重塑他们改过自新和回归社会的信心和机会。

(二) 独特性与个别化

社区矫正对象的个人特质和背景、犯罪行为、犯罪原因以及造成的社会危害各有差异,社会工作者应在服务过程中认识到矫正对象的独特性,并在社会工作实践中,针对每个服务对象的需求和特征,针对性地提供个别化的专业服务,真正落实"个别关怀,全面服务"的原则。[1]

在社会工作价值体系中,社会工作者始终要看到每个人的独特性,认识到每个服务对象所拥有的不同的生命历程、人格特征和潜能,每个服务对象都是不同的,需要充分地理解。[2] 在服务过程中,还需要社会工作者以个性化的方式面对服务对象的"独特性"提供不同的服务。社会工作者根据服务对象的社会和心理特点和需要,设计相应的服务内容,以满足不同的需求,解决服务对象的心理和情感问题,完善他们的社会功能。每个人都应有发展个性的权利和机会,社会工作者应尊重所服务对象的个体差异,不应以统一的服务方式回应服务对象的独特需求,要充分考虑服务对象的价值差异。服务对象可能在年龄、性别、职业、政治信仰、社会地位、宗教和心理认知或生理等方面,与社会主流价值观存在冲突,社会工作者需要尊重个体需求,充分挖掘他们的个体潜力。[3]

《社区矫正法》在总则第 3 条中也确立了分类管理与个别化矫正原则。[4] 因此在社区矫正中,社会工作者应因人而异地对待每一个矫正对象,根据矫正对象的实际情况和需求,制定个性化的矫正方案。每一个矫正对象都是一个独特的个体,都有各自的成长环境、个人阅历及个性特征,作为社区矫正社会工作者,绝不能以自己以往的经验和统一化的视角去看待他们,应做到因人而异、有的放矢。

(三) 相信人能改变与案主自决

社会工作是一个以信念为引导的专业,社会工作者坚信每个人都有能动性,具备改变的潜力。[5] 作为一个促进变迁的专业服务过程,社会工作不断通过关怀、治疗和改变来促进人的变化和发展,这些实践的核心是社会工作者对服务对象的信任:相信

---

[1] 齐芳:《社区矫正法:开启矫正社会工作新里程》,载《中国社会工作》2020 年第 4 期。
[2] 全国社会工作者职业水平考试教材编委会编写:《社会工作综合能力(中级)》,中国社会出版社 2023 年版,第 33 页。
[3] 范燕宁等编著:《社区矫正社会工作》,中国人民公安大学出版社 2015 年版,第 24 页。
[4] 吴宗宪:《我国社区矫正法的历史地位与立法特点》,载《法学研究》2020 年第 4 期。
[5] 王思斌主编:《社会工作导论》,高等教育出版社 2004 年版,第 73 页。

服务对象可以改变，相信服务对象有能力去面对并解决自己的问题。社会工作者在社会工作实践中，始终相信服务对象的自我能力和潜力，相信服务对象经过专业的服务和干预，将在一定程度上提高心理、情感、沟通能力，社会适应能力和学习能力。他们可以从中建立自信，获得解决自己问题的能力。

在专业服务过程中，社会工作者有义务向服务对象提供与他们相关的信息。服务对象有权利在充分了解信息的前提下选择服务的内容和方法，并在涉及自身利益的决策中发挥主导作用。自决权是人格尊严的一种表现。如果当事人没有选择和决策的能力，社会工作者应根据法律或相关规定选择其他人帮助服务对象进行选择和决策。除非绝对必要，社会工作者一般不代替服务对象作决定，即使社会工作者意图是好的。代替服务对象做决定，可能会损害他们的自尊和潜力，这是社会工作中所不愿意看到的。[1] 因为服务对象能否积极为自身状况的改善做出行动，是社会工作取得成效的重要体现。这种价值观念隐含了对矫正对象能健康成长、改变及解决困难能力的信任。

社区矫正社会工作者应该尊重并承认矫正对象有自己选择和决定的权利及需要。当然，社会工作者应充分评估矫正对象拥有自决的意志和能力、承担后果风险的能力，再予以个人选择和决定。实践证明，在社区矫正实践中，对矫正对象自我选择、自我决定权利的尊重，有利于他们重新扬起生活的风帆，提高他们的社会适应能力。[2] 通常说来，矫正对象由于价值观或生活经历等因素常会做出不利于自身成长的行为，如退学、酗酒、赌博、药物滥用及参加帮派组织等不良行为，尤其是心理尚未成熟，还缺乏对事物进行正确判断及对自己行为有负责能力的未成年犯。若充分尊重未成年服务对象的选择权，一切听从他们的决定，可能会对矫正对象自身及他人造成不良影响；但若对他们实施太多的控制，又可能会与青少年张扬的个性、希望展现自己及渴望拥有自由发生冲突，同时也不利于矫正对象自身潜能的发挥。基于此，社会工作者在矫正实践中必须审时度势，把握好"度"，以顺利实现矫正目标。

（四）保密与非评判

社会工作者应保护矫正对象的隐私。未经矫正对象的同意或许可，社会工作者不得向他人泄露矫正对象的个人身份信息和其他可能危及他们权益的私人信息。在特殊情况下需要披露信息时，社会工作者应向服务机构或相关部门报告，告知矫正对象工作中将有限度地披露他们的信息的必要性，并采取相关保护措施。如果遇到紧急情况，不得已要打破保密原则，又来不及报告的，应当提供相关证据，并补充办理必要的工

---

[1] 陈钟林、黄晓燕：《社会工作价值与伦理》，高等教育出版社2011年版，第95页。
[2] 刘淑娟：《社会工作伦理价值在社区矫正中的彰显》，载《学术交流》2009年第4期。

作手续。[1]

对服务对象的工作资料和个人信息保密是社会工作者应遵守的职业道德之一，也是对服务对象隐私权的尊重。维护服务对象的尊严和权利，严格遵守职业保密是建立良好工作关系的前提。在社区矫正中，社会工作者要做到对矫正对象的资料加以保密，[2] 以取得矫正对象的信任。尊重矫正对象的隐私权可以使之获得更多的安全感，促进他们与社会工作者的合作，同时矫正对象也会更愿意透露自己内心，让社会工作者也能获取更多的信息。社区矫正离不开矫正对象的配合，只有当矫正对象与社会工作者通力合作，才能最终实现矫正目标。同时，有效地保护矫正对象的隐私使其不受伤害，也是社会工作伦理价值的基本原则，但有时并不容易把握。从价值观上讲，为了维护矫正对象的尊严和权利、取得他的信任，社会工作者应对他们的相关资料给予保密。但某些矫正对象在矫正过程中会出现伤害自己及他人的过激行为，因此社会工作者就会面临两难的问题：给予揭露，将失去矫正对象的信任，进而中断其与社会工作者的联系；不揭露，则将带来安全隐患。社会工作者在这里应该做好全面评估，审时度势，必要时对矫正对象的信息给予揭露，使之受到保护与警醒，这也是为了能使矫正对象顺利适应社会，同时也使他人的利益不受伤害。

"非评判"原则体现在社会工作者不对服务对象的生活方式、宗教、政治取向、性格、性取向等进行有偏见的批评和判断，尊重来访者对观念和生活方式的选择。即使社会工作者知道服务对象的一些"小秘密"，即他们不同于他人的特殊特质，社会工作者在没有工作需要时也不能将其分享给他人，或对此"评头论足"。社会工作是一种以价值为导向的专业实践，但要区分专业价值观与个人价值观。[3] 在社会工作专业价值体系指导下，社会工作者应避免用自己的价值观衡量服务对象，或者强加给对方自己的价值观，不应批评和评判服务对象的言行和观念，也更不应将服务对象与他人做对比。作为一项专业的服务活动，社会工作者应坚持与服务对象一起工作，分享对问题和需求的看法，探讨解决问题的策略和方法。对于社区矫正对象来说，他们的信息不仅有隐私性，更具有独特性。社会工作者在获取他们的信息之后，应将其作为与服务对象一起工作的共同知识，基于服务对象的信息，挖掘他们的潜能和资源，而不是将其泄露或予以评判。保密和非评判都是社会工作者取得服务对象信任的基础，社会工作者在这个基础上才能拓展对服务对象的了解，深化与服务对象的互动。

---

[1] 全国社会工作者职业水平考试教材编委会编写：《社会工作综合能力（中级）》，中国社会出版社2023年版，第34页。
[2] 齐芳：《社区矫正法：开启矫正社会工作新里程》，载《中国社会工作》2020年第4期。
[3] 罗肖泉：《践行社会正义：社会工作价值与伦理研究》，社会科学文献出版社2005年版，第220页。

三、社区矫正社会工作价值观的矛盾与冲突

价值观的矛盾和冲突是始终贯穿于社会工作实践过程中的重要问题,专业价值观与非专业价值观、专业价值观的内部信念之间,以及专业价值观与社会工作实践中遇到的问题之间,都可能存在冲突、矛盾的现象,时刻都在考验着社会工作者的应对能力。在社区矫正社会工作中,社会工作者所遇到的价值观困境就更加频繁。一方面社会工作服务是一种社会福利,应从服务对象的角度为他们提供帮助;另一方面社区矫正又是一种刑罚制度,要从司法权威和刑罚执行的性质角度选择矫正手段。[1] 因此,这两者之间的张力,加剧了社区矫正社会工作者价值观的矛盾和冲突。根据社会工作专业价值体系的要求和社区矫正刑罚制度的规定,社区矫正社会工作者常遇到的价值观矛盾和冲突,主要表现在以下几个方面:

(一) 尊重接纳与个人抗拒

从专业化发展的角度看,社会工作者的个人价值观理应与专业价值观相一致,但社会工作者个人价值观的形成受个人经验和文化信仰等的影响,个人的价值取向就很有可能与专业价值观不一致,产生碰撞甚至冲突。[2] 在社区矫正领域中,专业价值与社会工作者个人价值的冲突集中体现在对服务对象的接纳与抗拒上。社会工作者个人容易受到我国一直以来的重刑思想的影响,认为社区矫正对象是事实罪犯,为他人带来了伤害,也为社会遗留了危害,因而他们应当受到惩罚,或者承担相应的后果以弥补社会损失。社会工作者作为普通人的一员,也容易出于这样的正义和道德感去排斥社区矫正对象,或对矫正对象带有有色眼镜对待。然而,尊重与接纳服务对象是社会工作者最基本的价值操守,[3] 个人抗拒矫正对象而专业价值要求接纳矫正对象时,价值观冲突就产生了。这样的情形最常出现于新手社会工作者的实践过程中。社会工作者应在服务过程中,首先厘清自己的专业角色,摒弃个人价值判断,从专业社会工作者的角度树立对矫正对象的尊重,并时刻提醒自己"每个矫正对象都有接受服务的权利""矫正对象能改变"等,通过厘清这些基本认识,维持社会工作者的专业价值观。

(二) 案主自决与强制干预

社区矫正工作是由多方实施主体共同参与的工作,社会工作者在实践工作中,与街道司法所、社区工作人员等的工作人员密切合作,相互配合。虽然社会工作者秉持着尊重个人观点和案主自决的价值观,但在实际服务中,社会工作者所合作的其他人

---

[1] 范燕宁、席小华主编:《矫正社会工作研究(2008)》,中国人民公安大学出版社2009年版,第162页。
[2] 陈钟林、黄晓燕:《社会工作价值与伦理》,高等教育出版社2011年版,第96页。
[3] 罗肖泉:《践行社会正义:社会工作价值与伦理研究》,社会科学文献出版社2005年版,第220页。

员,如司法所的专职干部和社区民警,是以监督和管理社区服刑人员,维护社会稳定,防止矫正对象重新犯罪的理念开展工作。作为社会工作者本身,在社区矫正中其实也隐含着"执法方"的角色,一定程度上也要对社区矫正对象采用有约束力和权威性的方式。因此,对于专业价值观要求的"案主自决"和社区矫正实际工作中"强制干预"的方式,就产生了价值观冲突。[1] 这一点是社会工作者最常遇到的问题。因为出于对服务对象潜能的激发、自我帮助能力的培养的角度,社会工作者势必要鼓励服务对象自我决策,然而从服务对象的决策可能对社会及他人带来风险的角度考虑,社会工作者就要违背这一价值观,从而限制服务对象行使自决权利,采用管控的方式干预他们的选择。面对刑罚执行的必要性和专业价值观的冲突,社会工作者应采取最大利益原则进行处理,即在符合《社区矫正法》规定的情况下,评估当前情况,选择对服务对象最有利的工作途径。

(三) 保密原则与信息公开

对服务对象的资料以及个人信息加以保密既是尊重个人隐私权的体现,也是社会工作者应当践行的职业守则之一。在实际的社区矫正社会工作中,保密原则也是社区矫正社会工作者日常工作的重要行为准则。按照《社区矫正法》规定,社会工作者在工作中应严格履行自身工作职责,不能泄露社区矫正工作机密。[2] 从社区矫正对象自身发展来说,避免"标签化"的影响能够更好地帮助社区服刑人员顺利回归社会。因此社会工作服务机构在日常工作规范中非常强调保密原则的重要性,明确指出尊重和保护服务对象的隐私权,防止服务对象个人信息的泄露。然而,由于社区矫正属于刑罚领域的特殊性,社区矫正社会工作也会考虑到遇到影响社区矫正安全稳定的重要情况、重要事件,需要上报的问题。但是上报的界限却不是明确规定的。[3] 在实际的专业服务过程中,由于社会工作者面对的矫正情境是复杂多样的,具有潜在危险和不确定性,以及遇到复杂多变的人情关系等情况,这些都会模糊保密信息与揭露信息之间的地带,难以形成清晰明确的界线,并往往会为社会工作者带来价值冲突。在这样的情况下,社会工作者需要向督导和利益相关同事进行咨询,做好风险评估后再做相关决定。

总的来说,社会工作价值是社会工作的基本准则,但专业价值观与非专业价值、社会工作实践中的冲突,给社会工作者带来价值矛盾的选择困境。每种价值观背后都有另一种价值观的对应,选择其中一种就意味着对另外一种价值观的背离。例如一种

---

[1] 方青等主编:《社会工作概论》,合肥工业大学出版社2006年版,第193页。
[2] 齐芳:《社区矫正法:开启矫正社会工作新里程》,载《中国社会工作》2020年第4期。
[3] 陈墀成、黄河编著:《社会工作概论》,厦门大学出版社2000年版,第14页。

价值选择可以维护社会正义和大众利益，但对社区矫正对象来说却使其发展机会受损，也会影响到服务对象对社会工作者的信任。基于这些冲突和现实需要，社会工作者应认清不同价值观在某些情境下是合理的，但在其他情境下不一定可取。要学会全面评估当下情境，在实务中，以专业价值理念分析现实问题，做出得以兼顾社会公平正义和维护服务对象利益最大化的价值判断。

第二节　社区矫正社会工作专业伦理

一、社区矫正社会工作专业伦理的内涵

伦理是一种人与人之间的处于道德底线的普遍行为规范。这种行为规范通常来说是没有明文规定的，是社会中逐渐形成的规范，并且随着人类社会道德标准的普遍提高而呈上升趋势。虽然违反伦理不会受到法律的制裁，但却会受到我们所在的群体社会的道德评价。伦理的核心内涵是价值，它以价值观为指向。[1] 伦理与价值观都有对事物好坏和是非的判断，但它们之间也有一定的区别。价值观更趋于信仰观念，而伦理主要涉及如何处理和应用这些信仰观念；此外，价值观是喜好的情感认同，而伦理更具有强制性，是被群体所期望的行为标准；价值观可以看作是行动追求的目的，伦理则是行为过程中的对错标准。[2] 价值观的重要性在于构建了伦理原则，社会工作伦理主要以专业的价值观来体现。对于社会工作者而言，当在专业伦理中遇到冲突和困难时，就可以以专业价值观为参考，使其作为社会工作者专业行为判断是非的依据。

社会工作专业伦理，即是在专业价值观基础上形成的，体现社会工作专业特性的理念。[3] 它规范了社会工作助人服务中的服务对象、社会工作机构、社会工作者的同事和社会工作者之间的权责关系，对社会工作者的具体服务和工作起到约束和规范的作用，同时也确保了社会工作服务的专业性和规范性。社会工作的专业伦理是对社会工作者专业实践的一般性规定，它清晰地告诉社会工作者，社会工作者行为"应该"以及"不应该"的界限。社会工作专业伦理主要受到个人主义和集体主义两种观点的影响。这两个取向在社会工作的两个具体实践——个案工作和社会政策（也包括社会行政与社区工作等）领域得以体现。[4] 在不同的实践领域，社会工作者会采用不同的

---

[1] 罗肖泉：《社会工作伦理教育研究》，中国矿业大学出版社2005年版，第9页。
[2] 罗肖泉：《社会工作伦理教育研究》，中国矿业大学出版社2005年版，第9页。
[3] 陈钟林、黄晓燕：《社会工作价值与伦理》，高等教育出版社2011年版，第85页。
[4] 罗肖泉：《社会工作伦理教育研究》，中国矿业大学出版社2005年版，第168页。

处理问题的工作手法，因此受到的伦理约束也是不一样的。在个人治疗或心理辅导层面，社会工作者更多受到直接服务的伦理守则影响，更多是考虑到受助者的感受和个人权利及选择，工作方法是尽力排除受助者的心理困扰，提升其信心和自立能力。而在宏观的社会政策以及社会改革层面，社会工作的专业伦理冲突主要体现在专业目标的实现与维护社会正义目标之间的平衡，更进一步来说，社会工作者还会考虑其的专业行为可能对社会稳定和社会秩序带来的影响。对社区矫正社会工作来说，伦理约束主要表现在微观的个人层面，比较少地受到宏观层面的影响。

二、社会工作的专业伦理原则

专业伦理原则为社会工作者提供了行动指南，使社会工作者能够将专业价值观转化为专业实践活动。虽然我国社会工作"本土化"的进程在不断推进，但毕竟社会工作在我国还是个年轻的学科，因此我国社会工作的专业伦理原则大多参照国际相关的专业伦理原则。国际社会工作者联会（IFSW）和国际社会工作教育学院联会（IASSW）即从微观的个人层面和宏观的社会层面对社会工作伦理原则作出规定：[1]

（一）个人层面：人权与尊严

尊重人的内在价值、尊严和权利是社会工作的基本内涵。社会工作者有责任维护和保障每个人的生理、心理和精神健康。

1. 尊重自决权。无论服务对象的价值观和生活取向如何，只要服务对象的选择和决定不威胁别人的权利和合法利益，也不对社会生活构成任何威胁，社会工作者就必须尊重服务对象的自我决定的权利，社会工作者也有义务促进他们做出自己的决定。

2. 促进参与权。参与是赋予服务对象权利和能力感的基本方式，在服务的任何阶段，社会工作者都应该鼓励服务对象充分地参与，并赋予他们参与到与自身生活各个方面相关的事务中和作出行动决定的权利。

3. 用全面完整的视角看待服务对象。服务对象身处复杂的社会生态系统之中。社会工作者应该注重服务对象的家庭、社区、社会和自然环境的相关信息，从全面和整体的视角，评估服务对象的方方面面。

4. 认同和赋权。社会工作者应该认同每个个体、群体和社区的自身潜能，通过赋权的方式，增强他们的权利和能力。

（二）社会层面：社会公义

无论从个人层面还是社会的整体层面，社会工作者都有义务推动社会公平正义。

---

[1] 陈钟林、黄晓燕：《社会工作价值与伦理》，高等教育出版社2011年版，第85页。

1. 消除歧视。社会工作者有义务推动人们消除基于性别、年龄、文化、婚姻状况、社会经济地位、能力、政治观点、肤色、种族或其他身体特征、性取向或宗教信仰等特征的负面歧视。

2. 承认多样性。社会工作者应认识到我们所处的社会存在各种各样的种族和文化，并包容每个人、家庭、群体和社区的差异。承认多样性的存在是社会工作者包容差异的前提。

3. 资源的公平分配。社会工作者必须确保他们所掌握的资源能按需要公平分配。

4. 推动公平的政策和措施。服务对象所处的社会环境会出现资源不足或资源分配不平等的现象，这主要是由于当地政策的不完善所引起的。社会工作者有责任向政策制定者提出倡议，推动更公平的政策和措施的出台。

5. 团结与包容。社会工作者有责任团结社会力量，挑战导致社会排斥、歧视或压迫的社会环境，并努力建设一个包容的社会。

三、社区矫正社会工作专业伦理的内容

社会工作实务中，专业伦理的影响无处不在。由于影响专业伦理的因素错综复杂，伦理事件和伦理抉择的环境千差万别，对于不同实践情境的专业伦理各有不同，难以用同一个参考标准或者模式来开展社会工作具体实践。但总的说来，对于社区矫正社会工作，以下几方面是社会工作者应普遍认同且遵守的专业伦理。

（一）重视服务对象的尊严和价值

社区矫正服务对象与其他的服务对象一样，具有自己的社会价值和人格尊严。社会工作者在面对社区矫正对象时，首先要权衡他们作为服刑人员和社会工作服务对象的双重身份。在作为社会工作服务对象时，无论他们是否犯罪，都要认可他们的尊严和价值。以人的尊严和价值为基础开展工作，是所有社会工作者的核心宗旨。[1] 在这个前提下，社会工作者才能在服务过程中注重提升矫正对象的自我认知、自尊水平、自信心和自我接纳的部分。可以说尊重矫正对象的尊严和价值，是社会工作者开展专业工作的基本立足点。

（二）提供专业服务

社区矫正社会工作容易面对角色不清、职责不明的情况，易于成为社区矫正的行政辅助人员或志愿人员，使得社会工作的专业性受损。社区矫正社会工作者应对矫正

---

[1] 全国社会工作者职业水平考试教材编委会编写：《社会工作综合能力（中级）》，中国社会出版社2023年版，第34页。

对象提供专业的服务，这里不仅是说社会工作者要一视同仁地接纳矫正对象，为他们提供与其他无犯罪的服务对象一样的专业服务；[1]更是需要社会工作者在工作中时刻明确自己的工作职责，通过专业服务纠正服务对象的自我认知、提高他们的能力、改善他们的社会环境。从专业的角度促进他们真正从矫正服务中获益、成长，并顺利回归社会。

（三）构建良好的人际环境

社会工作是一项助人的活动，对于社区矫正对象来说，帮助他们的最重要的目的就是重塑他们和社会的关系。社区矫正对象是触犯了法律的失范人员，他们身边的人可能会对他们产生不理解、不接纳，使得他们在接受教育、就业和继续生活等方面处处受挫。[2]社会工作者在帮助他们的过程中，应该特别关注他们与家庭、社区和其他群体（如学校、工作场所）的关系，解决他们和群体社会的冲突和矛盾，协助他们与身边的人建立良好的人际关系，为他们顺利回归社会创建良好的接纳的社会环境。

（四）促进公平正义

社区矫正对象在矫正过程中可能会遇到不公平对待，或被人轻视，或被剥夺正当权益。适用于社区矫正的罪犯，都是从司法立场给予了他们新生机会的轻犯，也意味着他们可以享有和多数人一样的基本生活、工作、学习的权利，仅受到合理范围的管控和监督。从一定程度上说，社区矫正对象也是社会的弱势群体，社区矫正社会工作者从促进社会公平正义的角度，[3]有义务维护矫正对象的合法权益，满足他们发展的基本需求，缩小他们和正常社会成员之间的资源差距，辅助他们顺利获得新生。

（五）秉持正直原则

社区矫正社会工作服务主要由政府向社会工作服务机构购买，这导致社会工作机构除了在资金上依附政府，也在工作绩效的考评上由政府裁定。基于司法权威和严肃性，社会工作者在司法领域中开展工作，受到的约束也就更强有力。因此在面对机构的利益和服务对象的利益冲突时，社区矫正社会工作者可能因为权威主义意识，做出不利于服务对象利益的决定。从社会工作的专业伦理看，社会工作者应始终秉持正直原则，在符合法律规定的情况下，坚持把服务对象放在第一位，不应以职业发展或者机构利益为借口，损害服务对象的利益。社会工作者应不断提高专业伦理的意识，保

---

[1] 陈钟林、黄晓燕：《社会工作价值与伦理》，高等教育出版社2011年版，第97页。
[2] 范燕宁等编著：《社区矫正社会工作》，中国人民公安大学出版社2015年版，第24页。
[3] 全国社会工作者职业水平考试教材编委会编写：《社会工作综合能力（中级）》，中国社会出版社2023年版，第35页。

护服务对象的基本权利和相关利益。[1]

(六) 不断提升专业能力

社区矫正社会工作是一个即年轻又专业性强的工作领域，涉及心理学、社会学、法学等多门学科的知识。为保证为矫正对象提供专业的、切实有效的服务，社会工作者在工作过程中要不断学习，提高专业素养、专业知识和专业技能。社区矫正社会工作也是一个正在成长的专业。[2] 我国的《社区矫正法》颁布时间不长，社会工作在这个领域的标准还未建立，在社区矫正实务中的社会工作者有义务不断提升专业服务的水平，为完善社区矫正社会工作专业标准提供示范和参考，促进行业专业化的发展。

四、社区矫正社会工作专业伦理原则

社会工作的专业伦理原则是指在社会工作者在实践中遇到伦理难题和抉择问题时，给出的价值观排序和伦理重要性的优先次序。在社会工作实践中，由于存在各种不同的伦理难题，对社会工作者来说必须了解在不同情境下伦理难题对服务对象的影响，正确评估这些影响可能导致的结果。在社区矫正社会工作中，社会工作者遵循的专业伦理原则分别如下：

(一) 生命安全第一原则

社会工作者保护矫正对象的生命既是最基本的，也是最重要的原则，其居于所有原则之首。[3] 相对于服务对象的其他需求或问题，社会工作者应最主要考虑的就是服务对象的生命安全问题。在社区矫正服务中，社会工作者如发现服务对象在交谈中透露了涉及有损自己或他人生命安全的信息，社会工作者有义务采取相关措施，预防或保障服务对象或其他人的生命安全，消除安全隐患，维护社会稳定。

(二) 最大利益原则和最小伤害原则

在确保社区矫正对象不具有危害性、自残行为之后，社会工作在日常服务中和做伦理决定时，都要优先考虑服务对象的利益，尽量保障他们的利益不受侵害，并在采取任何干预行为时考虑到是否会对矫正对象造成伤害，包括身体、心理或精神等方面。当面临的困境有造成伤害的可能性时，社会工作者应该避免或防止这样的伤害。当不可避免会伤害到与问题有牵连的一方或另一方时，社会工作者应该始终选择造成伤害最小、带来的永久性伤害最少和伤害最容易弥补的方案。如果已经造成了伤害，社会

---

[1] 陈钟林、黄晓燕：《社会工作价值与伦理》，高等教育出版社2011年版，第97页。
[2] 万仁德主编：《社会工作导论》，华中科技大学出版社2006年版，第97页。
[3] 全国社会工作者职业水平考试教材编委会编写：《社会工作综合能力（中级）》，中国社会出版社2023年版，第40页。

工作者就应尽一切可能弥补伤害。[1] 例如，在做团体活动时，很多矫正对象不愿意分享自己的经历，特别是未成年的矫正对象，他们有一定的脆弱性，也有较高的自尊。当社会工作者发现分享的话题可能会伤害矫正对象时，就应让服务对象自我选择是否透露，或者及时转移话题，尽量保护他们不受伤害或将伤害水平降到最低。

(三) 提升生命质量和应对水平

社区矫正的目的是帮助矫正对象改善不良认知和失范行为，提升他们的社会适应水平，能够自我满足，回归社会并成为社会一员。因此社会工作者在工作中要时刻注意采用能帮助服务对象提升能力、维护权利的方式方法。通过直接服务和政策倡导等方式，不断提升矫正对象的资源和社会福利。有的社区矫正服务对象会做出不利于自身发展的决策，社会工作者觉察到之后，要从矫正对象长远的生命质量考虑，采取相应的干预方式。这时候的伦理抉择就不是首先考虑服务对象自决的问题，而是从服务对象的利益和生命质量考虑，[2] 协助服务对象做出对自己更有利的决定。社会工作者不仅可以通过教育矫正改善服务对象的认知、提高知识水平，还可以为矫正对象连接资源，通过直接的经济帮助、福利引入等改善服务对象的生活质量，提高他们自身的能力，以便全面地改善和提高他们的生命质量。

(四) 法律约束和人本关怀并重

社区矫正社会工作是社会工作中极为特殊的领域，因为社会工作者面对的不仅是一个需要帮助的服务对象，也是一个触犯了法律边界的服刑人员。社区矫正社会工作中，社会工作者应保证矫正对象在社区矫正中按要求完成相关的任务，完成法律对矫正对象施以的惩戒措施。虽然社区矫正不以惩罚性为目的，但其仍是一项严肃的执法活动，[3] 而非单纯的社会福利服务。因此社会工作者在社区矫正中不能将法律约束抛之脑后。此外，社会工作者又是社区矫正特别的职业，相比于其他执法人员，社会工作者更具有人本关怀的色彩。社会工作者需要在开展社区矫正工作中，在法律约束的框架内，维护矫正对象的基本权益，重视他们的价值和潜力，鼓励他们自我决策，提高他们的社会福祉，最终达到让其顺利回归社会的目的。

(五) 平等对待和真诚服务原则

在社会工作实践中，社会工作者要平等对待服务对象，但平等并不意味着相同，反而要体现出服务的差异性，在帮助他人的过程中充分把握平等对待和个性化服务的

---

[1] 夏建中主编：《社区工作》，中国人民大学出版社2015年版，第212页。
[2] 全国社会工作者职业水平考试教材编委会编写：《社会工作综合能力（中级）》，中国社会出版社2023年版，第41页。
[3] 刘武俊：《社区矫正工作中的社会力量专论》，载《中国司法》2012年第7期。

理念。[1] 例如，在社区矫正中，社会工作者应该以平等、公正的理念和方法对待服务机构中的每一位矫正对象，同时根据他们的不同性别、年龄、生活经历、犯罪情况和人格特征等，针对性地设计和提供个性化服务，满足不同矫正对象在改善自我、提高生活质量和寻求人生出路方面的需求。另外，真诚服务矫正对象是达到社区矫正目的的必由之路。社会工作者如果诚挚地对待服务对象，并能适当的表露自己内心，将更利于与服务对象建立相互信任的合作关系。真诚服务也意味着社会工作者真心实意地为服务对象着想，通过对服务对象特征和需求的全面把握，为他们制定适合的服务计划，并以真挚的态度协助他们达到服务目标。

五、社区矫正社会工作专业伦理的作用

社会工作专业伦理标准是指社会工作专业伦理是否起到规范社会工作职业行为、指明行业发展方向，以及对制裁违规的职业行为树立标准的作用。[2] 因此，为符合社区矫正社会工作专业伦理的标准，社区矫正社会工作专业伦理应在如下三个方面发挥作用：

（一）规范社区矫正社会工作职业行为

社区矫正社会工作专业伦理首先是为社会工作者提供如何开展社区矫正社会工作的一般标准，借此分辨在特定情况下，哪些服务方式和干预行为是可以被接受的，意味着哪些事情是适合做的以及适合的做法。如若不从专业的角度约束，社会工作者就会和普通人一样，只根据社会普适的和自己的价值观、道德标准等去生活和行动，也仅以社会能接受的规范行为约束自己的行为，然而这却离专业规范有一定距离。例如普通人看到社区矫正者自暴自弃，可能报以同情心给予安慰，这便符合一般的社会期待。然而作为处于特殊限定和专业关系中的、对服务对象有责任和义务的社会工作者，对其行为要求的标准就要高于社会一般性的标准。[3] 作为社区矫正社会工作者，如若看到社区矫正对象自我放弃，除了报以同情，更应从专业服务的角度支持他，帮助他找回自信。不施与专业支持，就可能违背社区矫正社会工作专业伦理。同时，专业伦理还规定了社会工作者应在对矫正对象帮助的过程中采取恰当的方式，以及应对价值观矛盾与冲突时做出合适的抉择，表现出被职业所认可的行为。专业伦理对社会工作者的行为起到正向指导作用，帮助社会工作者判断所提供的服务是否合适，能为社会工作者传递如何作为一名合格的从业者的基本道德要求，区分社会工作的专业服务与

---

[1] 孙静琴：《试论社会工作介入社区矫正的方式和途径》，载《行政与法》2010年第1期。
[2] 罗肖泉：《社会工作伦理教育研究》，中国矿业大学出版社2005年版，第172页。
[3] 陈钟林、黄晓燕：《社会工作价值与伦理》，高等教育出版社2011年版，第95页。

第五章 社区矫正社会工作价值观与伦理

一般帮助行为,也为奠定社会大众对社会工作专业的信任打下良好的基础,从而确保社会工作的专业形象。[1]

(二) 倡导理想的社区矫正社会工作职业行为

社区矫正社会工作的专业伦理也指引着这个职业的未来发展方向和行业标准建立健全。[2] 社区矫正社会工作者真心诚意为服务对象考虑,从其个人利益角度出发为其制定个别化矫正计划,并为此忘我奉献,是社会工作者的职业理想行为。这种理想行为,对社会工作者并没有强制性要求,社会工作者并不会因为做不到这样的行为而受到惩罚。这是社会工作者在工作中不断追求的职业目标,一种理想的渴望,不一定是一种实际存在的现象。尽管如此,在社会工作伦理中包含这一部分内容仍然是十分重要的,它鼓励和鞭策社会工作者向着更高的标准看齐,这对于提升社会工作者乃至整个专业的水平都是必不可少的。[3]

(三) 制裁违规的社区矫正社会工作职业行为

社会工作伦理还涉及对职业行为中的不道德现象的指认并设定相应的制裁标准。任何一个职业中都有一些行为是被严格禁止的,像股票市场的内部交易、体育比赛中违禁药品的使用、买卖中的欺诈行为等。[4] 社区矫正社会工作实务中任何一个环节也都可能存在不正当行为。例如,对矫正对象的欺骗、贬低、利用,或者因私利从中牟利,盗取机构机密或排斥同事的行为等。社会工作伦理为这些疏忽、偏差或违法行为规定了批评教育、经济制裁或法律处罚的处理方案。其中,有一些行为是社会工作者自我可以察觉并处理的,这里专业的准则为社会工作者提供了一套价值观、原则和标准,以纠正他们作出决策和行为,为他们作出符合规范的选择提供基本依据,也帮社会工作者审视自己,自我反思和澄清价值,寻找和建立与自身职业相一致的价值观。但是还有一些行为是社会工作者自己无法意识和纠正的,需要外部给予警示和惩戒。社区矫正社会工作服务机构可以担任督导的角色,用专业伦理制裁违规的社会工作者,也可以在事前对所有社会工作者予以警示。

六、社区矫正社会工作伦理守则的本质特征与制定

在本质上,社会工作甚至是带有强烈价值介入的实践,价值贯穿社会工作产生和

---

[1] 罗肖泉:《社会工作伦理教育研究》,中国矿业大学出版社2005年版,第172页。
[2] 罗肖泉:《社会工作伦理教育研究》,中国矿业大学出版社2005年版,第172页。
[3] 罗肖泉:《社会工作伦理教育研究》,中国矿业大学出版社2005年版,第172页。
[4] 罗肖泉:《社会工作伦理教育研究》,中国矿业大学出版社2005年版,第173页。

发展路径的始终。[1] 我国的社区矫正社会工作的伦理守则需要考虑我国一直以来的价值观念，不能只从国外的社区矫正经验中做出总结。此外，社区矫正社会工作的伦理守则制定也要注重普通与特殊的关系。社区矫正社会工作是社会工作中的特殊领域，是介于司法领域和社会服务领域的特殊专业。其伦理守则的制定要从这两者的综合角度考虑，以保证社区矫正社会工作的本土实践中伦理守则的全面性与差异性。

（一）社区矫正社会工作伦理守则的本质特征

社区矫正社会工作伦理守则的本质特性，体现在践行刑罚理念与人本理念的双重性上。[2] 在刑罚的观念中，社区服刑人员的犯罪行为对他人和社会带来了伤害或危害，因而他们必须受到相应的惩罚。所以说，刑罚矫正社区服刑人员是基于惩罚的角度，是试图通过让他们经历痛苦体验而改变其行为。但是针对行为的惩罚并不意味着能够完全恢复社区服刑人员的社会功能，因为这种惩罚在具有一定效果的同时，其问题也非常明显，即这种惩罚只是针对行为本身，而非针对行为背后的原因。

社区矫正工作的效果则在长期以来的试点工作中得到证明——更有利于罪犯改善失范行为，具有极低的再犯率，也更利于罪犯回归社会。为达到这个目的，社区矫正工作需要对矫正对象提供包括心理、认知、行为、情绪情感和社会支持等方面相关的介入和服务，帮助他们恢复社会功能、顺利完成社会回归。因此，社会工作的服务和介入必不可少，社区矫正社会工作者运用社会工作专业理论、方法、价值观，为服务对象及其家庭、所在社区提供以矫正其心理、认知、行为，帮助其恢复社会功能的服务。

由此可以看出，社区矫正社会工作存在履行刑罚理念和人本理念的双重性，一方面即让矫正人员受到一定的惩罚，完成相应服刑任务，另一方面又为了其以后的生活和发展需求，提供相应支持与服务。社区矫正社会工作的伦理守则也在这样的双重性下，介于司法管控的约束和社会工作促进服务对象自决之间。这也成为制定社区矫正社会工作伦理守则首要权衡的要点。

（二）社区矫正社会工作专业伦理的制定

社会工作专业伦理守则的制定和发展是同社会工作专业的发展联系在一起的。我国在1994年由中国社会工作者协会制定了第一部专业守则《中国社会工作者守

---

[1] 杨胜勇、贺云珊：《后现代主义视角下社会工作实务中的价值伦理：困境与重构》，载《广西社会科学》2014年第9期。
[2] 范燕宁等编著：《社区矫正社会工作》，中国人民公安大学出版社2015年版，第46页。

则》。[1] 2012年12月28日，民政部发布了《社会工作者职业道德指引》，旨在推动社会工作者职业道德建设，引导社会工作者积极践行专业价值理念、规范专业服务行为、履行专业服务职责。目前，我国社会工作专业的发展还处在职业化进程中，各项制度尚处于不断成熟的时期。在兼顾国际社会工作发展成果和我国当前社会工作的发展特点，以及社区矫正社会工作的性质特征的情况下，社区矫正社会工作专业伦理守则在制定时应从以下几个方面进行考虑：

1. 法律要求与专业实践互不冲突。这一点是从社区矫正社会工作的性质方面提出的，社区矫正社会工作专业伦理需要符合社区矫正相关法规政策的要求，也要符合社会工作匡扶正义、助人自助的工作理念。特别在2020年《社区矫正法》正式施行后，社区矫正社会工作有了法律依据，更应该将自身的专业方法、伦理原则与实践方式主动与法律制定的框架相协调。[2] 在符合法规制度的同时，充分发挥社会工作的专业价值。

2. 国际标准与本土文化相结合。社会工作者的伦理抉择无法脱离他所处的时代背景和文化价值体系。在中国社会，社会工作者深受本土文化脉络的影响，在社区矫正社会工作中，同样有着社会文化给社会工作者的伦理抉择带来的影响，如更重视人情和社会关系。因此在制定专业伦理时，应将源自西方的社会工作专业伦理做出相应调整，[3] 考虑到实践中社会工作的文化场域，以更务实的态度来处理两者之间的差异。

3. 现实需要和未来发展相结合。社区矫正社会工作专业化和职业化还在起步阶段，这一阶段主要解决一些宏观的制度规范的问题，而微观层面的实务指导和伦理规范，应在后期发展中根据我国社区矫正的推进情况再做完善。社会工作的专业伦理并不能将社会工作者在实务中遇到的所有问题一一作出规定，特别是在专业化还未成熟的阶段，专业伦理的制定应从长远发展的角度考虑，给出框架性的约束，以便后期根据时代要求做出调整。

第三节　社区矫正社会工作伦理责任

社会工作者在开展社区矫正实务工作时，除了具有一定的"执法者"的角色，更

---

[1] 全国社会工作者职业水平考试教材编委会编写：《社会工作综合能力（中级）》，中国社会出版社2023年版，第53页。

[2] 齐芳：《社区矫正法：开启矫正社会工作新里程》，载《中国社会工作》2020年第4期。

[3] 全国社会工作者职业水平考试教材编委会编写：《社会工作综合能力（中级）》，中国社会出版社2023年版，第53页。

主要的是要体现"服务者"的角色。在遵守社区矫正相关法律法规的要求下，社区矫正社会工作作为"服务者"，对服务对象、同事、机构和社会等保有社会工作自身的伦理责任。

一、对服务对象的伦理责任

对服务对象的伦理责任是社会工作者最主要的专业伦理责任，是社会工作者不可推卸的，社会工作者所有的实践活动都应从服务对象的根本利益出发。每一项伦理道德都明确规定了社会工作者的权责，并不是强迫社会工作者去执行，而是要求专业人员在合理和专业的范围内提供有效的服务。因此，社会工作者应该把促进矫正对象的福利作为自己的责任，展现自己的专业能力和素养。[1] 主要包括：

（一）维护服务对象最大权益

社区矫正社会工作者不同于其他矫正执行人员，社会工作者在服务过程中不只是社区矫正的执法人员，更是矫正对象的权益代言人，为矫正对象发声、保障他们的权益最大化，并倡导矫正对象福祉的提升。

（二）尊重服务对象的自我决定权

鼓励服务对象做出决定，是树立他们的自信心，提高他们应对生活中困境的能力，也是维护他们权利的最好方式。

（三）尊重服务对象的隐私权和保守秘密

对于涉及服务对象隐私的信息，社会工作者应获得服务对象的许可才可介入。对于社区矫正对象，由于特殊性，导致他们的个人信息会被矫正工作人员包括社会工作者直接获取。社会工作者也应该在得到服务对象的许可后，对他们的个人隐私进行核实和进一步的了解。社会工作者也要注意对矫正对象的信息保密，一方面出于社会工作伦理和法律规定，另一方面也避免社会对矫正对象的标签化。

（四）尊重服务对象的知情权

矫正服务的对象有权利知道他们即将接受的服务内容、方式和相关标准，社会工作者应向他们做出说明，不能刻意隐瞒。社会工作服务即将结束时，社会工作者也应该向矫正对象说明结束的原因、如何结束、结束后的安排等事项，确保矫正对象对服务中的任何环节都是清晰明确的。

---

[1] 周沛等主编：《社会工作概论》，华中科技大学出版社2008年版，第47页。

二、对同事的伦理责任

社区矫正社会工作是一个综合的系统工作，需要不同执行主体一起配合完成，注重社区矫正团队成员之间的相互合作，才能顺利地执行社区矫正任务。在社区矫正专业服务过程，社会工作者应对其他社会工作者、矫正官、司法所工作人员和社区人员等报以尊重、积极合作的态度。

（一）相互尊重，彼此支持

与社会工作者和其他专业同事一起工作，都是为了促进服务对象的福利，帮助他们顺利回归社会。因此彼此之间应该相互尊重各自的专业见解、相互支持，让每个成员的工作都可以顺利开展。

（二）信任与非评判

社会工作者要对同事报以信任的态度，将相关工作托付给同事，并相信对方的能力和判断可以将工作做好。即便双方意见相左时，也应该从客观公正的角度出发，理性地分析问题，而非评判对方的是非对错。[1]

（三）维护同事合法权益

从社会工作者的专业伦理看，社会工作者除了维护服务对象的合法权益，也应该维护周围的人包括同事的合法权益。面对不公平不合理的情况，社会工作者以社会正义为标尺，尽力消除不利于公平的条件，并向服务机构或司法所等部门提请申诉，保护同事的应有权益。

三、对机构的伦理责任

社会工作者既是矫正对象的服务提供者，同时也是社会工作服务机构的工作人员。在社区矫正社会工作实务中，社会工作者既要考虑到矫正对象的利益，还要考虑到机构的利益，此外由于政府购买的关系，社会工作者也要考虑到政府的要求和利益。所以，社会工作者对服务机构和采购方都负有伦理责任，这样才能保障社会工作者与机构之间良好关系的建立与延续。[2]

（一）落实服务质量的义务

社会工作者在机构服务期间，需要遵守机构和采购方的相关规定，尽最大努力为矫正对象提供高质量的服务，并促进机构的成长，推动机构在服务标准制定、服务质

---

[1] 李迎生主编：《社会工作概论》，中国人民大学出版社2018年版，第542页。
[2] 范燕宁等编著：《社区矫正社会工作》，中国人民公安大学出版社2015年版，第46页。

量等方面的进步,为最大化发挥机构效能而努力。比如在处理社区矫正服务对象拒绝接受矫正服务的案例时,社会工作者可在机构规章允许的前提下,一方面帮助矫正对象缓解对社区矫正刑罚的抗拒心理,另一方面注重维护服务对象与司法部门之间的关系,在司法部门与服务对象之间充当协调者的角色,也为机构正常开展矫正服务做出努力。

(二) 遵守专业承诺的义务

社会工作者与机构之间建立的契约关系,不仅要有助于机构的管理,也要保护社会工作者的合法权益。社会工作者信守对机构的承诺,最基本的就是遵守机构的规定,这使得机构能够在相对平稳的环境中运行,为社会工作者服务的开展提供支持条件。

(三) 整合服务资源的义务

社会工作者有义务通过整合资源改善机构服务资源不足的情况。比如社区矫正社会工作者在充分了解服务对象过往史和社区的生活环境和资源后,熟悉服务对象和社区的优势,组织服务对象利用社区资源开展就业实习等活动,为服务对象创造学习机会。

四、对专业的伦理责任

作为社会工作专业团体的一员,每一名社会工作者都对这个职业的发展负有责任。不止是社会工作的专业知识、专业能力和技术,社会工作者的专业实践也会影响本专业的发展走向,影响社会对这门专业的评价和认可度。[1] 因此,社会工作者需要严格要求自己,以对社会工作专业的发展肩负起责任。

(一) 秉持高度的道德责任感

社会工作是一门基于价值观的专业,不仅要帮助服务对象发展自身,也要促进社会的发展和进步。面对社区矫正服务对象,社会工作者应提供专业服务,保障他们的权益不受侵害,提高他们应对风险的能力。同时,社会工作者应从第三方角度监督政府和其他矫正执行人员,开展符合矫正对象的相关工作。社会工作者的最终使命是践行社会公平正义,保障弱势和边缘群体获得发展的权利,在社区矫正社会工作中也是如此。[2]

(二) 不断提升专业知识和技能

社会工作是一个没有标准化实务模板的工作,是需要社会工作者在学习中不断摸

---

[1] 周沛等主编:《社会工作概论》,华中科技大学出版社2008年版,第192页。
[2] 陈钟林、黄晓燕:《社会工作价值与伦理》,高等教育出版社2011年版,第97页。

索，并逐渐提高自己技能的一项实务性工作。社会工作目标的实现，需要社会工作者不断学习相关知识，领会人际互动的奥妙，并通过较高的综合素质和表现，输出服务。社区矫正属于跨界学科，因此更需要专业的社会工作者时刻补充知识，不断提升自己，以展现更令人信服的专业技能，肩负起专业发展的使命。

（三）维持高水平的服务质量

社会工作者要以严格的态度要求自己，始终对服务对象提供高质量的服务。这其中就要求社会工作者要从内心尊重和接纳服务对象，诚心实意为对方的发展付出努力。社会工作的服务质量是与社会工作者投入成正比的，为了保持始终如一的高水平服务，社会工作者必须持续不断地付出，为专业使命奉献自我。

（四）保持诚实严谨的态度

社会工作者应以诚实守信、正直的品质维护社会工作的专业性。社会工作者不应欺骗、操纵或控制服务对象，不应以权谋私，通过工作满足个人私欲。在工作中，社会工作应小心谨慎，采用对服务对象、机构和同事都负责的态度和方式，以严谨的态度树立专业社会工作者的形象。

五、对社会的伦理责任

社会工作的宏观目标即推动社会进步，促进社会福利事业的发展。从工作目标看，社会工作的专业实践就是为了社会的发展，因此社会工作的本质即要对社会发展负责。[1] 每一名社会工作者都应为了促进社会发展和变革、实现社会公平和正义而做出努力。

（一）维护社会稳定发展

社区矫正在根本上是为了减少和预防罪犯对社会的危害，维护社会稳定，促进社会和谐发展。因此，在社区矫正领域，社会工作者应当将保护矫正对象生命安全、维护公共秩序和社会稳定放在伦理责任的首位。

（二）促进社会包容接纳

社区矫正中，矫正对象最容易受到来自社会的歧视和排斥。社区矫正工作实际是为了矫正对象更好的回归社会，给予他们非监禁刑罚，以便在不脱离社会环境的情况下得到矫正。但是我国一直以来的重刑思想，导致很多人对他们不理解不接纳。这就需要社会工作者在服务工作中去倡导和改善社会环境，是社会工作者介入社区矫正工作的重要使命。

---

[1] 全国社会工作者职业水平考试教材编委会编写：《社会工作综合能力（中级）》，中国社会出版社2023年版，第41页。

实践没有止境，理论创新也没有止境。

加快构建中国特色哲学社会科学学科体系、学术体系、话语体系。

——2022年10月16日，习近平总书记在中国共产党第二十次全国代表大会上的报告

第六章 社区矫正社会工作理论

社会工作在100多年的发展历程中，不仅积累了丰富的实践经验，形成了多层次的专业服务架构，建立了完整的专业学科体系，而且还发展了丰富的社会工作专业理论。社会工作专业理论为社区矫正社会工作实践提供了方法和原则，在社会工作专业理论指导下，使社区矫正更具有权威性和实践效能。本章介绍社区矫正社会工作涉及的主要相关理论。

第一节 社区矫正社会工作理论概述

一、社区矫正社会工作理论的范畴

理论是由一系列逻辑上相互联系的概念和判断组成的知识体系，它从一个一般性水平较高的层次上来描述和解释某类现象的存在与变化，是对经验知识的抽象概况。[1] 理论将纷繁复杂千变万化的现实简单化、模式化和抽象化，以方便人民认识、理解和把握事物及其相互之间的关系。

社会工作理论是人们对社会工作实践及相关事物和现象，形成的相对确定的认识，

---

[1] 王思斌主编：《社会工作概论》，高等教育出版社2014年版，第57页。

是关于社会工作的各种知识架构的总称。在社区矫正社会工作领域运用的社会工作理论,我们称之为社区矫正社会工作理论。社区矫正社会工作是一项高度专业化的活动,其实践过程、工作方法、技巧运用、科学研究等,都是建立在系统的理论知识基础之上的,而非仅仅是经验技术。对社会工作者来说,经验和理论并不是相互排斥的,而是相互补充和相互加强的,两者都不能缺失。

二、社区矫正社会工作理论的功能

一般来说社区矫正社会工作理论有以下功能和作用:

(一)解释

社区矫正社会工作涉及不同的个人、群体、组织等社会主体,各主体间相互互动,又形成复杂的社会关系,产生各种社会现象。社会工作者为了能为案主提供适切的服务,就要了解事物和现象的状态和产生发展过程,了解问题的前因后果,做出解释和判断。理论就可以揭示事物和现象之间的因果关系,为社会工作实践奠定基础。

(二)预测

预测即对未来作出推测和判断,进而为下一步行动作出指引。在社区矫正社会工作中,预测首先是对求助者可能发生的变化做出预测,其次是对影响求助者的各种因素的作用做出预测,最后是服务对象接受服务后可能产生何种结果做出预测。理论指导下的预测可以帮助社会工作者未雨绸缪,防患于未然,为有效地帮助求助者打下基础。

(三)提供干预模式和方法

社区矫正社会工作理论是长期实务工作的总结,其有效性和合理性此前被无数次地证明,因而可为解决同类问题提供程序、模式、方法和技巧,使社会工作科学有效地展开,避免盲目探索。

(四)发展新的理论

理论的发展,新理论的产生,并非只有唯一路径。社区矫正社会工作理论不仅可以通过总结实践经验,经过反复验证形成新理论,而且可以通过对原有理论的质疑产生新的理论。

三、社区矫正社会工作理论的类型

由于视角的不同,学者们对社区矫正社会工作理论的分类也有所不同。

提姆斯根据理论的来源,将社会工作理论划分为外借理论和实施理论两种类型。

外借理论指来自于社会学、心理学、精神医学、医学、经济学、管理学等学科的理论，被社会工作"借来"使用，并作为社会工作的理论基础。实施理论是指来自于社会工作本身实践经验的积累和总结，直接用于指导社会工作实践，实现社会工作目标。[1]

作为进一步的深化，皮拉里斯提出了社会工作理论的"三分模型"，即将社会工作理论分为宏观理论、中观理论和实践理论。社会工作的宏观理论这一层次的理论涉及对人与社会的本质、人的行为与社会运行机制的综合性说明，其抽象程度较高，如弗洛伊德的精神分析理论、马克思主义的社会福利理论、结构功能主义的社会福利理论、福利经济学等就属于这个层次。社会工作的中观理论属于宏观理论与实践理论的中间层次，又可分为解释性理论与介入模式理论两个部分。其中解释性理论是对人的行为与社会过程某一方面作出具体解释，如解释社会问题的标签理论、儿童发展理论等。介入模式理论是对社会工作实践本身的性质、目的、过程等进行一般说明，如危机介入模式理论、任务中心模式理论等。社会工作的实践理论涉及社会工作的具体技巧与操作方法，如自由联想法、批判式提问法等，便是属于该层次的理论，其抽象程度最低。由于第二层次的中观理论又分为两个部分，如此一来，皮拉里斯模型实际上是一种四分模型。[2] 四个部分之间既相互区别又相互联系，构成一个严密的逻辑整体。

第二节　精神分析理论

精神分析理论为人们提供了一个认识人类内心世界的重要方法和途径，对社会工作产生了重要影响，甚至在20世纪初期形成了所谓的"精神分析洪流"，当时的社会工作几乎就等同于精神分析。

一、精神分析理论的由来

精神分析理论是以弗洛伊德及其追随者们的著作、学说为基础形成和发展起来的一种社会工作理论，也是迄今为止历史最悠久、影响最广泛的一种社会工作理论。奥地利心理学家希格蒙德·弗洛伊德是精神分析理论的奠基者和重要代表人物。1887年，弗洛伊德采用催眠术对歇斯底里症进行治疗和研究，试图通过对精神病人的研究，揭开人类心灵（mind）或精神（psycho）的神秘面纱。1915～1917年间弗洛伊德发表了《精神分析引论》，1923年发表《自我与本我》。他从人类的性与原欲本能，阐述了人

---

[1] See T. Douglas, *Group Processes in Social Work: A Theoretical Synthesis*, John Wiley & Sons, Chichester, 1979, p. 1.
[2] 李迎生主编：《社会工作概论》，中国人民大学出版社2010年版，第103页。

类心灵运作的理论。他提出潜意识是个人行为的决定因素、人格结构的组成以及个人发展阶段等主要理论。[1]

此后，阿德勒提出了与弗洛伊德不同的观点，创立了"个人心理学"，认为个人内在精神中有一个具有创造性的自我（creative self），其本质是社会的、合作的，会主动寻求目标。另一位心理学家荣格则反对弗洛伊德过度强调"性"，认为精神不只是由原欲本能构成。再有，埃里克森的人类发展理论也是对精神分析人格理论的一个突破。他的人类发展理论打破了精神分析理论只关注人的内在世界的取向，转而关注内在心理动力与外在环境的交互作用。其后，弗洛伊德的精神分析理论被后人从不同方面加以强调或修正，从而发展出多个不同的分支。

精神分析理论于20世纪二三十年代开始在欧美社会工作中产生影响，直到20世纪60年代都在临床社会工作中发挥主导作用。

二、精神分析理论的主要观点

精神分析理论认为人的行为是由本能所驱使，且由人格结构中的"自我"与"超我"所控制。不良行为的产生源于由各种本能集合而成的"本我"同"自我""超我"之间关系的失衡，即"本我"受到过度压抑或"自我""超我"发育不全等。社会工作的主要任务就是对服务对象的变态人格进行治疗，帮助服务对象恢复"本我""自我"与"超我"之间的平衡，并应用精神分析的基本理论方法来完成这一任务。其概念框架包括意识、人格、焦虑、防卫机制、性心理发展等内容。

（一）心灵

弗洛伊德认为心灵由三个部分组成，即意识、前意识和潜意识，是包括欲望、冲动、思维、幻想、判断、决定、情感等在内的人的各种精神活动发生和进行的不同层次。所谓意识就是人能随意想到、清楚觉察到的主观经验。前意识是虽不能即刻回想起来，但经过努力可以进入意识领域的主观经验。潜意识是原始的冲动和各种本能、通过遗传得到的人类早期经验以及个人遗忘了的童年时期的经验和创伤性经验、不合伦理的各种欲望和感情。弗洛伊德认为，人的任何精神活动并非偶然发生，都要追溯其根源，即潜意识。潜意识对人们行为的影响是无所不在的，因此要解决服务对象的问题就必须探寻潜意识的意义。方法是通过解释梦与自由联想，在人无意识的表达中发现潜意识的意义，从而达到解决问题的目的。

---

[1] 全国社会工作者职业水平考试教材编写委会编写：《社会工作综合能力（中级）》，中国社会出版社2023年版，第87页。

(二) 人格结构

弗洛伊德认为人格结构包括本我（id）、自我（ego）、超我（superego）三个组成部分。本我由内驱力和欲望组成，它遵循享乐原则。本我处于一种混沌状态，它不会随时间与经验的改变而发生改变。自我是本我由经验中发展出来的，包括意识和前意识，所以自我具有管理人格体系的能力，它遵循现实原则，调节本我的欲望以及超我与外界的要求。超我由自我发展而来，包括意识和前意识，也包含部分潜意识。超我包括两个层面：良心和理想。当合乎超我的要求时，个人感到骄傲与自尊，反之则感到罪恶与羞耻。超我关系到社会制度、规范及社会现状的维系。

本我、自我、超我之间如果能够保持和谐平衡的状态，人格就是正常和完善的。个体就能保持良好状态，处理好与他人的人际关系和社会关系。当人格失调时，人的活动就会出现问题。对于如何解决问题，弗洛伊德认为需要采取强化的方式，通过强化自我，使之更加独立于超我，扩展它的知觉领域，提高组织能力，使它能占有新的本我部分。在治疗过程中，治疗者与服务对象一起讨论本我欲求，检视出不和谐的状态部分，使服务对象能够觉察到。

(三) 焦虑与防卫机制

焦虑是精神分析理论的一个重要概念。焦虑是一种紧张状态，源自本我、自我和超我的抗争而引发的冲突。焦虑是一种痛苦的情绪体验，包括害怕失去所爱，害怕失去所爱之人对自己的爱，害怕惩罚。弗洛伊德认为，当个人的本我欲望违反超我的原则时，自我就发出警告，内部出现无法接受的冲突。

防卫机制是自我为了消除不愉快的情绪体验所采取的方法，以保护自己免于焦虑、崩溃或受到威胁。防卫机制是一种自我调适的方法，包括正向和负向的。对攻击者的认同被心理动力学派视为非常重要的心理防卫机制，不仅发生在儿童时期对父母亲的感受，在个人面对握有实质权力的另一方时也会发生。

(四) 性心理发展

弗洛伊德认为人格发展具有阶段性，人的性心理发展是人的心理发展的基础，个人会经历五个连续发展的性心理阶段，即口腔期、肛门期、性器期、潜伏期、生殖器期。在不同的发展阶段，人们会以不同的方式获得性的满足，释放能量。如果人的欲望不能得到适当满足，就会出现焦虑，并以各种不同的形式表现出来。这就成为人的问题行为，需要帮助和治疗。

三、精神分析理论在社区矫正社会工作中的应用[1]

（一）实践原则

精神分析社会工作遵循以下原则：

1. 个别化原则。精神分析理论认为每个人的早期经验都是不同的，因此需要因人而异采取不同的治疗方式。个别化原则对社会工作发展产生了重要影响。

2. 社会工作者与服务对象签订治疗契约。因精神分析治疗过程中案主在回顾过去痛苦经验时，会引发不愉快情绪，因此案主必须知情并同意。

3. 保证治疗环境安全舒适。为使治疗过程顺利，并确保案主在治疗过程中产生的负面情绪不会对其造成新的伤害，社会工作者要为其提供一个安全与支持的环境。

4. 自由联想的治疗方法。治疗过程是引导案主自由联想各种事物，社会工作者据此进行分析，发现问题和冲突，并引导案主解决问题。

5. 在治疗过程中社会工作者要倾听和理解服务对象的想法与感受，要给予支持和接纳。

（二）治疗过程

精神分析的治疗过程是一种"反身观察"的过程，即案主在社会工作者的帮助下自我揭露痛苦经验，并跳出来反身观察和反省。这个过程包括三个部分：

1. 治疗情境。签订合约是社会工作者与服务对象建立治疗关系的重要步骤。通过明确双方的角色分工、制定治疗计划和时间表、保持良好的治疗态度以及尊重服务对象的自主性和个别性，可以为治疗过程奠定良好的基础，确保治疗的有效性和顺利进行。

2. 治疗关系。在治疗过程中，社会工作者确实需要与服务对象建立一种信任、支持和安全的关系。这种关系的建立对于服务对象愿意分享他们的痛苦经验至关重要。当服务对象感到被理解、被接纳和被支持时，他们更有可能开放自己，分享内心深处的感受和经历。

3. 治疗性对话。治疗性对话包括自由联想、治疗性倾听和诠释过程。

自由联想。自由联想主要目的是通过鼓励发散性思维，让人们从不同角度思考同一个问题，并随心所欲地联想，从而迸发出多样性、独特性的想法。自由联想法的最终目的是发掘病人压抑在潜意识内的致病情结或矛盾冲突，将其带到意识领域，使病

---

[1] 全国社会工作者职业水平考试教材编委会编写：《社会工作综合能力（中级）》，中国社会出版社 2023 年版，第 96 页。

人对此有所领悟，并重新建立现实性的健康心理。

治疗性倾听。治疗性倾听是一种"同理倾听"，社会工作者运用"同理倾听"技巧，尝试将自己置身于服务对象的情境中，以更好地理解和感受服务对象的情感和需求。"同理倾听"包括情感共鸣、认知理解以及猜想。社会工作者在情感、认知和信任等多个层面与服务对象建立联系，以更好地理解和满足其需求。

诠释过程。诠释过程是指社会工作者如何理解和向服务对象传达他们对其内心世界的认识。诠释过程可以细化为社会工作者通过一系列专业方法，如倾听、观察、提问和反馈等，来深入了解服务对象的情感、认知和行为模式。在理解这些信息的基础上，社会工作者会根据自己的专业知识和经验，对服务对象的内心世界进行解读和分析。这一过程中，社会工作者会关注服务对象的情感表达、语言和非语言沟通、行为模式以及他们所处的社会环境等因素。通过对这些信息的综合分析，社会工作者会形成对服务对象内心世界的全面认识。之后，社会工作者会将这些认识以适当的方式向服务对象表达出来。这一过程旨在帮助服务对象更好地理解自己的内心世界，认识到自己的情感、认知和行为模式，并探讨如何改变和成长。

在20世纪60年代之前，精神分析理论是社会工作治疗的主要理论，直到第二次世界大战后，随着社会需求的变化以及其他理论的不断发展，精神分析理论的影响才逐渐减弱。

第三节　认知行为理论

由于认知理论和行为理论两者有较好的结合点，在各自发展过程中逐渐整合为认知行为理论，成为社会工作服务中一个十分重要的理论视角。

一、认知行为理论的由来[1]

社会工作认知行为理论的由来可以追溯到多个学科领域的融合和发展。它的主要来源包括行为主义心理学、认知学派以及社会学习理论等。

首先是行为主义理论的影响。行为主义理论基于巴甫洛夫的经典条件反射学说，将心理与行为分离开来，强调环境对人的行为的影响，认为人的行为主要是通过学习获得的。这一观点为社会工作认知行为理论提供了基础，即人的行为可以通过学习和

---

[1] 全国社会工作者职业水平考试教材编委会编写：《社会工作综合能力（中级）》，中国社会出版社2023年版，第100页。

干预来改变。这种理论成为行为治疗的理论基础。

其次是认知学派的贡献。认知学派认为人的行为不仅受外界环境的影响，还受到个体对环境的观察和解释的影响。这一观点强调了认知在人的行为中的重要性，为社会工作认知行为理论提供了理论基础。阿德勒认为，将人格划分成本我、自我和超我，过度强调被压抑的潜意识，没有太大的实质意义。在阿德勒看来，人类行为来自性方面的动力远不如来自社会方面的动力。而人的行为是由个人整体生活形态所塑造的，这包括个人对自我的认识、对世界的看法、个人的信念、期待等。在这个过程中，认知起着至关重要的作用，它不仅影响人的行为，更会影响个人整个生活形态的形成。由此，认知因素在人行为中的作用得到了充分认识。

最后是社会学习理论的融合。班杜拉的社会学习理论是认知行为理论的又一个重要来源。该理论强调了观察学习、模仿和自我调节在行为形成中的作用，为社会工作认知行为理论提供了重要的理论支撑。班杜拉认为人的行为特别是人的复杂行为主要是后天习得的，是经由观察其他人或从事学习得来的。行为的习得既受遗传因素和生理因素的制约，又受后天经验环境的影响。生理因素的影响和后天经验的影响在决定行为上微妙地交织在一起，很难将两者分开。行为习得有两种不同的过程：一种是通过直接经验获得行为反应模式的过程，班杜拉把这种行为习得过程称为"通过反应的结果所进行的学习"；另一种是通过观察示范者的行为而习得行为的过程，班杜拉将它称为"通过示范所进行的学习"。

社会工作认知行为理论的由来是多学科融合的结果，它综合了行为主义心理学、认知学派和社会学习理论等多个学科的理论观点，为社会工作实践提供了重要的理论支撑和指导。

二、认知行为理论的主要观点

认知行为理论认为，认知和行为是一体两面的关系，二者不可分离。人的行动都是情绪、认知和行动互动的结果。

首先，认知行为理论认为，人的思维、情感和行为之间存在相互作用的关系。人的思维方式会影响其情感和行为，而情感和行为又反过来影响着人的思维方式。人在情境中发出的行为本身就是一个解决问题的过程。人的行动中一般都包括计划、执行和评估，并且这是一个循环往复的过程。

其次，认知行为理论认为，人的认知是主导行为的因素。人的行为和情感基于他们对周围环境的认知和解释。人的行为大多都是心理、行为与环境互动的结果。

再次，关于认知失调与情感行为问题，该理论认为如果人的认知与现实不符合，即认知失调，会导致不良的情感和行为问题，例如焦虑、抑郁、强迫症等。

最后，认知行为理论认为，通过认知重构可以改变不良的情感和行为，即通过改变人的认知方式和思维模式，来改变其情感和行为。同时，行为也可以通过强化和削弱来改变，即通过正反馈和负反馈等技术来增强或减弱某种行为。

总之，认知行为理论将认知用于行为修正上，强调认知在解决问题过程中的重要性，强调内在认知与外在环境之间的互动，认为外在的行为改变与内在的认知改变都会最终影响个人行为的改变。

三、认知行为理论在社会工作实务中的应用[1]

（一）认知行为理论的实务原则

1. 界定服务对象问题的原则。

（1）服务对象的问题是后天的。也就是说，服务对象的不正确的认知和行为，都是后天在社会环境中学习得来的，所以也是可以经由学习改变的。

（2）问题的外在性与内在性。在认知行为理论看来，服务对象的问题既是内在的也是外在的，既有个人内部的问题，也有外部影响的问题。因此，在社会工作实践中，一方面通过改变认知，另一方面通过矫正行为来消除问题。

（3）服务对象及其处境的差异性。社会工作强调个体的独特性，即人天生就是不同的。此外，个人的成长环境也是不同的，因而造就了人和人的差异性。社会工作实务的开展，需基于人的差异性来进行。

2. 确定助人目标的原则。

（1）改变错误的认知或不切实际的期待以及其他偏颇和不理性的想法。

（2）修正不理性的自我对话。

（3）加强解决问题和决策的能力。

（4）加强自我控制和自我管理的能力。

3. 服务过程中运用的原则。

（1）自决。即服务对象有自主决定的权利，社会工作者要尊重服务对象的自主决定和信念。

（2）改变。即社会工作的任务是帮助服务对象改变错误的认知、建立正确的认知。其中帮助服务对象的关键是协助他自助、自立，使其能够在正确认知的基础上成为自己的咨询者和帮助者，以达到调节和控制自己的情绪和行为的效果。

---

[1] 全国社会工作者职业水平考试教材编委会编写：《社会工作综合能力（中级）》，中国社会出版社 2023 年版，第 102 页。

(3) 专业关系。社会工作服务的前提和基础是建立良好的专业关系，并鼓励服务对象形成积极的态度，以实现"助人自助"的目标。

（二）认知行为理论助人的重要环节

认知行为理论的助人过程包含三个重要环节：

1. 确定评估重点。根据认知行为理论，评估的重点应该在于服务对象的思想、情绪和行为。在评估过程中，认知行为理论强调评估的全面性和系统性，需要综合考虑个体的认知、情绪、行为和环境等多个方面。同时，评估也需要是动态和持续的，随着治疗过程的进行，需要不断对个体的认知、情绪、行为等进行重新评估，以便及时调整治疗方案。

2. 建立专业关系。社会工作认知行为理论在建立专业关系时，注重尊重与接纳、运用技巧、有效倾听、把握时机以及反思与改进等方面。这些方面共同构成了社会工作认知行为理论在建立专业关系时的核心要素。首先是尊重与接纳。社会工作者在与服务对象交流时，需要展现出充分的尊重。其次是运用技巧建立关系。社会工作者需要综合运用支持性、引领性、影响性技巧来建立关系。再者是建立关系需要选择合适的时机。最后是社会工作者要善于反思与改进。如被服务对象拒绝，社会工作者需要保持平和的心态，反思被拒绝的原因，并尝试改进自己的服务方式，争取今后降低被拒绝的频率。

3. 明确社会工作者的角色。在服务过程中，社会工作者扮演教育者和陪伴者的角色。作为教育者，社会工作者要训练服务对象运用认知行为理论与技巧来检验自己的认知，训练修正其不当行为。作为伙伴，社会工作者要陪伴服务对象一起探讨其思维方式，讨论其认知错误，确定行为修正的目标与策略，并协助他学习正确的行为，规划自己的生活方式。社会工作者主要的任务是：澄清内在沟通；向服务对象解释认知行为模式的运作方式；布置家庭作业；帮助服务对象实现经验学习；尝试使用逆向操作等。

（三）认知行为理论助人的步骤

认知行为理论助人的过程一般包括以下几个步骤：

1. 确定不正确的、扭曲的思维方式或想法，确认它们是如何导致负面情绪和不良行为的。

2. 要求受助人自我监控自己的错误思维方式或者进行自我对话。

3. 探索受助人错误思维方式与潜在感觉或信念之间的关系。

4. 尝试运用不同的、具有正面功能的、正常的思维方式。

5. 检验受助人新建立的对自我、世界和未来的基本假定在调整行为和适应环境上的有效性。

(四) 结案和跟进

结案和跟进是认知行为理论助人的一个重要环节，这涉及评估服务对象的改变、决定何时结束工作关系，以及如何确保服务对象在结案后仍能持续进步。在结案的过程中，社会工作者应该和服务对象一起商讨确定在结案以后的若干具体的行为改善目标，一方面作为服务对象自我监督和努力的方向，另一方面也可以作为社会工作者在结案以后进行跟踪访问的依据。在决定结案前，社会工作者会告知服务对象，使其做好心理准备。同时，社会工作者会告知服务对象，如果在结案后遇到任何问题或困难，都可以寻求社会工作者的帮助。结案后，社会工作者要定期进行回访，了解服务对象的近况，看其是否能够维持之前的改变，并处理可能遇到的新问题。

第四节 社会生态系统理论

人不可能脱离社会环境而超然存在，社会环境是一个错综复杂的大系统，社会环境因素对人的成长以及生产生活发挥着无处不在的影响。人与社会环境相互作用相互影响，又构成了一个动态的系统。生态系统理论为我们提供了认识和面对环境与人的关系的视角。

一、系统理论[1]

(一) 系统理论的发展

系统理论的发展历史可以追溯到20世纪。早期的社会工作理论主要关注个体的心理和社会需求，强调对个体问题的解决，如心理分析学和社会心理学等。随着社会工作的发展，中期的理论开始关注社会结构和社会制度对个体和群体的影响，强调社会改革和社会政策的重要性，例如社会改革论和社会策划论等。而到了当代，社会工作理论更加多元化和跨学科，强调对多样性和复杂性的认识和理解，如增权理论和性别理论等。

系统理论在社会工作中的应用，最早由美国人赫恩（Hearn）在1958年和1969年提出，并在20世纪70年代开始被进一步运用。系统理论在社会工作中，强调社会系统内各个成员之间的相互交流，以及组织、政策、社区和群体对个人的影响。社会工作

---

[1] 全国社会工作者职业水平考试教材编委会编写：《社会工作综合能力（中级）》，中国社会出版社2023年版，第105页。

的目的就是要改善服务对象与其系统间相互作用的形态和性质。

社会工作系统理论的发展历史是一个不断演进和深化的过程，它随着社会、经济和科技的进步而不断发展，以更好地满足社会的需求和服务对象的变化。系统理论为社会工作实务与理论的发展提供了一个新的概念框架和服务框架。

(二) 系统理论的主要观点

系统理论的主要观点包括以下方面：

第一，系统思想。系统理论将"系统"定义为社会系统内各个成员之间的相互交流。这个系统是由多个元素构成的复合体，元素之间有可识别的边界，并且存在相互作用的关系。这些元素可以包括个人、家庭、社区、组织等，它们在社会系统中扮演着不同的角色，并相互影响。

第二，过程系统。从系统论的观点来看，助人是一个系统的过程，包括输入（资源、观念、方法技能等）、流程（资源、观念、方法技能在系统内部整合运用的过程）、产出（系统对外在环境的影响）、反馈（在与外在环境互动中获取更多资源和信息）、生存（当系统获得所需资源足以支持其继续运作时，系统就继续生存）或终止（当系统无法获得生存所必需的资源时，系统就将终止）。

第三，行动系统。平卡斯和米纳罕将行动系统分为中介系统（社会工作者和机构）、服务对象系统（个人、团体、家庭和社区等需要帮助的单位）、目标系统（社会工作者试图改变的服务对象）、行动系统（社会工作者与服务对象为实现目标所共同做出的努力）。

第四，整体视角。社会工作系统理论以整体的视角来看待个人和社会。它认为系统在动态的变化过程中维持着稳定和平衡，并且在各个系统之间保持着一种积极的互动关系。这种看待人与社会的视角就是整体的视角。

总的来说，系统理论强调在社会工作中要全面、动态地评估服务对象的问题，并考虑多个层面的影响因素。同时，它强调人与环境的互动关系，并致力于提高服务对象适应环境的能力。

二、生态系统理论[1]

(一) 生态系统理论的发展历史

20世纪初，玛丽·里士满和珍·亚当斯在慈善组织会社和睦邻组织运动中分别以

---

[1] 全国社会工作者职业水平考试教材编委会编写：《社会工作综合能力（中级）》，中国社会出版社2023年版，第107页。

不同方法推行"人在情境中"的理论范式,她们选取的理论倾向成为生态系统理论的先导。到了20世纪70年代,生态学知识开始融入社会工作实务之中,生态系统社会工作模式开始形成。对于生态系统理论来说,社会工作的焦点不仅关注人,情境同样是社会工作关注的焦点,并且进一步形成了"人在环境中"的联合交流系统的观点,为社会工作提供了一套整合的知识体系。

到了20世纪80年代,杰曼(Germain)和吉特曼(Gitterman)等人综合生态系统理论的观点,提出了社会工作的"生态模型",强调社会工作实务的干预焦点应将个人置于其生活的场景中,重视人的生活经验、发展时期、生活空间与生态资源分布等有关个人与环境的交流活动,并从生活变迁、环境特性与调和度三个层面的互动中来考量社会工作的实施。生态系统理论把人的发展看作是持续地适应环境,并与环境的众多层面进行系统交换的过程。他们能改变环境,也能被环境所改变,在人与环境之间形成交互性适应(reciprocal adaptation)。而社会问题的出现则降低了这种交互适应性。

对于社会工作来说,要理解个人就必须将其置于所生长的环境中去。因为个人的人格形成是与其环境长期交互适应的结果。因此,不论是个人的正向发展还是生活过程中所出现的问题,都是与其环境密不可分的。

(二) 生态系统理论的主要观点

生态系统理论的主要观点可以由以下核心概念来阐释:

1. 生命周期:指的是用时间线方法重现影响个人发展的相关社会结构和生活事件的意义。

2. 人际关联:指的是个人拥有与他人联结而建立关系的能力。这种关联能力的发展始于亲子间照顾关系的建立,并由此在未来生命周期中发展出各种互惠的照顾关系。

3. 胜任能力:指的是通过个人与环境间的成功交流经验,建立个人有效掌控环境的能力。胜任能力包括自我效能感、建立有效人际关系的能力、信心信念、动员环境资源和社会支持的能力。

4. 角色表现:是指对个人在社会层面的一种互惠性的社会期待,是个人参与社会的媒介,但是却受到个人感受、情感、知觉和信念的影响。

5. 生态地位:指的是个人所在某种环境区域的特征,特别指有利于或不利于特定发展任务的环境因素。这个概念的意义不在于为个人进行社会分类,而是为了了解形成个人目前处境的发展历程。

6. 适应力:指个人在与环境的交流过程中,个人与环境间相互影响和回应以达到最佳调和度。从生态观点来看,适应良好是二者间成功互惠的结果,而适应不良则是个人的需求与环境所能提供的资源、社会支持之间无法匹配调和的结果。

(三) 生态系统理论在社会工作中的应用

1. 生态系统理论在社会工作中的应用原则。在社会工作实践中，生态系统理论被广泛运用，以理解和干预个体、家庭和社会系统的问题。

首先，生态系统理论强调个体与环境的相互作用和依存关系，帮助社会工作者更好地理解客户和社区的问题，并为解决问题提供理论基础和实践指导。

其次，生态系统理论还强调从服务对象处境出发，看到他们的限制和机会，并充分认识情境的重要性。

再次，生态系统理论鼓励社会工作者采用积极视角，在不利情境中看到改变和进步的可能性，并重视过程，即关系和互动是如何产生的，以及内容和结果如何。

最后，生态系统理论也强调与他人一起工作，包括重视他人、个人支持网络、机构和社区资源。

2. 生态系统理论运用过程中的注意事项。

（1）人们遇到的许多问题不完全是由个人原因引起的，社会环境中的障碍是导致问题产生的重要因素。

（2）社会工作者为服务对象提供帮助的着眼点不能仅放在个人身上，还要从与之相关的不同系统的角度分析问题着手。

（3）服务对象与各个系统的关系是动态的，社会工作者必须不断地对服务对象与环境的关系作出新的判断。

（4）对服务对象的帮助要从整个生态系统出发，把他们的问题放到不同层面的系统中去看待和解决。

第五节　增权理论

由于社会工作专业的价值取向与增权理论的观点十分相吻合，于是增权理论成为了社会工作中重要的理论视角。增权理论强调的是社会工作者要帮助处于弱势地位的个人和群体增强他们的权能。

一、增权理论的历史发展

增权取向的实践可以追溯到 19 世纪后期，当时的社会工作者开始关注如何通过提供具体和社会性的支持、传授技巧、重视案主的参与以及公开分享机构信息等方式来协助服务对象。到了 20 世纪上半叶，增权取向的实践在美国得到了进一步的发展，特别是在两次世界大战和经济大萧条的背景下，社会工作专业中的增权取向与干涉主义等传统取向同时找到了发展的空间。

社会工作增权理论的发展历史可以追溯到20世纪70年代，当时美国学者巴巴拉·所罗门（Barbara Solomon）出版了《黑人增权：被压迫社区的社会工作》（Black Empowerment: Social Work in Oppressed Communities）一书，率先提出了"增强权能"的概念。这一理论主张在宏观的社会变革未发生之前，社会工作者应协助服务对象为了他们的利益向现存的社会结构争取权利，促使现存的社会结构做出一些有利于服务对象的制度或政策安排。

社会工作真正进入"增强权能时代"是在1980年前后。在这个时期，增强权能的观点无论在理论上还是在社会工作实务中都有快速发展。这个时期社会工作强调尊重服务对象，帮助其增强权能，让他们对自己的问题和需要进行自主判断，并鼓励有相同处境的服务对象建立互助团体，在团体中促进个体意识的觉醒，摆脱无力感，建立自尊心，共同推动社会公平与正义。[1]

二、增权理论的主要观点

增强权能取向的社会工作认为，个人需求不足和问题的出现是环境对个人的压迫造成的，社会工作者为受助人提供帮助时应该着重于增强服务对象的权能，以对抗外在环境和优势群体的压迫。主要观点包括以下几个方面：

第一，权能是社会工作的核心目标。增权理论主张社会工作的主要目标是帮助个人、家庭和社区增强自身的权能，包括自我管理、自我决策和自我协调的能力。通过增强权能，个体和社会可以更好地应对生活中的挑战和问题，从而提高生活质量和幸福感。

第二，社会工作应提供支持和资源。增权理论认为，社会工作应该为个体、家庭和社区提供支持和资源，包括信息、技能、资源、社会网络等方面的支持，以帮助他们获得更多的自主决策和自我管理的能力。

第三，个体和环境的相互作用。增权理论强调个体和环境是相互作用的，个体的权能增强需要在支持性环境的帮助下实现。这意味着社会工作不仅要关注个体的内在需求和问题，还需要关注环境的支持和资源，帮助个体更好地适应环境和应对挑战。

第四，权能增强的可持续性和长期性。增权理论认为，权能增强需要是可持续的和长期的。社会工作需要提供长期的支持和资源，帮助个体、家庭和社区不断增强自

---

[1] 全国社会工作者职业水平考试教材编委会编写：《社会工作综合能力（中级）》，中国社会出版社2023年版，第112页。

身的权能和自我管理的能力，实现可持续的生活改善和发展。

第五，自我决策和参与。增权理论强调个体的自我决策和参与是权能增强的重要手段。社会工作应该尊重个体的意愿和选择，鼓励他们积极参与自身权能的增强过程，并通过建立民主、平等、参与式的工作关系，增强个体的自我管理和自我决策的能力。

总的来说，社会工作增权理论的主要观点是强调个体和社区的权能增强，通过提供支持和资源，促进个体和环境的相互作用，实现可持续的生活改善和发展。这一理论在社会工作实践中具有重要的指导和应用价值，可以帮助社会工作者更好地实现其服务目标，提高服务的质量和效果。

三、增权理论在社会工作实务中的运用

（一）服务目标[1]

增权理论认为，要从以下几方面帮助服务对象提高权能：

1. 协助服务对象确认自己是改变自己的媒介；
2. 协助服务对象了解社会工作人员的知识和技巧是可以分享和运用的；
3. 协助服务对象认识到社会工作者只是帮助其解决问题的伙伴，服务对象自己才是解决问题的主体；
4. 协助服务对象明确无力感是可以改变的。

（二）服务原则

社会工作增权理论的服务原则主要包括以下十个方面：[2]

1. 所有压迫对于人们的生活都是破坏性的，社会工作者和服务对象应该挑战环境的压迫；
2. 社会工作者应该对压迫的环境采用整体视角；
3. 人们自己要增强自己的权能，社会工作者只是协助者；
4. 推动具有共同基础的人们相互增加权能；
5. 社会工作者与服务对象之间应建立互惠关系；
6. 社会工作者鼓励服务对象以自己的语言进行表达；
7. 社会工作者应该坚信人是胜利者而非受害者；
8. 社会工作者应该聚焦于社会持续不断的变迁；

---

[1] 全国社会工作者职业水平考试教材编委会编写：《社会工作综合能力（中级）》，中国社会出版社 2023 年版，第 113 页。

[2] 全国社会工作者职业水平考试教材编委会编写：《社会工作综合能力（中级）》，中国社会出版社 2023 年版，第 113 页。

9. 在社会工作服务实践中，社会工作者与服务对象是一种双向合作关系；

10. 干预可以分为三个层面：个人层次、人际层次和环境层次。

这些原则体现了增权理论的核心观点，即通过挖掘和激发服务对象的潜能，帮助他们增强自身的权能，以对抗外在环境的压力，实现自我成长和发展。同时，这些原则也强调了社会工作者与服务对象之间的合作关系，共同推动社会变革和发展。

第六节 优势视角理论

优势视角对传统的问题视角、伤害视角的社会工作是一种更正，甚至是颠覆。问题视角将个人或群体看做是有问题的，或病态的，用悲观主义和怀疑主义的语言进行描述，将人标签化，认为社会工作的任务是去消除"问题"。而优势视角则是抛开问题，聚焦案主内在的潜力和改变的可能性，在无望中寻找希望，在悲观中发现乐观，在困境中寻找力量，进而将其转化为行动，最终帮助案主走出困境，获得成长和发展。

一、优势视角理论的发展脉络[1]

社会工作优势视角理论的发展历史可以追溯到20世纪80年代，当时美国社会工作领域开始对传统的问题视角进行反思，并探索一种新的视角来理解和帮助案主。这一新的视角就是优势视角。

优势视角最初是在1989年由Weick、Rapp、Sullivan和Kisthard等人提出的，他们在《社会工作实践的优势视角》一文中宣告了优势视角的诞生。随后，在1992年，Dennis Saleebey编写出版了《优势视角：社会工作实践的新模式》一书，成为优势视角理论的主要文本。

优势视角理论的核心在于关注案主的内在力量和优势资源，并认为这些优势和资源是案主应对生活中的挑战和问题的关键。它强调社会工作者要从发现、开发和利用案主的优势和资源出发，与案主一同探寻促成案主改变的所有有利因素，并协助案主运用这些优势实现目标。

随着优势视角理论的不断发展，它在社会工作实践中得到了广泛应用。例如，在青少年家庭暴力案件调解中，社会工作者会帮助受害者发掘自身的优势资源，如亲友的支持、法律保护等，同时协助加害者认识到自己的行为对家庭造成的危害，并寻求

---

[1] 全国社会工作者职业水平考试教材编委会编写：《社会工作综合能力（中级）》，中国社会出版社2023年版，第118页。

支持帮助。在社区发展项目计划中，社会工作者会通过调查研究，发掘并利用社区内存在的资源，如青年组织、商业团体和志愿组织，共同推动社区发展，提高社区居民的生活质量。

总的来说，社会工作优势视角理论的发展历史是一个不断演进和扩展的过程，它旨在通过关注案主的内在力量和优势资源来帮助他们应对生活中的挑战和问题，实现自我成长和发展。这一理论在社会工作实践中具有重要的指导和应用价值，但也需要社会工作者不断学习和探索来完善其应用方法和技巧。

二、优势视角理论的主要观点

社会工作优势视角理论的主要观点如下：

第一，关注案主的内在力量和优势资源。优势视角理论强调，社会工作者应该着重关注服务对象的内在力量和优势资源，而非仅仅关注他们的问题和病理。这意味着，社会工作者要帮助服务对象认识到自己的潜能和价值，从而增强其自信心和自尊心。

第二，非问题假设。优势视角理论采用非问题假设，即认为人们天生具有一种能力，通过利用他们自身的自然资源来改变自身的能力。这意味着，社会工作者应该假定每个人都具有成长和转变的潜力，而不是将他们视为被动的、有问题的个体。

第三，合作与赋权。优势视角理论强调社会工作者与服务对象之间的合作关系。在这种合作中，社会工作者与服务对象共同制定目标、制定计划，并在实施过程中相互支持、相互学习。这种合作方式有助于建立信任关系，提高服务对象的满意度和参与度。同时，通过赋权，服务对象能够有更多的自主性和掌控感，从而更好地应对生活中的挑战。

第四，抗逆力的重要性。抗逆力是优势视角理论中的一个核心概念。它指的是当个人面对逆境时能够理性地做出建设性、正向的选择和处理方法。抗逆力被视为个人的一种资源和资产，能够帮助他们在恶劣环境下处理不利条件，产生正面结果。

第五，整体与系统的视角。优势视角理论吸纳了生态系统理论，强调整合性干预服务，强调整体与完整。这意味着，社会工作者在服务过程中要给予服务对象足够的关注，不仅要看到他们的个人优势，还要考虑到他们所在的环境和资源。

总之，社会工作优势视角理论的主要观点是关注服务对象的内在力量和优势资源，通过合作与赋权的方式，帮助案主认识到自己的潜能和价值，从而更好地应对生活中的挑战和问题。同时，这一理论也强调抗逆力的重要性，并倡导以整体与完整的视角来看待服务对象。

三、优势视角下社会工作的实践原则

社会工作优势视角的实践原则主要包括以下几点:

第一,尊重与合作原则。社会工作者应尊重服务对象的独特性和多样性,避免将其定义为问题。他们应与服务对象建立平等的合作关系,尊重其自主权和决策权。这种尊重和合作的态度有助于建立信任,并促进积极的工作关系。

第二,关注个体优势原则。社会工作者应关注服务对象的优势、资源和潜力,而不是仅仅关注其问题。他们应帮助服务对象发掘和发展自己的优势,通过这些优势来解决问题。这有助于增强服务对象的自信心和自尊心,提高其解决问题的能力。

第三,授权与赋权原则。社会工作者应帮助服务对象发展自己的能力和技能,使他们能够更好地面对问题和挑战。他们应赋予服务对象决策权和行动权,鼓励他们参与问题的解决和决策过程。这有助于增强服务对象的主动性和自主性,提高其解决问题的能力。

第四,多元文化视角原则。社会工作者应关注服务对象所处的社会和文化环境,尊重和接受不同文化背景的个体。他们应了解和尊重不同文化的价值观和信仰,避免将自己的价值观强加于他人。这有助于提高社会工作者的文化敏感性和跨文化交流能力。

第五,系统思考与综合干预原则。社会工作者应从系统的角度看待问题,了解服务对象与环境的互动关系。他们应采取综合的干预策略,通过多个层面和角度来解决问题。这有助于提高社会工作者的专业能力和工作效果。

这些实践原则体现了优势视角理论的核心观点,即通过关注服务对象的优势和资源,帮助他们实现自我成长和发展。社会工作者在应用这些原则时,需要与服务对象建立合作关系,共同制定目标,并在实施过程中相互支持、相互学习,以促进服务对象的改变和成长。

第七节 社会支持理论

在社会生活中,人与人之间的相互支持对维系正常的社会生活是必不可少的,而人们生活中所遇到的许多问题往往也是由于缺少必要的社会支持而产生的。本节对社会支持理论进行介绍。

一、社会支持理论发展的历史[1]

在社会工作发展过程中，社会支持理论的发展历史是一个逐步演进的过程。

该理论的缘起最早可追溯到鲍尔拜（Bowlby）在精神医学领域提出的依附理论，这一理论强调了早期关系，特别是与父母的关系，对个体发展的重要性。这为后来的社会支持理论提供了基础。

之后，柯伯和卡塞尔（Cobb & Cassel）在20世纪70年代通过实证研究，提出了两个重要概念：工具性支持和情绪性支持。这一研究为社会支持理论提供了进一步的分类和框架。

随着时间的推移，关于社会支持的研究逐渐深入，主要集中在三个方面：社会支持概念的研究、影响个人发展和使用社会支持因素的研究、以及社会支持影响个人心理状态的机制的研究。特别是关于压力、社会支持、应对和心理健康之间的因果关系的研究，为社会支持理论提供了深入的理论基础。

在社会工作实践中，社会支持理论的应用也逐渐得到推广。在美国，社会支持网络被用于临床治疗，始于20世纪60年代。罗斯·V·斯拜科特提出了网络治疗（network therapy）的概念，并训练治疗者使用这种方法，从而推广了社会网络治疗理论。在他的理论指导下，治疗者的角色转变为中介，鼓励家庭成员承担治疗者的角色，促进了家庭成员之间的互助和支持。

20世纪70年代至80年代，美国的社区支持计划迅速发展，特别是为满足精神病患者离开治疗机构回归社区的需求。这些计划帮助病患者学习社交技巧和参与休闲活动，从而真正回归社区。在这个过程中，非正式网络发挥了正式网络所不能代替的作用。1987年，美国国家心理卫生组织（NIMH）强调了在自然网络中而非治疗机构中康复的重要性，其最终目标是使患者自然地回归社区。这种背景下，社会支持理论得到了进一步的发展。

随着对社会支持理论的深入研究和实践应用，它逐渐成为社会工作的重要理论之一。社会支持理论启发社会工作者关注个人能力、人与环境之间的关系以及环境改善。它重视人在社会环境中的感受，强调个人对周围环境中资源的利用。社会工作者在社会支持理论的指导下，为需要帮助的弱势群体提供社会支持，包括正式的社会资源和非正式的社会资源。这种支持不仅涉及家庭内外的供养和维系，还涉及各种正式与非正式的支持与帮助。

---

[1] 全国社会工作者职业水平考试教材编委会编写：《社会工作综合能力（中级）》，中国社会出版社2023年版，第115页。

二、社会支持的类型

社会支持的类型可以从不同的角度进行划分。

（一）根据支持的主体划分

根据支持的主体划分，社会支持可以分为四类：

1. 正式支持。由政府和正式组织提供的支持。
2. 准正式支持。以社区为主导提供的支持。
3. 非正式支持。由个人网络提供的社会支持，如家庭、朋友等。
4. 专业技术性支持。由社会工作专业人士和组织提供的支持。

（二）根据支持的内容划分

从社会支持的内容来看，社会支持可以分为以下四种类型：

1. 情感支持。情感支持主要关注的是个体的情感需求，包括提供安慰、理解、鼓励和关心等。这种支持可以帮助个体建立自尊和自信，减轻心理压力，并增强应对困难的能力。

2. 实质性支持。实质性支持主要涉及物质或实际上的援助，例如提供住房、食物、经济援助等。这种支持可以直接解决个体的生活困难，减轻其经济负担，并改善其生活质量。

3. 信息性支持。信息性支持主要提供有关问题或困境的信息和解决方案等帮助。这种支持可以帮助个体更好地了解问题所在，找到解决问题的途径，并提高其应对困难的能力。

4. 评价性支持。评价性支持主要涉及他人对个体行为和能力给予的正面评价和认可。这种支持可以增强个体的自信心和自尊心，激发其积极性和动力，并促进其发展潜力。

（三）其他划分方式

社会支持还可以从其他角度进行分类，如客观支持、主观体验到的支持和对支持的利用度，或家庭支持、朋友支持、其他支持，以及认知支持、情感支持、行为支持等。这些分类反映了社会支持的不同方面和维度，但在实际生活中，各种支持通常是相互交织和互补的。

三、社会支持理论的主要观点

社会支持理论主要观点涵盖以下几个方面：

第一，关于社会支持的概念。该理论认为社会支持是由社区、社会网络和亲密伙伴所提供的感知的和实际的工具性支持或表达性支持。工具性支持包括引导、协助、有形支持与解决问题的行动等，而表达性支持则包括心理支持、情绪支持、自尊支持、情感支持、认可等。

第二，关于社会支持的来源。社会支持的来源多种多样，可以来自家庭、朋友、同事、社区、政府等。这些支持网络在个体生活中发挥着重要作用，为个体提供必要的资源和帮助。

第三，关于社会支持的作用。社会支持对个体的心理健康、生活质量和社会功能具有重要影响。研究表明，社会支持可以减少个体的焦虑、抑郁等心理问题，提高个体的自尊和幸福感，增强个体的社会适应能力。

第四，关于社会支持的干预策略。基于社会支持理论，可以设计相应的干预策略来增强个体的社会支持网络。例如，通过提供心理咨询、社交技能训练、社区活动等方式，帮助个体建立更强大的社会支持网络，提高个体的心理韧性和社会适应能力。

第五，关于社会支持理论的应用。在社会工作中，社会支持理论的应用主要集中在帮助弱势群体获得必要的社会支持，包括正式的社会资源和非正式的社会资源。社会工作者通过评估个体的社会支持网络，制定适当的干预策略，以促进个体的社会适应和心理健康。

综上所述，社会支持理论在社会工作中的主要观点强调了个体与社会环境之间的相互作用，以及社会支持在促进个体心理健康和社会适应方面的重要性。

四、社会支持理论在社会工作中的实践原则

社会支持理论在社会工作中的实践原则主要包括以下几点：

第一，强化社会支持网络。社会工作者致力于增强个体或群体的社会支持网络，包括家庭、朋友、社区、机构等。通过加强这些网络，个体能够获得更多的资源和帮助，从而更好地应对生活中的挑战。

第二，关注弱势群体。社会工作者特别关注弱势群体，如老年人、残疾人、失业人员等。他们致力于提供必要的支持和帮助，以改善这些群体的生活状况，并促进他们的社会融入和参与。

第三，综合干预策略。社会工作者采用综合的干预策略，包括提供信息、培训、咨询、引导等服务，以帮助个体或群体解决特定问题。他们注重将个人发展与适应性问题结合起来，制定个性化的支持计划。

第四，注重社会交换。社会支持不仅仅是一种单向的关怀或帮助，而更多的是一种社会交换。社会工作者鼓励个体通过互相帮助和支持来建立更紧密的关系，从而实

现资源的共享和互利共赢。

第五，强化资源链接。社会工作者致力于链接和整合各种资源，包括政府、社区、非政府组织等，为个体或群体提供更广泛的支持。他们通过建立合作关系和搭建平台，促进资源的有效流动和利用。

这些实践原则体现了社会支持理论的核心观点，即通过强化社会支持网络和资源整合，帮助个体或群体更好地应对生活中的挑战，提高他们的社会适应能力和生活质量。社会工作者在应用这些原则时，需要与服务对象建立信任关系，了解他们的需求和问题，制定个性化的支持计划，并与其他相关机构和人员建立合作关系，以提供更全面和有效的支持。

健全共建共治共享的社会治理制度，提升社会治理效能。

——2022年10月16日，习近平总书记在中国共产党第二十次全国代表大会上的报告

第七章　社区矫正社会工作过程

社会工作是一种科学的助人活动，在长期的实践过程中，总结和归纳出了一套结构性、一般性的操作模式，即通用过程模式。美国社会工作学家玛丽·里士满（Mary Richmond）最早讨论了社会工作助人活动的过程。20世纪初，她在《社会诊断》一书中讨论了社会现象的实质和社会诊断在助人过程中的动态发展，及其对社会工作实务的意义。[1] 在此基础上，随着社会工作实践的推进，"通用社会工作的过程"模式逐渐形成。

社区矫正社会工作的通用过程包括：接案、预估、计划、介入、评估、结案和跟进七个阶段。本章介绍社区矫正社会工作过程的通用模式，以及各环节的工作原则和任务。

第一节　接案

所谓接案，是指社区矫正社会工作者与矫正服务对象接触时的第一步工作，包括社区矫正社会工作者与社区矫正服务对象就社会工作者的角色和矫正服务对象的需要而开展的沟通，包含了社区矫正社会工作者如何与社区矫正服务对象开展工作的知识

---

[1]　全国社会工作者职业水平考试教材编委会编写：《社会工作实务（中级）》，中国社会出版社2023年版，第1页。

和技巧。和其他社会工作领域一样，接案是社区矫正社会工作实务过程的第一步，是社区矫正社会工作服务活动的开端，也是整个社区矫正社会工作服务过程的基础和起点。

一、明确服务对象的来源和类型

服务对象的来源和类型不仅影响着社会工作者的角色，也影响着社会工作者与服务对象专业关系的建立。面对不同的服务对象，社会工作者需要有不同的工作技巧。因此，了解服务对象的类型和来源就成为成功接案的一项重要工作。

（一）社会工作服务对象的来源和类型

社会工作服务对象的来源通常有三种情况：一是主动求助者；二是由他人介绍或机构转介来的；三是由社会工作者通过外展工作而成为服务对象的。

根据服务对象的来源可以将其按寻求服务时的意愿分以下两种类型：一是自愿接受服务型，指那些认识到需要协助而自己主动向社会工作者求助的，以及由他人介绍而接触社会服务机构并愿意成为其服务对象的人。二是非自愿接受服务型，指那些由政府、法院或其他有权力的部门或个人将需要协助的服务对象转介给社会工作的服务机构，以协助其解决问题的服务对象。相对于自愿型服务对象，非自愿型服务对象是被动接受帮助的，这种特性使得他们在接受服务时通常会存在或表现某些抗拒情绪和行为。在社会工作的助人行动中，与这类服务对象的专业关系通常不易建立，需要进行相当细致的工作，同时需要非常娴熟的工作技巧。[1]

（二）社区矫正服务对象的来源和类型

社区服刑人员作为一个特殊群体，在公众视野中一直是"异类"，其自身的特殊标签和对社会造成的损害，把他们隔离在社会之外，也加剧了他们与社会的对立。这些因素致使他们不可能成为主动求助者，同时也不可能通过工作者的外展工作而成为服务对象。因此社会工作服务机构的服务对象主要依靠司法机构将有需要协助的服务对象转介到社会工作服务机构获得，属于非自愿型服务对象。

（三）社区矫正服务对象的来源途径

在社会工作中，对应服务对象的来源和类型，那些主动求助和转介及发展而来的，并已经使用社会工作者所提供的资源或正在接受社会工作者协助的服务对象，被称为现有服务对象；那些尚未使用或接受社会工作协助和社会资源帮助，但未来可能需要

---

[1] 张书颖、曹海英主编：《社区矫正社会工作服务项目操作指南——北京市朝阳区常营社区矫正模式探讨》，知识产权出版社2013年版，第23页。

服务资源和协助的服务对象，即是潜在服务对象。社区矫正服务对象的来源途径主要有两个方面：一是司法所转介并成为现有社区矫正服务对象；二是使潜在社区矫正服务对象转化为现有社区矫正服务对象。

1. 司法所转介并成为现有社区矫正服务对象。在社会矫正人员的矫正实施地与社会工作服务项目相符、社区矫正人员的矫正周期与社会工作服务项目相吻合的前提下，由合作方——街、乡司法所直接转介到社会工作服务机构、发展成为社区矫正服务对象。

2. 使潜在矫正服务对象转化为现有社区矫正服务对象。潜在社区矫正服务对象是被告人或者服实刑的罪犯等符合适用社区矫正条件、有适用社区矫正执行刑罚的可能性的人员。

二、面谈

建立专业关系是开展服务的重要前提，而面谈是建立专业关系是重要方法和手段。面谈需要注意以下事项。

(一) 做好面谈的准备并拟定初次面谈提纲

通过事先研读社区矫正服务对象资料及司法所介绍，了解他们的基本情况，例如，是否接受过服务、身体和精神状况、是否有特殊事项而需谨慎处理等。

在了解社区矫正服务对象基本资料及来源与类型的基础上拟定初次面谈的提纲。一份详细的面谈提纲可以帮助社区社会工作者理清工作思路，从而在面谈时有备无患，能够有序并有效地与服务对象进行沟通。探讨他们的问题，澄清有疑问的地方，以提供切合服务对象需要的服务。

(二) 面谈的目的和场所的安排

社区矫正接案面谈的目的在于了解矫正服务对象最关心的事项是什么，以便达到助人的目标。面谈是一种特殊的沟通形式，借此面对面的会谈，双方交换经验和看法，表达态度和意愿。

在时间安排上，因社区矫正社会工作服务对象的特殊性，需要司法所干警和专职司法社工配合会商，可以将初次面谈时间定在其去司法所报到的时间，因而面谈地点可以相应地安排在司法机构。如需在社会工作者的办公室或者机构专门的会谈室，一定要有司法干警和专职司法社工在场配合、协助。另外，地点的安排要考虑服务对象的行动能力，对于不能外出的人，在司法干警和专职司法社工的配合下，要安排进行上门会谈。

（三）面谈的主要任务

社区矫正社会工作接案面谈的主要任务为以下几个方面：

1. 界定矫正服务对象问题。对矫正服务对象问题的界定是通过会谈来进行的。任何人都不可能是解决所有问题的专家，因此，在使用沟通技巧与矫正服务对象会谈时，要以矫正服务对象为中心，了解矫正服务对象问题的性质及问题对服务对象的影响。矫正服务对象自己对问题的看法是界定问题时最重要的起点，矫正服务对象所关心的问题、他们的困惑即是界定问题的入手点。

2. 澄清角色期望和义务。面谈的一个重要任务是澄清社会工作者与矫正服务对象对各自的期望，通过协商减少差异，同时要互相澄清并讨论双方对对方角色的期望。

3. 激励并促进矫正服务对象进入角色。接案面谈是建立社会工作者与矫正服务对象专业关系的开始。此时，社会工作者要帮助引导矫正服务对象逐渐接受自己作为服务对象的角色，以便双方能够相互配合工作。

4. 促进和诱导矫正服务对象态度和行为的改变。社会工作者要引导和鼓励矫正服务对象内心产生改变的意愿和动力，并在行动上有所体现。

5. 达成初步协议。经过以上的初步接触，社会工作者与矫正服务对象对对方已有了一个基本的了解，此时社会工作者与服务对象就可以达成一个初步协议。协议形式可以是书面的，也可以是口头的，主要目的在于对双方形成目标与约束，以便使后续工作富有成效。

6. 决定工作进程。在接触和初步面谈后，如果矫正服务对象和社会工作者对问题有共识，那么接下来就要对问题的轻重缓急与先后顺序进行讨论，准备开始进入下一阶段工作。[1]

三、建立专业关系

面谈结束并确定专业服务关系之后，社区矫正社会工作者和服务对象还需一起完成社区矫正机构个案矫正接案登记表，此时标志着专业关系正式建立。

（一）社会工作专业关系及其意义

所谓社会工作专业关系，是指社会工作者与案主之间基于态度和情感互动的一种合作关系。建立专业关系的意义在于，它提供了服务对象与社会工作者之间的一种有意义的链接，激发了服务对象的改变意愿和动力，使其愿意和主动接受社会工作者的

---

[1] 张书颖、曹海英主编：《社区矫正社会工作服务项目操作指南——北京市朝阳区常营社区矫正模式探讨》，知识产权出版社2013年版，第26~27页。

帮助。在社会工作助人实践中，良好的专业关系是实现助人目标的关键环节。

（二）社会工作专业关系的特点

社会工作专业关系表现为双方之间的一种默契，它有以下特点：

1. 有一个双方认可并达成共识的目标。

2. 有特定的时间限制。

3. 以服务对象的利益为中心。

4. 社会工作专业理论和方法贯穿其中。

5. 社会工作者发挥主导作用。

（三）建立专业关系的技巧

一些技巧可以帮助社会工作者与服务对象建立良好的专业关系。

1. 同感。所谓同感即设身处地感受他人的情感和处境，但同时又不丧失自己的立场和观点。掌握这种能力可增进对服务对象的认识和理解，运用这种能力去理解和帮助对方。

2. 诚恳。社会工作者要保持诚恳、开放、真实的态度，全身心服务案主，以获得服务对象的认可。

3. 尊重。服务对象是具有独立人格的主体，社会工作者要把服务对象当做"人"来看待，服务对象不是可随意处置的"物"。

4. 积极。社会工作者要采取积极主动的态度，与服务对象建立关系。积极主动的态度可促进双方沟通，互相了解和理解并快速建立专业关系。

第二节　预估

社区矫正社会工作者对社区服刑人员接案和建立专业关系后，接下来就需要收集与社区矫正服务对象有关的详细资料，了解矫正服务对象问题形成过程，并对其存在的问题进行综合的分析判断，形成暂时性的评估结论。这个工作过程就是社区矫正社会工作流程的第二步——预估。矫正服务对象的预估是个案矫正方案制定的重要环节，预估是搜集资料和认定问题的一个过程，是把所有有关服务对象的资料组织起来并使其具有意义的专业实践活动。具体来讲，矫正服务对象的预估包括以下四个基本步骤：矫正服务对象资料的收集、运用专业方法对矫正服务对象资料的分析、确定矫正服务对象存在的问题和撰写预估报告。

一、收集社区矫正服务对象资料

为了准确地把握社区矫正服务对象的需求和问题，使矫正工作有针对性，需要收集社区矫正服务对象的资料，这是对矫正服务对象进行预估的第一步工作。

（一）搜集社区矫正服务对象资料的内容

1. 个人层面的资料。一是社区矫正服务对象的基本资料。如年龄、生活简历、生活中的重要事件和重要人物、个人服刑经历、社会经济地位、相关的社会系统等，这可以帮助我们了解矫正服务对象本人，以及他的社会关系等方面的情况。二是社区矫正服务对象对于现状和问题的主观看法。包括存在怎样的问题、问题出在哪里、问题的原因是什么、问题存在多久了、矫正服务对象以往是如何解决问题的、希望如何解决问题等。三是社区矫正服务对象解决问题的动机资料。包括社区矫正服务对象对解决问题的希望程度等。有关动机方面的情况了解得越详细，社区社会工作者就越能够调动矫正服务对象的积极性，设计符合矫正服务对象实际情况的矫正工作计划。四是社区矫正服务对象的生理、情感、智力等方面的能力。包括生理方面：健康状况、活力水平；情感方面：处理情绪和挫折的能力；智力方面：认知能力、抽象思考能力、做决定的能力等。

2. 环境层面的资料。社区矫正服务对象环境方面的资料是社区矫正服务对象生活中的重要社会系统，以及可以得到的其他资源的系统。

社区矫正服务对象的重要社会系统包括家庭、亲属、邻居、学校、工作单位等。社区矫正服务对象重要社会系统中的重要他人对于矫正服务对象持有的希望和支持，以及他们帮助矫正服务对象的能力，对矫正工作的开展都具有积极的意义，因而都是社区矫正社会工作者必须了解和认识的领域。[1]

社区矫正服务对象其他资源的社会系统包括各类社会保障政策、就业岗位、各类专业服务组织等。这些资源将成为社区社会工作者制定矫正介入计划的重要依据。

3. 个人与环境交互作用层面的资料。这方面的资料主要包括社区矫正服务对象个人与周围环境的关系，特别是与重要他人（父母等家人）的关系；社区矫正服务对象寻求帮助的主要方式；社会系统对个人求助的反应；其他系统互动方式对矫正服务对象问题的影响等。

---

[1] 张书颖、曹海英主编：《社区矫正社会工作服务项目操作指南——北京市朝阳区常营社区矫正模式探讨》，知识产权出版社2013年版，第32页。

(二) 搜集社区矫正服务对象资料的途径

搜集社区矫正服务对象资料的途径很多，根据我们社区矫正项目的实践，其中的主要途径有以下三个方面：

1. 直接面谈。与社区矫正服务对象直接面谈和家访是收集矫正服务对象资料、了解社区矫正服务对象个人和家庭基本情况的关键途径。在与社区矫正服务对象进行直接面谈时，社区社会工作者要营造一个良好的氛围来激发和鼓励矫正服务对象的参与，让矫正服务对象了解矫正社会工作体系所能提供的服务，并且和矫正服务对象共同探讨存在的问题，了解他的期望，最终经过磋商来明确解决问题的方案。而要达到此目的，还需要社区社会工作者在访谈中注意一些基本的访谈技巧。如提前设计访谈提纲；访谈过程中应保持友好、亲切的态度；提问要恰当，提问在表述上要求简单、清楚、明了、准确，并尽可能地适合受访者，能够适时、适度地追问等。

2. 家访。家访是了解社区矫正服务对象家庭情况的直观途径。通过家访可以观察了解社区矫正服务对象家庭的经济水平、家庭成员的角色和互动、家庭成员的沟通方式等。社区矫正社会工作者在进行家访时需要注意家访礼仪。如事先约定或提前电话沟通家访时间、事先初步了解家庭成员及其关系、做好发生家庭成员分歧和冲突等突发事件的预案等。

3. 司法工作者。与社区矫正服务对象联系密切的司法工作者是重要的信息和资料来源途径。司法工作者与矫正服务对象的日常接触会更多，对矫正服务对象的家庭情况、生活和工作情况、公益劳动等情况的了解也会更方便。因此，社区社会工作者要密切联系相关司法工作者，以更多更好地掌握矫正服务对象的资料。

二、运用专业方法对社区矫正服务对象资料进行分析

(一) 社会历史报告法

社会历史报告是通过对社区矫正服务对象社会生活历史的梳理、将各种信息进行整理分析后的综合报告。社会历史报告的内容主要包括：社区矫正服务对象社会生活历史的资料及工作者对这些资料的思考和预估。

社会历史报告包含的资料有：社区矫正服务对象的资料；社区矫正服务对象关心的事项、需要、与需要相关的问题，这些事项的发展过程；社区矫正服务对象现在的能力和限制。

(二) 家庭结构图描述法

家庭结构图也称家庭树或家庭图谱，是以图形表示家庭中三代人之间关系的方法。

家庭结构图是用图形方式来表示家庭的结构、家庭成员之间的关系以及家庭的一些重要事件等，它帮助社会工作者迅速、形象地了解和掌握社区矫正服务对象家庭成员的结构、成员关系以及其他一些家庭情况。

使用家庭结构图做预测时，需要社区矫正社会工作者和社区矫正服务对象一同为家庭结构图加上图示，包括家庭的代际间关系、主要家庭事件、家庭成员的职业、家庭成员的死亡、家庭的迁移和分散、角色的分配和指派、家庭内关系和沟通模式等。

(三) 社会生态系统图法

生态系统图展示了社区矫正服务对象的社会环境，清晰地呈现出个人、家庭及社会系统之间的相互作用和影响，有效地将社区矫正服务对象与外在环境系统的关系通过图形的形式呈现出来，说明了系统之间能量的流动和各系统间的关系本质，及其与社区矫正服务对象需要和满足需要的资源系统、矫正服务对象问题之间的关系。

从生态图中能够看到一幅整体图像，从中可以看出：哪些是个人、家庭、群体和社区可运用的资源；哪些资源支持不足或不存在。从而认识个人、家庭、群体和社区与环境之间关系的本质。生态系统图可以帮助社区矫正社会工作者认识和判断矫正服务对象的需要、问题及满足需要和解决问题的途径与方向。

(四) 社会网络分析法

社会网络在社会工作实务范畴里泛指社会支持系统。通常指由家庭、朋友、专业人士或其他社会系统提供的帮助、指导和关怀。社会支持是指个人与社会环境的正面互动，而所谓社会网络是由正式和非正式支持系统组成的。正式的社会系统包括社工、医生、律师、传道人和其他专业的助人者，而非正式的系统包括家庭、朋友、同事、邻居等。

社会网络分析可以评估和测量社区矫正服务对象的社会支持网络的种类和规模，并从社区矫正服务对象主观经验的角度将其获得的支持的性质和数量呈现出来。一般来说，具有支持性的社会网络包括：家庭和家庭成员、家庭及其亲属、朋友、邻里、正式的社会组织等。社会工作者可以使用社会网络图作为进行社会网络预估的工具，找出社区矫正服务对象正式和非正式的社会支持网络，方法是：首先由社区矫正服务对象找出他们支持网络的成员，其次将支持网络成员和他们提供的支持按其所回应的具体问题进行分类，最后再由社区矫正服务对象描述他们如何看待所获得的这些支持。

三、确定社区矫正服务对象存在的问题和需要

问题介入是社区矫正的基本工作方法。社区矫正是在社区矫正社会工作者和社区矫正服务对象共同探索、研究社区矫正服务对象存在问题的基础上展开的。因此，在

收集并分析各种资料后,社会工作者必须和矫正服务对象一起就社区矫正服务对象的资料进行研究和分析,提炼出社区矫正服务对象存在的问题和需要。这要从以下几个方面来做:

1. 描述社区矫正服务对象的问题和需要:问题是什么,问题的范围、原因、严重程度及持续的时间。

2. 描述问题是如何发生的,问题发生的原因是什么。

3. 描述社区矫正服务对象的处境及其社会系统的情况。

4. 探究社区矫正服务对象问题得不到解决的原因。

5. 描述社区矫正服务对象问题的发展阶段。了解社区矫正服务对象问题的发展阶段与状况能够帮助社会工作者加深对问题与需要的认识和理解。

6. 描述并鉴定社区矫正服务对象的资源状况,包括预估社区矫正服务对象参与解决问题的动机强度、学习的能力、资源和时间等情况。

四、撰写社区矫正预估报告

确定社区矫正服务对象存在的问题和需要后就可以撰写预估报告了。预估报告要清楚表达对问题的认识,为社会工作者自己和矫正服务对象、社会工作机构、司法所以及那些与社区矫正服务对象有关的系统提供关于社区矫正服务对象的需要与问题的准确和详细的信息,作为下一步制定介入计划的依据。

就社区矫正预估报告的结构来讲,一般分为两个部分。第一部分为资料和事实。这部分主要是对社区矫正服务对象问题的呈现,包括问题的时间及涉及的人和系统,以及社区矫正服务对象和问题的背景,如家庭背景、教育背景和学业、就业历史等。第二部分为专业判断。这部分主要阐述如下内容:对资料的理解;对社区矫正服务对象问题的评估;对形成问题原因的分析,对问题原因的理解和解释;判断改变的可能性和改变的益处。[1]

在撰写预估报告的过程中,最好能够设计一份个案矫正预估表,以直观形象地传递社区矫正服务对象的预估内容。预估表的内容应包括社区矫正服务对象的基本信息、入矫原因、入矫时间、接案时间、计划结案时间、矫正工作者构成、社区矫正服务对象存在问题预估和矫正建议等。

---

[1] 张书颖、曹海英主编:《社区矫正社会工作服务项目操作指南——北京市朝阳区常营社区矫正模式探讨》,知识产权出版社2013年版,第38页。

第三节 计划

社区矫正社会工作服务计划在社区矫正社会工作过程中起导向作用，是社区矫正社会工作者对社区矫正服务对象开展矫正工作的依据，因此，制定科学、合理的矫正服务计划对矫正工作起着关键性作用。

社区矫正社会工作服务计划是社区矫正社会工作者根据矫正服务对象个体差异和个性需要拟定并予以实施的、旨在矫正其不良心理及行为的、具有计划性和协议性的服务方案。制定科学的社区矫正社会工作服务计划有利于提高社区矫正服务的针对性和有效性，进而提高矫正质量。

一、制定社区矫正社会工作服务计划的原则

（一）以人为本的原则

社区矫正是一种非监禁性刑罚执行制度，本身就是行刑社会化和行刑人道主义的体现，社区矫正社会工作服务计划的制订也应当坚持以人为本的原则。在社区矫正手段方面，社区社会工作者以心理疏导、行为矫正、人际交往能力、就业能力提升、社会环境改善等为主，以司法所的惩罚、管束、教育为辅，以便取得社区矫正服务对象的最大限度配合，以实现其再社会化、重新回归社会的目标。但是社区矫正社会工作者在制定社区矫正社会工作服务时不能片面强调对服务对象"以人为本"，而走向另一个极端。

（二）个别化原则

社会工作者确信，任何人都是一个独特的个体，都有其独特的生理、心理特质和生活经验。社区矫正社会工作者应强调社区矫正服务对象的差异性，特别是犯罪原因差异性，根据社区矫正服务对象的具体情况，开展有影响的矫正活动。犯罪是多种因素共同作用的结果，每个社区矫正服务对象都有一定的特殊性，他们的性别、年龄、心理及身体健康状况、社会职业、家庭环境、犯罪原因、犯罪手段、犯罪经历、监外执行的种类与期限等有所差异。因此，社区矫正社会工作者在制定方案时，应当以社区矫正服务对象个体的再社会化需要为基础，拟定不同的矫正意见和措施，做到因人制宜，一人一案。

（三）全面性原则

社区矫正社会工作者在拟定和实施社区矫正社会工作服务计划过程中，应当听取

各方意见,通过司法所查阅罪犯档案、个别谈话、走访、对社区矫正服务对象进行心理测量等方式,全面了解社区矫正服务对象的相关情况,为制定社区矫正社会工作服务计划提供基础。

(四) 注重实效原则

社区矫正社会工作者制定社区社会工作服务计划,要在实践基础上不断总结经验。对原计划加以补充完善。在社区矫正过程中,针对出现的问题,要根据具体情况对矫正计划进行修正。[1]

二、社区矫正社会工作服务计划的内容

制定社区矫正社会工作服务计划是一个理性思考及做决定的过程,包括制定介入目标及选择为了达到目标而采取的行动。因此社区矫正社会工作服务计划是为下一步的介入行动服务的,也是介入行动的蓝图。社区矫正社会工作服务计划是发展有效行动方案、明确任务和责任的过程,也是决策行动的过程,主要内容由以下几部分构成。

(一) 目的及目标

目的是指期望在介入的最终阶段获得较为笼统的、长远的结果。目标则是在中间阶段所要获得的较为具体的、近期的结果。要实现最终目的,一般要先把目的分化,使之成为能够实施的若干子目标,然后通过子目标的完成去实现最终目的。目标常常被看做是实现长远目的的中间结果。例如,某项目将其目标表述为:总目标——通过社区矫正社会工作者的不懈努力,在专业社会工作价值观的指引下,利用专业理论、知识、方法和技术,为社区矫正服务对象及其家人提供服务并与之建立专业关系,促使矫正服务对象在生理上、心理上、思想上和行为上得到治疗,增强与重建其再社会化功能,并营造有利于矫正人员更新改造的家庭和社区环境,促进刑罚制度朝人性化、科学化的方向发展;子目标——明确社区矫正服务对象的问题和需要、社区矫正服务对象法律意识提升、社会生活方式改变、就业能力提高、家庭关系改善、社会适应能力提升等。

(二) 关注的问题与对象

社区矫正社会工作服务计划不仅要确定目的和目标,还要详细说明关注的问题和对象。

关注的问题即介入行动要加以处理、加以改善的社区矫正服务对象社会功能的问

---

[1] 张书颖、曹海英主编:《社区矫正社会工作服务项目操作指南——北京市朝阳区常营社区矫正模式探讨》,知识产权出版社2013年版,第47~48页。

题。社区矫正社会工作服务计划中要明确和详细写出在预估阶段社会工作者和服务对象所共同认定的问题，以便在介入阶段督促矫正服务对象为解决问题而努力。

关注对象主要是指社区矫正工作要介入的焦点，是介入行动要改变的人和系统，一般来说可以包括矫正服务对象个人、矫正服务对象的家庭、矫正服务对象的人际交往群体、矫正服务对象所在的社区等。

(三) 计划的实施策略

每一个关注对象的介入，都必须有相应的实施策略，这个策略主要是指社区矫正社会工作者介入的方法和行动。介入方法可以采取个人辅导、小组活动、社区介入、网络建构和政策倡导等多种方法；介入行动可以是危机干预、物质支持、心理辅导等多种行动。

三、制定社区社会工作服务计划的过程

(一) 第一步：设定目的和目标

社区矫正社会工作者与社区矫正服务对象共同选择和协商矫正目的和目标的工作是一个过程：

1. 确定社区矫正服务对象的需要和问题。在制定计划阶段，社区矫正社会工作者可以通过征询社区矫正服务对象对问题的认识和理解来再次确认双方对问题和需要的理解和认识，以便所制定的目标是社区矫正服务对象所认可的，并已准备好与社会工作者一起努力，积极解决问题。

2. 向社区矫正服务对象解释设定目标的意义。社区矫正社会工作者通过解释让社区矫正矫正服务对象了解设定目标的意义，并明确自己在目标设定中的角色，可以帮助社区矫正服务对象更好地理解该阶段的工作，并增加其对于矫正过程的接受度和参与度，使其对目标产生认同和积极正向的行动反应。

3. 共同选择适当的目标。社区矫正社会工作者可以通过提醒帮助社区矫正服务对象确定其希望如何改变。如果他们在确定目标的时候有困难，社区矫正社会工作者可以提醒他们在问题探讨过程中，逐步发现和确定所希望达到的目标。

4. 清楚地定义目标。在选择好目标后，社区矫正社会工作者需要帮助社区矫正服务对象清楚地表达和定义计划目标，以保证计划的可操作性。

5. 确定目标的可行性并讨论可能的改变和不利结果。以社区矫正服务对象期望达到的行为为介入目标，这样的目标就很具体，又可以与改变前进行对比，同时需要考虑社区矫正服务对象的动机和能力、能够投入的精力和时间、社会工作者的专长等因素。社区矫正社会工作者必须帮助社区矫正服务对象充分考虑目标实现所带来的各种

可能性，包括希望和改变以及潜在的危险。

6. 确定目标并决定目标的先后次序。在建立起社区矫正服务对象认同的目标后，社区矫正社会工作者需要与社区矫正服务对象讨论确定实现目标的优先次序，使目标真正成为矫正服务对象的目标。

(二) 第二步：构建行动计划

当工作目标设定后，接下来社区矫正社会工作者需要与社区矫正服务对象讨论如何通过构建行动计划来实现既定的工作目标。构建行动计划的过程实际上就是选择介入方法和介入系统的过程，是发展有效行动方案、明确任务和责任的过程，也是决策行动的过程。

1. 选择介入系统。在社区矫正服务活动中，"系统"是社会成员之间的相互交流域。如夫妻、家庭、邻居、医患关系、小组、机构、照顾系统等，也包括由这些交流所引发的生理心理过程，如思维、情感等。所以矫正社会工作的介入系统既是前述的关注对象，同时也包括为帮助和协助关注对象解决问题而需要介入的其他社会系统，即宏观社会系统。选择介入系统的依据是根据社区矫正服务对象的需要与问题预估的结果，包括对社区矫正服务对象正式和非正式社会网络与支持系统的分析，来选择和决定正式和非正式社会网络与支持系统的介入策略。一般来说，社会工作的介入系统可以分为个人、家庭、小组、社区及宏观社会系统。社会工作者要根据社区矫正服务对象的需要决定介入的系统

2. 选择介入行动。具体行动是实现目标的手段。根据问题的性质，介入行动可以分为：

(1) 危机干预。当社区矫正服务对象遇有突发性事件时，例如，失业、伤病和天灾人祸等，都需要社区矫正社会工作者立即进行干预，包括通报相关机构、安置和安抚矫正服务对象、进行物资救援等。

(2) 资源整合。制定计划时，社区矫正社会工作者要根据社区矫正服务对象的需要和问题说明要建立和串联的资源网络，包括社区矫正服务对象需要哪些资源、谁能提供这些资源、如何动员资源以及什么时候和怎样使用资源等。

(3) 经济援助。常规性经济援助是对低收入的社区矫正服务对象给予正式制度性帮助；临时性经济援助是当矫正服务对象出现特别需要时提供的帮助，如紧急医疗救助、特别教育补助和临时性物质帮助，以及从非正式社会网络和资源系统获取的资源等。

第四节 介入

社区矫正社会工作的介入是矫正过程中的一个重要阶段，是社区矫正社会工作者和社区矫正服务对象采取行动，按照社区社会工作服务计划帮助社区矫正服务对象改变、解决预估中确认的问题，从而实现社区矫正目标的重要环节。从社区矫正社会工作者的角度来讲，社区矫正社会工作介入是社区矫正社会工作者运用专业的知识、方法与技巧协助社区矫正服务对象系统达到矫正方案目标的过程。因此，社区矫正社会工作的介入可以界定为社区矫正社会工作者为恢复和加强社区社会工作服务对象整体社会功能而有计划、有目的的行动。

一、社区矫正社会工作介入的含义、特点和类型

（一）社区矫正社会工作介入的含义

介入是将已制定的计划付诸实施，在此过程中，社区社会工作者在专业理论指导下，运用专业方法和技巧，发掘和运用服务对象的内在动机和潜能，共同寻找资源解决问题。换言之，社会工作的介入是社会工作者为恢复服务对象的社会功能，与服务对象一起进行的有计划、有目的的行动。

（二）社区矫正社会工作介入的特点

社区矫正社会工作介入有以下特点：

首先，介入是有目的有计划的行动。介入的前提是有一套严密周详的计划，介入是将计划付诸实施，且介入是以提升服务对象能力，解决服务对象问题为目标的。

其次，介入的本质是"干预"。介入的过程和目标是要对服务对象行为和态度进行"改变"，这就是对服务对象当前状态的"干预"。

再次，介入是物质帮助与精神帮助并重。服务对象处于困难状态，往往是物质和精神相互影响，进而造成物质和精神的双重困境。因此社会工作的介入通常不是单一的，而是物质和精神帮助并重。

最后，介入有短期效果和长期效果。人的行为和意识改变，通常不是一朝一夕就可以做到的。因此社会工作介入要根据案主情况，合理规划短期效果和长期效果。

（三）社区矫正社会工作介入的类型

帮助社区矫正服务对象可以有很多不同的介入点，根据社区矫正社会工作者在开展工作和采取行动时涉及的社区矫正服务对象及其环境的不同层面，我们可以把社区

矫正介入分为直接矫正介入、间接矫正介入综合矫正介入。简单地说，直接矫正介入是指针对社区矫正服务对象本人的介入；间接矫正介入是指为改善社区矫正服务对象所处环境而开展的工作；综合矫正介入注重个人和环境，既改变人也改变环境，进而达到双管齐下的效果。

二、社区矫正社会工作介入的原则

社区矫正社会工作介入理论上应该根据预估阶段对社区矫正服务对象需要与问题的认定进行事先的计划，但很多时候也要根据变化了的情况随时调整。其原则如下：

（一）以人为本，案主自决

社区矫正介入要体现以人为本的原则，从社区矫正服务对象的需要和利益出发，并且在决定介入时要有社区矫正服务对象的参与。由社区矫正服务对象决策和参与的介入将会使他们有更大的动机去承担责任和完成任务。

（二）个别化

针对社区矫正服务对象系统的特殊性采取社区矫正介入才能有助于解决问题。

（三）特殊化

对于个人，社区矫正介入应集中在协助社区矫正服务对象完成人生相关阶段的任务上；对于家庭或者群体，社区矫正介入则要考虑与家庭和群体发展的特殊性阶段相应的特殊任务。

（四）共同参与

社区矫正社会工作者不能单枪匹马地采取社区矫正介入行动，要依靠社区矫正服务对象，与他们紧密配合，双方共同参与介入行动，才能最大限度地发挥社区矫正服务对象系统的积极性与能动性。

（五）目标导向

社区矫正社会工作的介入行动应围绕着介入目标进行。

三、社区矫正社会工作介入的方法

（一）社区矫正社会工作个人层面的直接介入方法

社区矫正服务对象具有自己特殊的情况。他们或者长期在监狱生活回到社区后面对新的生活无所适从；或者被判缓刑，其生活方式与原来相比变化不大，但个性上的弱点常常在矫正过程中表现出来。根据社区矫正服务对象所呈现出来的问题，社会工作者可以开展多层面的矫正直接介入，主要有以下类型：

1. 针对心理层面的直接介入。悲观、失望、痛苦是大部分社区矫正服务对象回到社区初期的心理状态，如果社区矫正社会工作者不能对此作出回应，就会影响与社区矫正服务对象专业关系的建立。在对社区矫正服务对象进行初步分析后，社区矫正社会工作者可以通过疏导和改善认知来启发社区矫正服务对象，同时更详细地分析所运用的介入方法和策略，并把社区矫正服务对象在介入过程和介入后的反应以及改变做更仔细的描述和分析。同时，分析在介入过程中反映出的社区矫正服务对象的积极因素，针对实际情况制定切实可行的方案。

2. 针对情绪层面的直接介入。社区矫正服务对象在矫正过程中出现的负面情绪对其行为、生活有比较明显的影响。社区矫正社会工作者在对社区矫正服务对象进行工作目的、意义以及相关政策、工作思路的介绍后，要着重针对其情绪困惑进行辅导和矫正。要对社区矫正服务对象表达充分的同情心，运用倾听、回应、分析等技巧对其进行情绪辅导、同时辅助进行家庭关系调查、生活能力培养、生活困难帮助等方面的介入。

3. 针对性格层面的直接介入。对于社区矫正服务对象来说，其违反法律规定的一些行为在很大程度上与其性格缺陷有极大关系。社区矫正社会工作者在对社区矫正服务对象的辅导和矫正过程中，很大程度也是在帮助对象修正其性格上的缺陷。社区矫正社会工作者要根据社区矫正服务对象的具体情况及时提供情绪疏导，纠正其偏差意念，避免社区矫正服务对象的思想陷入极端，并做出极端行为。同时，社区矫正社会工作者要顾及社区矫正服务对象的自尊，注意运用情绪疏导及表扬的手法。

4. 针对认知层面的直接介入。社区矫正服务对象中部分人员在判决后存在不服从判决、法制观念淡薄、有报复心、对自己和社会看法片面等问题。社区矫正社会工作者着重从认知层面予以矫正帮助。社区矫正社会工作者在刚接触这类社区矫正服务对象时，可能会遇到很大阻力，同时也能感到社区矫正服务对象的压力以及报复心态。社区矫正社会工作者首先应该从法律的角度对社区矫正服务对象进行宣传和分析，并陈述若报复会再次触犯法律及由此可能引起的后果。社会矫正工作者可以向社区矫正服务对象表示可以为其提供法律援助，遇事通过法律渠道解决，最重要的是通过日常管理和教育帮助等措施帮助社区矫正服务对象纠正一些偏激想法和行为。

5. 针对人际交往层面的直接介入。社区矫正服务对象回到社区初期基本上存在着人际交往的缺陷，主要表现为没有朋友。与家人的关系也比较紧张。他们或者孤身一人，或者与家人没有来往，或者家庭关系比较紧张。长期在监狱生活的假释人员以及保外就医对象回到社区后，基本上没有任何社交圈子，大多选择与原来朋友断绝来往的方式以求得太平。缓刑类的社区矫正服务对象，大都保持着与社会的交往，也可能会与原有朋友断绝交往，但他们会在新的工作或生活中建立新的社会交往，建立新的朋友关系。大多数社区矫正服务对象在回到社区初期，也常常面临与家人关系的重塑。社区矫正社会工作者往往运用家庭沟通、家庭结构治疗等技巧和方法，去帮助社区矫正服务对象重建家庭关系。而对于社区矫正服务对象来说，他们也需要从家人的角度去理解服刑对他们带来的伤害，学习修复家人伤害的技巧，学习与家人相处的技巧，学习在家庭环境下生活的方式。

6. 社区矫正服务对象与社区其他工作系统互动层面的直接介入。社区矫正服务对象与社区其他工作系统的互动方式主要是指社区矫正服务对象与社区其他系统，如居委会、社区服务中心、其他公共服务系统等发生交往时所遇到的障碍或局限。通常表现为社区矫正服务对象对现行各类政策和制度不了解、对目前社会运作方式不熟悉、对办理各类事务的方式不适应和处理能力的缺乏，一旦社区矫正服务对象与相关部门发生关系，或者独立办理一些事务，就会出现不适或冲突。这影响了事务的正常办理，阻碍了社区矫正服务对象的社会化联系，也容易使社区矫正服务对象产生逃避或排斥的心态。

社区社会工作者要帮助社区矫正服务对象具体分析情况，通过"回放"技巧的运用，让社区矫正服务对象反思遇事时表现出来的性格特征、行为表现以及处理事务的能力和方式，教会其如何与人沟通、如何办理事务的方式和技巧。

(二) 社区矫正社会工作群体层面的直接介入方法

针对社区矫正服务对象群体的社区矫正直接介入主要是指社区矫正社会工作者针对社区矫正服务对象所面临的共同问题或需要，把他们组织起来，通过小组工作方法的运用，对社区矫正服务对象的共同需要或问题作出回应、辅导或解决。

1. 互动式的小组辅导。社区矫正社会工作者小组辅导过程运用小组社会工作的理念、带领技巧和程序设计，在小组辅导过程中运用小组动力来达到目标，既要增强社区矫正服务对象的服刑意识，也要解决社区矫正服务对象的一些困惑，主要包括两类：一是针对回到社区初期社区矫正服务对象普遍表现出来的自我评价低下和自卑、沮丧等心理状态而开展的增强自信心小组辅导活动；二是针对部分社区矫正服务对象在面临工作时间与参与日常矫正工作时间冲突时的困惑而举办的小组辅导活动。

2. 集中学习方式。社区矫正工作小组应根据社区矫正服务对象的具体情况，制订切合实际的计划，要体现因人而异、因材施教的特点，定期组织社区矫正服务对象参加各种形式的教育学习活动。

3. 互助自助式小组活动。在自助小组中，社区矫正服务对象作为组织者、设计者来策划此活动，矫正工作者仅予以大力支持。在活动过程中要善于发挥社区矫正服务对象的积极作用，发展他们互帮互助的合作关系，把社区矫正服务对象的积极因素视为矫正工作的可利用资源。可以将工作坊的形式运用到矫正工作中，注重社区矫正服务对象的参与和互动，社区矫正社会工作者和社区矫正服务对象在过程中互为主体，共同交流，突破传统的以社会工作者为主，社区矫正社会工作者与社区矫正服务对象主客分离、社区矫正服务对象被动接受的集中学习或其他矫正方式。

(三) 社区矫正社会工作家庭环境层面的间接介入

社区矫正服务对象回到社区后，首先接触和面对的是其家庭环境，不同的家庭环境对社区矫正服务对象的支持或影响也不相同。社会工作者在家庭层面的介入中要有意识地运用一些社会工作的模式，如家庭结构治疗模式。个人的许多问题是由不良家庭交往产生的，只有改变家庭的交往方式才能解决主要的问题。因此要注重改变家庭的结构与交往方式，以发挥家庭的功能，从而使社区矫正服务对象的问题得到解决。

1. 支持型家庭环境的介入。家庭环境好，家人对社区矫正服务对象十分关心和理解，能与社区矫正服务对象一起面对矫正过程中的任何事务。这类家庭对社区矫正服务对象有十分重要的支持作用。社区矫正社会工作者可以把家人的支持与理解视为有利的资源和社区矫正服务对象顺利度过缓刑期的重要支持力量。

2. 沟通方式失当型家庭环境的介入。这类家庭的主要特征是家人对社区矫正服务对象关爱心切，但沟通方式失当，导致家庭关系较为紧张。社区矫正社会工作者在了解社区矫正服务对象家庭情况的基础上去帮助社区矫正服务对象协调与家人的互动方式，提出针对性建议，建立家庭对社区矫正服务对象的支持。

3. 关系紧张型家庭环境的介入。这类家庭的主要特征是家庭婚姻关系还维持着，但家庭成员间不是很和睦，缺乏支持，家庭关系紧张。社区矫正社会工作者着重帮助社区矫正服务对象修复其家庭关系，尽量使家庭对社区矫正服务对象提供关心和支持。

4. 破裂型家庭环境的介入。这类家庭的婚姻和家庭关系面临破裂或已经破裂。社区矫正服务对象面临的一些纠纷或矛盾很难妥善处理，社区矫正社会工作者应协助社区矫正服务对象认真分析、冷静处理，在事务的处理中学习和培养社区矫正服务对象的各种能力。[1]

(四) 社区矫正社会工作社区环境层面的间接介入

社区矫正工作，对于社区矫正服务对象来说是个社会化功能的恢复和改善，对于整个社会来说，则是社会关系的调整。社区层面间接介入的目标在于促进社区关系的

---

[1] 张书颖、曹海英主编：《社区矫正社会工作服务项目操作指南——北京市朝阳区常营社区矫正模式探讨》，知识产权出版社2013年版，第57~58页。

调整和重塑，其主要内容是通过调整和改善社区环境，以促进社区矫正服务对象社会功能的恢复。社区层面介入主要有以下几步：

1. 第一步：建立对社区的基本认识。了解社区是一个具体和系统的工程，包括收集资料、建立对社区的基本认识、了解社区关系及社区资源，等等，主要有以下几方面内容：

（1）社区历史。一个地区的事件和问题与地区居民组织和过往所发生的事情是相关联的。了解社区历史可以帮助社区矫正社会工作者了解该社区居民参与社区事务的基本方式和社区关系特点，便于社会工作者根据该社区特点开展社区层面的工作。

（2）自然环境和设施。自然环境和设施与社区居民的生活及闲暇休息有关，也与社区矫正社会工作者的工作环境有关。社会工作者对于社区自然环境和设施的充分了解，有助于社区社会工作者在社区层面与社区矫正服务对象的联系和开展工作。一般来说，基本的环境资料可以包括区域位置、交通设施、房屋状况、社会服务的提供情况、经济和商业活动等。

（3）居民。由于社区矫正工作的工作目标之一在于发动居民成为社区社会工作者的支持者，同时社区矫正工作也要保证社区安全和居民的利益。在进入社区之前，社会工作者要收集本社区居民的基本资料，建立对本社区居民的基本了解和认识。一般来说，有关社区居民的基本资料包括：人口规模和流动情况、年龄团体的分布和比例、家庭的规模和类型、社交互动和参与、非正式的网络和结构、文化传统和特点、对生活的态度和对所在社区的认识等。

（4）社区组织。在社区中有大量的正式组织，其中有政府组织、准政府组织和非政府组织，如街道办事处、居委会、派出所、社会保障服务中心、文化馆、学校、医院等等。每一个组织都有其特定的目标和工作内容，了解这些组织，对于在矫正工作中发现和整合各类资源有非常重要的帮助，大体包括组织的服务性质和范围、目标、结构、政策、基金提供、工作人员安排、它们与社区和其他组织的关系与交流、拥有的资源等。

（5）社区权力关系。主要是指在社区层面开展活动或组织各类型的社区活动时，主要的权力拥有者和决定者、决定或者决策的方式等。了解这些基本情况，有助于社区矫正社会工作者了解和理解在社区层面开展社会工作的主要适用方式。

2. 第二步：与社区建立关系。在对社区的基本情况了解后，社区矫正社会工作者就要开始与社区建立较为紧密的合作关系。

（1）建立关系的方式。与社区组织和居民建立联系可以有很多方式。通常来说，举办新闻发布会、联谊会、社区宣传、上门拜访、探查、调查、小组工作等都可以起到建立联系的作用。

新闻发布会或者联谊会主要是指由社区矫正社会工作机构出面，组织社区组织的相关居民，通过消息发布、工作者信息通报、合作进程交流、联谊等形式，向有关社区组织和居民介绍社区矫正工作的进程，提出建立关系的希望和要求，促进合作联系关系的建立。

社区宣传是指在一些社区报栏、社区公共场所及社区矫正办公室等准备一些面向社区组织和居民的宣传资料、在社区层面进行宣传。宣传的主题可以根据社区矫正社会工作的需要、建立社区认同和社区支持的需要来设计，目的在于促进社区对于矫正工作的了解、支持与参与。

上门拜访主要在两种情况下开展：一是社区矫正社会工作者进入社区初期，通过上门拜访，认识有关机构人员，同时介绍社区矫正工作的有关性质和内容；二是在社区矫正社会工作的开展过程中，在一些需要具体商谈和合作的工作内容上，社区矫正社会工作者需要同社区组织和居民个人进行较为具体和详细的沟通和交流。

探查主要是社区矫正社会工作者通过举办一些面向有关组织和居民的活动，表达服务社区的意愿、建立与社区组织和居民的联系，以及测试他们对于社区矫正工作的认识和反应。

调查方法是通过问卷、参与观察等形式建立与社区组织和居民的联系。

小组工作形式是通过小组工作方法的运用，帮助社区相关人士建立彼此之间的联系和认同，通过互动建立较为紧密的工作网络，扩大社区矫正工作的社区支持。

（2）建立关系的过程。建立关系是一个过程，社区矫正社会工作者必须明确建立关系的具体目标，以及达成关系建立的步骤。一般来说，建立关系需要在几个方面做好准备：

第一是决定建立关系的范围。由于社区矫正工作的特殊性，社区矫正社会工作者一般是通过派出所、司法所、街道、居委会与社区内的志愿者、楼组长以及相关的某些居民建立合作关系，使得社区矫正工作得到社区居民的支持。

第二是自我介绍。在与有关组织和居民建立社区关系时，工作者必须向对方介绍有关工作、工作机构及工作者自己。由于社区矫正社会工作是一种新生事物，因此在向有关组织和居民做自我介绍时，应该考虑介绍的弹性与详细性。

第三是确立联系的合约。社区矫正社会工作者需要向有关社区组织和居民介绍社区矫正社会工作的具体工作要求和内容，有关组织和居民也应了解社区矫正社会工作的需要，以及对即将承担的相关工作或要求作出一定的承诺。联系的合约可以是口头的，也可以是书面的，视双方能够接受的方式而定，关键是合约本身需要达到的目标必须在关系建立的过程中得到落实。

第四是观察联系的过程。在与社区组织和居民建立关系的过程中,社区矫正社会工作者要随时观察和调整联系的过程,要对已经建立的联系以及合约的履行情况做出及时的评估,并对联系的方式和结果做出及时的修订。

第五是跟进联系。社区矫正社会工作者要向已建立联系的组织和居民及时传达相关信息,告诉他们社区矫正社会工作的进展、工作者的想法和有关资料,鼓励社区组织和居民积极参与并从中获得支持,也鼓励他们参加已在计划中的活动和行动。[1]

3. 第三步:协调和改善社区关系。

(1) 各类社区资源的动员。社区矫正社会工作者在与社区各组织和居民建立关系后,通过动用和整合社区各类资源系统,给予社区矫正服务对象多方帮助,使社区矫正服务对象在融入社区关系方面得到帮助和支持。通过司法机构的协助,社区矫正社会工作机构可以从三个方面动员各类社区资源:首先是通过志愿者队伍建设,为社区矫正服务对象提供一对一的关心和帮助;其次是把楼组长、居委会、治保主任、派出所干警等联结起来,构成帮教网络,给予社区矫正服务对象有益的帮助;最后是通过政府有关协调部门给予资源的多方支持。

(2) 各类活动的组织。社区矫正社会工作者通过组织社区公益劳动等活动,让社区矫正服务对象有机会通过自己的努力服务社区,建立与社区的联系,获得社区居民的承认。社区矫正社区工作者也可以在此非常时期及时组织社区矫正服务对象对社区和社会尽他们的力量。

(五) 社区矫正社会工作社会环境层面的间接介入

社区矫正社会工作社会环境层面的间接介入主要是社区矫正社会工作者帮助社区矫正服务对象落实社会福利政策。如户口安置、办理《劳动手册》、提供就业岗位、争取社会保障政策、发放补助金和协调其他部门共同做好解困工作等。

从社会福利制度层面来看,目前还缺乏针对社区矫正对象的社会保障,特别是最低生活保障政策。社区矫正社会工作者除了进行有关政策的倡导和呼吁外,还应当针对社区矫正服务对象的帮困解难工作与有关部门联系,给予临时的困难救助。

就业也是社区矫正服务对象所面临的主要需求。为满足社区矫正服务对象的就业需求,社区矫正社会工作者可以帮助具备条件的社区矫正服务对象到社区服务中心办理相关手续。社区矫正社会工作者也可建议社区矫正服务对象到居委会就业协议员处登记,推荐就业,或者直接到街道劳动保障部门登记就业,或者社区矫正社会工作机

---

[1] 张书颖、曹海英主编:《社区矫正社会工作服务项目操作指南——北京市朝阳区常营社区矫正模式探讨》,知识产权出版社2013年版,第59~61页。

构直接向有关用人单位推荐就业。一些青少年社区矫正服务对象因案底记录影响就业时，社区矫正社会工作者也可以向有关部门积极反映和协调，以期获得政策方面的关注。

（六）社区矫正社会工作其他方面的间接介入

除了按照家庭、社区、社会环境层面的介入外，也可以对一些特别的社区矫正工作领域进行介入，如志愿者工作、督导制度建设等。

1. 志愿者工作。社区矫正社会工作的重要工作内容之一就是开展志愿者队伍的建设，如充分利用高校、公益机构等的志愿者资源，以及充分利用社区这个平台物色热心于社会公益事业、富有同情心和社会责任感、在社区内或所在单位具有较高威信、有一定文化、善于做他人的思想疏导工作、善于为他人排忧解难的人组建社区矫正志愿者队伍。志愿者工作有两个方面的目的：一方面是为志愿工作者提供自我发展和自我成长的机会；另一方面是能够最大可能地调动社会各方面的资源，弥补政府或专业服务机构资源的不足。

2. 督导制度。建立督导制度的目的在于发展和增强社区矫正社会工作者的专业服务能力，并对社区矫正社会工作者在实际工作中遇到的困难及时予以行政上和情感上的支持。一般来说，社区矫正社会工作者需要根据所在机构的处境和宗旨，根据社会工作专业的要求及社区矫正服务对象的具体情况来提供专业服务。在这个过程中将涉及各部门之间的协调和整合，涉及专业原则和社区矫正服务对象的利益。督导可以保证社区矫正社会工作者向社区矫正服务对象提供符合社区矫正工作要求和社会工作专业要求的适当服务，同时通过对服务的监督和指导确保社区矫正服务对象的权益得到保障。

第五节　评估

社区矫正社会工作评估是指运用科学的研究方法和技术，系统地评价社区矫正社会工作的介入结果，总结整个介入过程，考查社区矫正社会工作的介入是否有效、是否达到了预期目的与目标的过程。通过社区矫正社会工作评估，社区矫正社会工作者不仅要对社区矫正效果、过程进行反思，而且要对社区矫正工作的未来做出相应的工作计划。

一、社区矫正社会工作评估的含义

评估是社区矫正社会工作过程的重要阶段,其目的是考察评价实施过程是否达到了预期目标,是对介入过程的评价和考量。我们可以说,评估是指运用科学的研究方法和技术,系统地评价社会工作的介入结果,总结整个介入过程,考查社会工作的介入是否有效、是否达到了预期目的与目标的过程。社会工作评估具有持续性、互动性、逐步深入、知识指引等特点。[1]

二、社区矫正社会工作评估的类型

根据不同的标准可以把社区矫正社会工作评估区分为不同的类型。

以社区矫正社会工作评估的对象为依据,可以把社区矫正社会工作评估区分为对矫正机构的评估、对社区矫正社会工作者的评估等;以社区矫正社会工作评估的主体为依据,可以把社区矫正社会工作评估区分为由政府实施的评估、由社区矫正机构实施的评估、由社区矫正社会工作者进行的评估等;以社区矫正的目标为依据,可以把社区矫正社会工作评估区分为阶段性评估、过程性评估、绩效评估等;以社区矫正社会工作评估实施的时间为依据,可以把社区矫正评估区分为前期评估、中期评估和后期评估。

此外,还可以根据社区矫正社会工作实施过程中的各类项目进行各类型的项目评估,如对社区矫正服务对象的需求进行评估、对社区矫正服务对象所处社会环境的评估、对社区矫正社会工作的社会影响的评估等。

三、社区矫正社会工作评估的功能

归纳起来,社区矫正社会工作评估的功能主要有如下三个方面:

(一)评价实施效果

把握社区矫正社会工作服务项目的实施过程,考查社区矫正社会工作服务项目的实施效果,这是社区矫正社会工作评估的主要目的所在。一般情况下,无论是社区社会工作者,还是社区矫正机构、政府机构或其他机构都会对社区矫正实施的效果有直观的、经验的认识,如在整体上认为有效果,或效果不大,或没有效果。但必须注意的是,这种直观的、经验的认识只是一种表面的、现象的、凌乱的、没有得到证实的看法,要对社区矫正项目实施的效果有科学、系统、本质的认识,必须经过系统的评

---

[1] 全国社会工作者职业水平考试教材编委会编写:《社会工作实务(中级)》,中国社会出版社2023年版,第62页。

估研究才能得到。

（二）提升服务品质

提高社区社会工作者的工作能力，提升服务品质，这是社区矫正社会工作评估的另一个功能。社区矫正社会工作评估的过程既是一个了解和调查社区矫正社会工作项目实施及其效果的过程，也是社区矫正社会工作者重新反思、总结自己工作的过程，同时还是各种机构及理论研究者与社区矫正社会工作者一起思考社区矫正社会工作项目实施的过程。这使社区矫正社会工作者获得了从机构及理论研究者那里学习的机会。通过这个过程，社区矫正社会工作者不仅要对自己的工作过程做详细的回顾，找出自己存在的问题，提出相应的改变措施，与他人分享自己的成果；而且还要回答自己及他人提出的各种问题和质疑，在这个互动过程中，社区矫正社会工作者的能力必然得到提高。此外，通过对社区矫正社会工作项目实施的过程及效果的整体评估，社区矫正社会工作者、相关机构都会对社区矫正社会工作项目及其实施的效果有一个新的认识，这种认识也必然促进服务质量的提升。

（三）发展专业

社区矫正社会工作评估的另一个重要目的是要通过社区矫正社会工作项目实施过程及其效果评估找到未来工作的基本方向，并进一步发展社区矫正社会工作专业。必须明确的是社区矫正社会工作评估不是为了评估而评估，也不仅仅是为了总结以往的工作而评估。无论是了解社区矫正社会工作项目实施的过程，还是调查社区矫正社会工作项目实施的效果，都是为了通过社区矫正社会工作评估找到未来工作的方向。

四、社区矫正社会工作评估的过程

社区矫正社会工作评估是一个过程，不论是何种类型的评估，从评估过程看，都存在相似性，包括了评估准备期、评估设计期、评估实施期、评估总结期四个阶段。

（一）第一步：社区矫正社会工作评估的准备期

社区矫正社会工作评估准备期主要有以下几项工作：

1. 明确社区矫正社会工作评估的目的。评估的目的不同，评估的基本取向也不会相同，从而使评估采用的方法和指标体系也会不同。在一般的意义上，进行社区矫正社会工作评估的目的主要有两个方面：一是总结以前的工作，二是为未来进一步深化社区矫正奠定基础、寻找深化工作的方向和目标。具体到每一项评估时，社区矫正社会工作评估的目标又存在很大的区别，如有些评估可能是出于加强管理的目的，有些评估是出于为决策提供依据的目的，还有些评估则是出于宣传的目的。因此，明确评估的目的。解决为什么评估的问题成为社区矫正社会工作评估准备期评估者首先要做的工作，也成为整个社区矫正社会工作评估的基础性工作。

2. 确定社区矫正社会工作评估的主体。一般而言，实施社区矫正社会工作评估的主体主要有社区矫正机构、社区社会工作者、督导、督导机构、政府、研究机构等。不同机构所实施的评估，参与评估的主体不同；针对不同项目实施的评估，参与主体也会不同，如阶段性评估参与者，主要是社区社会工作者和矫正服务对象，督导机构或督导有时也会参与阶段性评估。过程性评估的主体具有综合的素质，视评估发起人不同而有所不同，如由社区矫正机构发起的评估，参与者可能主要是社区矫正机构、督导机构、社区矫正机构委托或授权的研究机构等；而由政府发起的评估参与者则可能主要是政府，或由政府委托或授权的研究机构。但不论是否有人发起评估，社区矫正社会工作者都要自觉地在社区矫正社会工作阶段完成后对社区矫正阶段进行阶段性评估，在社区矫正社会工作过程完成后对社区矫正过程实施过程性评估。也就是说，评估应贯穿于社区矫正工作的全过程。

3. 评价社区矫正社会工作评估的条件。在实施评估前需要对能否进行评估的条件进行评价。这种评价包括社区矫正阶段或过程是否完成；评估的理论准备是否完成；评估体系是否建立等。在社区矫正社会工作过程实施中某个阶段还没有完成时，不能实施阶段性评估；在矫正过程本身尚未完成时，也不能进行过程性评估。因为不顾评估的科学要求，强制进行评估，不仅会打乱社区矫正工作应有的秩序，影响社区社会工作者的工作，而且可能对社区社会工作者、矫正服务对象产生不利影响，从而影响社区矫正工作的质量。

(二) 第二步：设计社区矫正社会工作评估方案

社区矫正社会工作评估是科学活动，因而实施社区矫正社会工作评估不能凭借经验或一时的兴趣，而是要在全面准备的基础上，经过严格、科学的设计后进行。因此，评估者在接受了评估任务后，需要设计评估方案、明确评估的问题、方法、程序等方面的问题。社区矫正社会工作评估方案的主要内容包括以下几方面：

1. 评估要解决的问题。社区矫正社会工作评估的目的多种多样，因而评估要解决的问题也各不相同。不能设想一次评估能够把所有的问题全部解决，因而在评估方案中首先就要明确本次评估所要解决的主要问题，并把问题细化。

2. 解决问题的方法和程序。列出评估中用于解决问题的方法和程序是评估人员专业素养和技能的重要表现，也是评估方案中专业性评估和非专业性评估的重要区别所在。因此评估人员在设计评估方案时，应运用有关社会研究工具和技术提出评估中解决问题的方法和程序。

3. 明确评估者参与评估的各方面的关系。在社区矫正评估中，参与评估的人员可能来自不同的部门，如社区矫正社会工作机构、政府部门、研究机构、社区等，而各部门对评估的取向、问题的看法也各不相同，有时这些不同的看法会导致问题的复杂化，影响评估的正常进行。因此，在社区矫正社会工作评估方案设计中，评估人员应明确参与评估各方的关系，提出与参与评估各方互动的方案。

4. 评估成果的主要表现形式。如果评估者是接受评估主体的委托实施评估，在社区矫正社会工作评估完成之后，评估者需要把评估的结果告知委托人。这种告知通过什么方式实现，在评估方案中应有所体现。

(三) 第三步：实施评估方案

当评估方案设计完成后，评估者进入实施评估方案阶段。实施评估方案实际上是按照评估设计的基本程序具体进行评估的过程，是把评估方案转化为具体的行动。因而，实施评估方案在很大程度上与评估方案设计具有一致性和交叉性。许多在实施评估方案过程中进行的活动在所设计的评估方案中应有所体现。

实施评估方案的过程大体如下：

1. 收集和分析评估资料。进行社区矫正评估并不一定是评估者所熟悉的领域。即使是评估者熟悉的领域，对评估者而言，实际的社区矫正过程与矫正项目与评估者所知道的也会存在很大的差异。因此，在制定评估指标体系、实施评估之前，评估者也必须对评估对象进行再研究。这也就是说，评估过程实际上也是一个研究过程。由此，收集和分析相关评估资料成为评估者的第一项工作。

2. 制定评估指标体系。社区矫正是一个复合过程。它至少包括了社区、刑罚执行和社会工作三大方面的内涵。因此，反映社区矫正实质的指标也不可能是单一的，而是一个体系、一个系统。作为一个体系或系统，社区矫正指标包括了众多的方面，这就需要评估者根据评估的目的对评估指标进行筛选。当评估者根据矫正评估的目的筛选一组具有内在联系的指标，并将其有机地组合起来，就形成了所谓评估指标体系。这一评估指标体系必须满足以下几方面的要求：其一，评估指标体系必须反映评估的目的；其二，评估指标的选择必须具有代表性，反映所评估对象的实质；其三，评估指标的选择必须相对完善；其四，各评估指标之间存在逻辑的、有机的联系。

3. 实施评估。在社区矫正评估指标体系及其权数确定后，评估进入实施阶段。在评估实施阶段特别需要注意的一个问题是对实施评估人员的培训。实施评估前的许多准备工作大多由评估的一些主要人员参与进行，而在实施评估时，一些很少参与或没有参与的人员也将进入评估，他们对前期的工作情况并不了解，这就需要对他们进行培训，促使他们较快地进入角色。

(四)第四步：评估分析及总结

通过实施评估，评估人员获得了大量信息和资料，此时，需要对信息进行整理和分析，并在此基础上形成评估报告。

第六节　结案

社区矫正社会工作结案是指社区矫正目标已达成，或其他特殊原因而无法达成社区矫正工作的目标，社区矫正社会工作者与社区矫正服务对象结束专业关系的活动。结案是社区矫正介入过程的结束阶段。

一、结案的含义

结案是当介入计划已经完成，介入目标已经实现，服务对象的问题已经得到解决，或者服务对象已有能力自己应对和解决问题时，社会工作者和服务对象双方根据工作协议逐步结束工作关系所采取的行动。[1]

结案工作是社区矫正社会工作者结束与社区矫正服务对象之间的矫正关系，并对整个矫正过程进行一个回顾和总结，其目的是巩固社区矫正服务对象已有的矫正成果。因此，恰当的结案会使社区矫正服务对象将整个矫正过程中的收获转化为正向的能量，但处理不当，也可能出现前功尽弃的局面，所以结案也是一项重要的工作。

二、社区矫正社会工作结案的类型

正常情况下，社区矫正社会工作结案标志着社区矫正社会工作者和社区矫正服务对象终止接触，此时经过有计划的步骤，介入工作的目标已经实现。换言之，结案时最理想的状况是，在社区矫正服务对象实现了改变目标的情况下结束与社会工作者的关系，然而成功地实现介入目标只是众多终止接触的原因之一，还有其他情况也要结案。概括地说，社区矫正结案有如下类型：

(一) 社区矫正社会工作目标实现的结案

经过评估后，当社区矫正服务对象的问题基本得到解决，其不良心理及行为得以改善，并能够适应社会正常生活，矫正目标得以实现，按照社区矫正社会工作服务计划的规定进入结束阶段。通常，这样的结案，社区矫正服务对象都会表现出满足、喜

---

[1] 全国社会工作者职业水平考试教材编委会编写：《社会工作实务（中级）》，中国社会出版社2023年版，第66页。

悦、自信以及对社区矫正社会工作者的感激，社区矫正社会工作者要对这种积极的心理情绪反应给予关注，以实现其平稳过渡。

（二）社区矫正社会工作活动终止的结案

根据《司法行政机关社区矫正工作暂行办法》第36~39条规定，发生下列情形社区矫正终止，即社区矫正期限届满的；暂予监外执行期满，原批准机关决定收监的；社区矫正服务对象被收监执行或者因重新犯罪被羁押的；社区矫正服务对象死亡的。社区矫正终止，社区矫正社会工作者与社区矫正服务对象的矫正关系就宣告终止，矫正方案也随之结束。

（三）社区社会工作者离职的结案

由于社区社会工作者退休、调离、辞职等情况，应当结束矫正个案。如果社区矫正社会工作者职位变动，并没有离开社会工作服务机构，从伦理责任角度讲，社区矫正社会工作者应当继续完成矫正方案；如果社区矫正社会工作者离开社会工作服务机构，有责任事先计划好如何安排矫正服务对象，协助他们消除情绪反应，以降低伤害；如果社区矫正社会工作者将社区矫正服务对象转给其他社会工作者，应当安排一次三方会谈，对社区矫正服务对象的具体情况、计划进展及将来工作方向及重点进行讨论，以利于其顺利过渡。

三、社区矫正社会工作结案的任务

社区矫正的服务对象因由司法所转介提供，是一种具有法定性的矫正服务关系，结案的目的是为了适时、恰当地结束这种关系。因此，在社区矫正结案阶段，切忌突然结束矫正关系，社区矫正社会工作者要让社区矫正服务对象有充分的思想准备，让其明确真正回归社会的意义和要求。结合社区矫正工作实践及结案的类型，矫正工作结案主要有以下任务：

第一，对社区矫正社会工作目标已经完成的个案，社区矫正社会工作者应与社区矫正服务对象商议结案的具体时间；对未完成社区矫正目标的个案，社区矫正社会工作者要检查矫正目标的完成情况并保持已有的进步，以促进其不断成长。

第二，认真分析和总结社区矫正社会工作的经验和教训，为将来工作提供借鉴。

第三，邀请社区矫正服务对象对社区矫正社会工作及社区矫正社会工作者进行评议，并对矫正效果进行评价。

第四，制定社区矫正社会工作跟进计划，加强社区矫正服务对象的后续服务工作，以保持矫正工作的延续性。

四、社区矫正社会工作结案的过程

社区矫正社会工作方案的顺利结束也需要社区矫正社会工作者运用专业知识和技巧，如控制感情的投入、非评判式的态度、接纳等，可以说结案也是一门艺术。一般来说，社区矫正方案结案的过程包括以下步骤：

（一）调适反应

社区矫正社会工作者与社区矫正服务对象的矫正关系是建立在信任、合作的基础之上，社区矫正社会工作者对社区矫正服务对象提供指导、帮助，必然会使他们之间产生一定的感情。结案不仅是矫正关系的结束，也是感情关系的终止。因此，社区矫正结案必然会对社区矫正社会工作者和矫正服务对象产生积极的或消极的情绪反应。大多数矫正服务对象为自己的问题得到解决或改善而感到高兴，对社区矫正社会工作者提供的服务表示感激，对将来的生活充满信心。但一些社区矫正服务对象会产生悲伤、失落、痛苦等消极情绪，甚至采取极端措施，如恢复原有的不良行为等。这些情绪大多表现在未成年的社区矫正服务对象，或矫正期限过长、导致对社区矫正社会工作者形成依赖的社区矫正服务对象身上。

为了缓解社区矫正服务对象因矫正结案产生的消极情绪，社区矫正社会工作者要审慎处理：①在结案前与社区矫正服务对象回顾一下介入过程，以确定结案的时机是否已经成熟；②提前让社区矫正服务对象知道结案时间，早些做好心理准备；③在结案阶段社区矫正社会工作者要逐渐减少与社区矫正服务对象的接触，提醒社区矫正服务对象要学会自立，给矫正服务对象以心理支持，告诉他们有需要时社区矫正社会工作者将继续提供协助；④社区矫正社会工作者也要警惕一些可能会破坏成果的因素，预防问题的产生，继续提供一些服务，并为社区矫正服务对象提供能够对他们有帮助的资源网络，待稳定了社区矫正服务对象的改变成果时，才最后结束专业助人关系；⑤安排正式的结案活动，让社区矫正服务对象分享各自的收获，以建设性的方式表达感受，相互鼓励，面向未来。

（二）回顾过程

社区矫正社会工作者与社区矫正服务对象在结案前共同追溯矫正过程中发生的重要事件或情景。例如，双方初次见面；为了解决问题，双方做了什么努力；矫正目标是否实现；没有实现矫正目标的原因何在；哪些矫正措施和技巧效果显著；哪些限制性因素影响问题的解决；哪些工作方法值得调整和改善等。

回顾不是简单地再现和重述以往事件，更重要的在于通过回顾进行分析、总结和反省。对社区矫正社会工作者而言，回顾是对社区矫正活动的批判性反思，可以获得矫正经验，为将来提高矫正质量做准备。对社区矫正服务对象而言，回顾可以帮助他们认清自己的变化，比如已经实现了哪些正向转变、取得了哪些成绩、哪些方面仍需改善等，有助于提高他们的分析判断能力，增强对未来生活的信心。

（三）巩固成效

在社区矫正社会工作结案时，大多数社区矫正服务对象的不良心理及行为都会发生不同程度的转化和改变。在回顾过程中，社区矫正社会工作者应当对他们取得的收获给予肯定，并使之得以巩固，以使社区矫正服务对象在结案后仍能将一些正向转变保持下去。根据"人在情境中"的理论，社区矫正社会工作者还要帮助社区矫正服务对象明确他们的社会支持系统，以及可以利用的社会资源，以维持矫正过程中取得的收获。如对矫正期限届满的社区矫正服务对象，社区矫正社会工作者要重点讲解各种社会保障政策，特别是与他们有关的各种帮困扶助政策，如最低生活保障、法律援助、心理咨询、入学就业等。

另外，为了巩固矫正效果，促进社区矫正服务对象继续成长，还要提高矫正服务对象的自我管理和自我监控能力，教会社区矫正服务对象将在矫正过程中学到的分析、解决问题的方法运用到现实生活中，并作出正确的判断和处理，以避免重新犯罪的发生。

（四）讨论目标

在社区矫正社会工作结案时，社区矫正社会工作者应当与社区矫正服务对象一起探讨成长目标及未来生活，并为社区矫正服务对象谋划未来。社区矫正社会工作者列出社区矫正服务对象在社会生活中可能遇到的各种变化，以及如何适应并处理生活中可能出现的新变化。讨论的目的是让矫正服务对象面对困难，做好一定的思想准备，并鼓励他们正确地面对可能遭遇的困难和问题，以树立生活信心。

（五）认真记录

在社区矫正社会工作结案时，社区矫正社会工作者有必要撰写结案登记表。登记表主要内容包括社区矫正过程、社区矫正效果、存在问题及矫正建议等。它不仅是社区矫正过程的回顾，也是社区矫正社会工作者的经验总结。

第七节 跟进

结案并不意味着社会工作服务结束，结案后，社会工作者要在服务结束后的一段时期内定期对服务对象进行回访和跟踪，了解他们的情况和服务需要，这就是跟进服务。跟进服务是结案阶段工作的有机组成部分。

一、跟进的含义

社区矫正社会工作中的跟进服务是社区矫正社会工作者与社区矫正服务对象的专业关系结束一段时间后，社区矫正社会工作者对回归社会后的社区矫正服务对象进行的回访服务，并对回访期出现的情况做出一定程度的处理和回应，是矫正工作的延续。

二、社区矫正社会工作跟进服务的类型

根据专业关系结束方式的不同，跟进可以有不同的类型：

（一）社区矫正社会工作项目结案后的跟进

我们所说的矫正项目结案后的跟进是指根据矫正服务对象的某类需要或问题而建立的矫正项目计划实施完成后，社区矫正社会工作者对矫正服务对象需继续跟进，一方面巩固和维持因矫正项目实施而获得的效果，另一方面也可以根据矫正服务对象的状况制定新的促进矫正服务对象改变的矫正方案。

（二）社区矫正社会工作专业关系结束后的跟进

社区矫正社会工作专业关系结束后的跟进一般指社区矫正服务对象服刑期满，离开矫正系统进入到其他系统后，社区矫正社会工作者的跟进工作。

（三）社区矫正服务对象转介后的跟进

转介是指把社区矫正服务对象从现有机构转介到其他更适合他的机构接受矫正服务。转介后的跟进是指社区矫正服务对象进入其他机构后，社区矫正社会工作者仍需对社区矫正服务对象进行一段时间的跟进工作。但是，转介后跟进这种情况在实际社区矫正社会工作中较少。

三、社区矫正社会工作跟进的必要性

在社区矫正社会工作的跟进过程中，社区矫正社会工作者发现一些解矫的社区矫正服务对象不能保持他们在接受矫正期已获得的成就。其原因主要有以下两方面：一是缺少监督管理和教育矫正的社会环境，往往使矫正服务对象容易恢复以前的状态，特别是开放性社会环境中不良群体对他们的负面影响；二是社区矫正期间收获的正向改变没有得到及时巩固，没有真正内化为矫正服务对象的一部分。因此，开展社区矫正社会工作跟进服务是十分必要的，有利于维持和巩固已获得的矫正效果，也可以对处于困难的矫正服务对象提供必要的帮助。

四、社区矫正社会工作跟进的原则

（一）关怀原则

社区矫正社会工作者在进行跟进服务时，无论社区矫正服务对象是在继续服刑、矫正，还是已出狱或解除社区矫正，均应表现出对他们的真诚关怀，即要表现出真诚地为他们真正成为守法公民、适应社会和有一个美好未来的一种关心、呵护的态度。

（二）责任原则

跟进服务无疑增加了社区矫正社会工作机构的矫正成本，增加了社区矫正社会工作者的工作量。但是，作为社区矫正社会工作的后续性工作，跟进服务无疑是社区矫正机构的职能之一，是社区矫正社会工作者的重要职责和专业责任。

（三）保护原则

社区矫正社会工作者在进行跟进服务时，应当注意保护他们及其家庭的权利；应尊重社区矫正服务对象的人格和满足他们自尊的需要；应注意跟进服务的方式、方法，要以不影响他们的正常学习、工作和生活为基本要求，更不能因为跟进服务的方式、方法的不当，强化社会对他们的歧视、偏见、嘲笑等负面影响。

五、社区矫正社会工作的跟进方式

社区矫正社会工作者根据社区矫正服务对象的不同情况，可以安排相应的跟进服务。矫正跟进的方式主要有回访、电话、信件、走访等。

社区矫正社会工作者与矫正服务对象的面谈或交流不必过于正式，应当营造一个轻松的氛围，以缓解矫正服务对象的紧张情绪。谈话的主题应当围绕解矫后的现状、思想及行为表现的变化进行。

社区矫正社会工作者还可以与社区矫正服务对象周围的社会成员进行沟通，了解矫正措施是否起作用、程度如何，以及社区矫正服务对象的现实表现，等等。

在社会基层坚持和发展新时代"枫桥经验"，完善正确处理新形势下人民内部矛盾机制。

——2022年10月16日，习近平总书记在中国共产党第二十次全国代表大会上的报告

第八章 社区矫正个案社会工作

在社区矫正执行过程中，不同社区矫正对象的犯因性问题、矫正期间出现或面临的问题都不尽相同，一些问题是矫正对象自身难以解决的，运用个案工作方法针对不同矫正对象采取不同的矫正方法，可以有效促使其顺利回归社会，成为一名守法公民。《社区矫正法》第3条规定："社区矫正工作坚持监督管理与教育帮扶相结合，专门机关与社会力量相结合，采取分类管理、个别化矫正，有针对性地消除社区矫正对象可能重新犯罪的因素，帮助其成为守法公民。"第11条规定："社区矫正机构根据需要，组织具有法律、教育、心理、社会工作等专业知识或者实践经验的社会工作者开展社区矫正相关工作。"这些规定在法律上为社区矫正个案社会工作的开展提供了法律保障。

第一节 社区矫正个案社会工作的基本概念

个案社会工作是社区矫正社会工作常用的重要方法之一，是指以个人或家庭为服务对象，对其开展的社会工作助人活动。

一、个案社会工作

(一) 个案社会工作的概念

个案社会工作,简称个案工作,是与团体(小组)社会工作、社区工作并列的社会工作三大直接服务方法之一。随着社会变迁速度的加快,个人或家庭在社会生活中常常会遇到很多社会适应性问题,如贫困、失业、疾病、人际关系紧张、工作压力大、家庭破裂、吸毒、酗酒等。当这些问题超出了他们本身的力量所能解决的限度时,需要寻求社会专业人士的帮助。个人或家庭面对的问题不同,产生这些问题的原因也各不相同,解决问题的途径和方法也是多种多样的。有些问题并不是靠社会制度或社会政策的制定就能预防和解决的,而是需要运用各种社会工作的方法帮助个人或家庭挖掘其发展潜能,端正社会角色的认识,满足社会生活上的需求,调整社会生活环境,以增强个人或家庭的社会适应能力。社会工作者协助人们处理各种社会适应问题的方法有很多,其中社区工作以整个社区为主要对象,小组工作以小团体为主要对象,个案社会工作则以个人或家庭为主要对象。[1]

个案社会工作是专业的社会工作者通过与案主一对一的方式,运用专业能力帮助案主发现自身存在的问题,通过挖掘案主个人潜能,协调社会资源,改善案主所处的环境以增进其解决问题的能力。同时,个案社会工作还包括面向以家庭为单位的个案工作,部分案主的问题主要来自其自身家庭问题,这时要重点探索家庭结构、家庭关系或家庭互动模式出现偏差产生的问题,从家庭的角度入手开展个案工作。

(二) 个案社会工作的特点

相对于社会工作的其他工作方法而言,个案社会工作的特点可以概括为以下几点:

1. 个案社会工作的助人自助性。个案社会工作中的助人自助指的是培养发挥人的潜能,培养人自己解决问题的能力。在个案社会工作实践中,案主问题产生的原因是复杂多样的,如果仅仅是简单地替代案主解决问题,那么往往难以从根本上解决问题。类似于我们国家的扶贫工作,不是简简单单地送钱送物、一时脱贫,而是针对不同的贫困群体,通过发展产业,培养困难群众的劳动意识,提升劳动技能,给予一定的支持等方式,使其可持续地发展自身,从而达到脱贫的目的。

2. 工作者与案主关系的特殊性。个案社会工作者与案主之间是一种专业的关系,不是其他的私人关系。在个案社会工作过程中,工作者与案主的专业关系体现在:个案社会工作者作为达到一定目标的社会工作机构的代表,是肩负特定使命、执行社会

---

[1] 翟进、张曙编著:《个案社会工作》,社会科学文献出版社2001年版,第3页。

职能的专业人士，个案社会工作者与案主的关系是为达到解决案主生活适应上的困难这一特定的目标而结成的专业关系。工作者与案主友好关系的形成只是手段而不是目的。目标一旦达成，专业关系就宣告结束。在专业工作过程中，工作者必须明确自己在专业关系中的职责和角色，运用一整套个案社会工作的技术方法，以案主为中心，为案主提供专业性的服务，从而达到专业服务的目标。[1] 同时，个案社会工作者在与案主的互动过程中，必须遵循社会工作的伦理价值。

3. 工作对象的差异性。个案社会工作的对象是个人或家庭，就像世界上没有一模一样的两片树叶，每个人或家庭都有各自的特点，他们面临的问题或困难也是不同的。因此，个案社会工作者面对的工作对象是不同的，个案社会工作者不能机械笼统地去处理案主的问题，而是要用个别化的方法，在尊重个体差异性的前提下，灵活应对案主的问题。

4. 工作方法的专业性。个案社会工作是以社会工作专业知识为基础，用严谨的科学方法观察案主的状态，确定案主的问题，采取个别化工作手法帮助案主解决问题。首先，工作者直接帮助案主调整心理状态，激发案主潜能，改变案主行为。其次，通过整合案主自身的潜在资源，联系其他物质资源、信息资源、人际关系资源等有效社会资源，改进其遭遇和社会处境，从而更好地促进案主改变和成长。个案社会工作者和案主的关系是一种专业的关系，个案社会工作者和案主良好关系的建立仅仅只是一种工作手段，而非目的。随着案主问题的解决，工作者和案主良好关系也将随之结束。因此，个案社会工作的手段和方法具备专业性特点。[2]

二、社区矫正个案社会工作

（一）社区矫正个案社会工作的概念

社区矫正个案社会工作，指基于刑事个别化原则，社区矫正机构根据矫正对象的不同犯罪因素、心理行为特点、人身危险性等问题，运用个案社会工作方法对矫正对象进行治疗、调适、干预和教育等，以达到特定矫正目的的专门活动。社区矫正个案社会工作是依法为社区矫正对象提供带有社会福利性质的专业服务。社区矫正个案社会工作者的主要任务是开展社区矫正对象的个案矫正工作。

一方面，个案矫正工作贯穿社区矫正社会工作的始终。由于矫正对象自身在认知、情绪、行为等方面都存在或多或少的问题，因此通过个案矫正的方法对其进行个别化介入是社会工作服务最重要的环节之一。另一方面，个案矫正也包含着以家庭为个案

---

[1] 翟进、张曙编著：《个案社会工作》，社会科学文献出版社2001年，第16页。
[2] 郑轶主编：《个案工作实务》，中国轻工业出版社2014年版，第21页。

开展的矫正社会工作的介入,家庭作为矫正对象的重要生活环境,是对矫正对象影响最大的初级群体,很多矫正对象面临的问题和困境都与其所处的家庭环境有很大的关系,开展面向家庭层面的个案矫正对矫正对象的矫正也具有重要的意义。[1]

社区矫正个案社会工作的开展,要系统运用个案社会工作的方法。一是接案。即在遵循个案社会工作基本原则的前提下与矫正对象建立专业关系,通过收集整理相关资料,评估后确立矫正对象的问题。二是制定矫正目标和计划。在这个阶段要综合运用可能的矫正手段,如行为矫正、心理治疗、技能培训、法治教育、道德教育等,针对矫正对象的具体问题制定具体的矫正措施,确定个案矫正方案。三是实施矫正计划。根据制定的个案矫正方案运用个案社会工作方法开展矫正工作。在这一阶段,针对矫正对象的问题,除运用常规的个案矫正方法(包括个别教育、面谈、思想汇报等)外,还可以选择人本治疗模式、认知行为治疗模式、家庭治疗模式等个案社会工作模式开展矫正工作,核心在于增进矫正对象解决问题的能力。四是评估。由社区矫正机构组织进行阶段性或结案评估,阶段性评估用于一个矫正阶段效果的评定,可根据评估结果调整个案矫正方案;结案评估用于解矫前,是对整个矫正期间各项工作的总结评定。五是结案与跟进。评估之后,个案矫正需要进入结案阶段,结案并不是个案矫正的终结,还需要为矫正对象提供后续的支持,对矫正对象定期进行回访等形式的后续跟进。

(二) 社区矫正个案社会工作的特点

1. 机构的专门性。《刑事诉讼法》第269条规定:"对被判处管制、宣告缓刑、假释或者暂予监外执行的罪犯,依法实行社区矫正,由社区矫正机构负责执行。"《社区矫正法》第9条第1款规定:"县级以上地方人民政府根据需要设置社区矫正机构,负责社区矫正工作的具体实施"。结合上述法律规定,社区矫正个案社会工作的开展主体只能是社区矫正机构,其他任何单位、社会组织和个人等社会力量只能在社区矫正机构的领导下参与社区矫正工作,因此,社区矫正个案社会工作机构具有专门性的特点。

2. 工作对象的特定性。社区矫正个案社会工作的对象是被判处刑罚在社区执行的人员。结合《刑事诉讼法》和《社区矫正法》的规定,其工作对象只能是被判处管制、宣告缓刑、假释和暂予监外执行的罪犯,其他人员不能成为社区矫正个案社会工作的对象。

3. 工作主体的特定性。我国《社区矫正法》第10条规定了社区矫正机构应当配备具有法律等专业知识的专门国家工作人员,履行监督管理、教育帮扶等执法职责。第11条规定社区矫正机构根据需要,组织具有法律、教育、心理、社会工作等专业知识

---

[1] 范燕宁等编著:《社区矫正社会工作》,中国人民公安大学出版社2015年版,第102页。

或者实践经验的社会工作者开展社区矫正相关工作。根据上述法律规定可以看出,社区矫正工作的主体是社区矫正机构工作人员和在其指导下开展工作的社会工作者。在矫正工作中,他们拥有教育者、管理者和服务者三重角色。

4. 矫正时间的特定性。社区矫正个案社会工作的时间是确定的,即只能在社区矫正期间实施。社区矫正对象在矫正期间重新犯罪或被撤销缓刑、撤销假释,重新收监执行的,即使社区矫正个案社会工作没有完成,也必须终止。同时,社区矫正对象矫正期满解除矫正的,社区矫正个案社会工作没有完成的也要终止。

5. 工作目的的特定性。社区矫正的根本目的是使矫正对象融入社会,预防和减少犯罪,维护社会的稳定,最终使社区矫正对象成功回归社会,成为守法公民。社区矫正个案社会工作也是为这一目的而服务的,即通过个案工作方法,激发矫正对象的潜能,改善矫正对象所处环境,有针对性地消除矫正对象重新犯罪的因素,帮助其成为守法公民。

6. 工作关系的专业性。社区矫正个案社会工作是以社区矫正关系为基础进行的一项专门活动,社区矫正社会工作者对社区矫正对象实施个案社会工作是在依法管理的基础上进行的,个案社会工作者是肩负使命、执行矫正职能的专业人员,是代表社区矫正机构而开展工作的。社区矫正社会工作者与矫正对象的关系是为实现矫正对象顺利融入社会、预防和减少犯罪的目标而结成的专业关系。[1]

7. 工作内容的特定性。社区矫正个案社会工作者的主要工作内容是特定的,即通过对矫正对象引发犯罪行为的生理、心理和环境等问题进行分析,从而寻找社区矫正对象产生犯罪行为的原因,针对发现的犯因性问题采用个别化的矫正方案,促进社区矫正对象纠正自身问题,从而达成回归社会的目标。

(三) 社区矫正个案社会工作的基本要求

1. 自助与助人相结合。社区矫正个案社会工作不是直接代替社区矫正对象解决引发或可能引发犯罪的问题,而是通过和社区矫正对象一起寻求改善或消除问题的途径和方法,使其自主决定并按照个案矫正方案进行自觉行动,促进其身心健康,增强其社会适应能力,改变不良行为。

自助是社区矫正个案社会工作的本质特征之一。引发或可能引发矫正对象犯罪的问题,是矫正对象在生命历程和社会生活中的各种变量引起的,受个人情感和心理因素的支配,具有个性主体化的特征,因而不能由别人包办或者代替。强制矫正是必要的,但自主或自觉接受矫正,则是实现矫正对象成为守法公民这一目标的重要内在因

---

[1] 吴艳华、李明宝主编:《社区矫正对象个案矫正》,中国人民公安大学出版社2020年版,第6页。

素。同样，只有在矫正对象自主或自觉的前提下，社区矫正机构才能激发其内在解决问题的潜能，从根本上消除其引发或可能引发犯罪的问题。正如美国宾州大学教授奥多·雷恩克所主张的，人的行为受个人意志的影响，一个人如果有了坚强的意志，他就可以控制和组织自己的行为。

助人是个案矫正的另一重要本质特征，也是个案矫正的重要功能之一。矫正对象之所以犯罪，往往是因为其在社会生活中存在着生理、心理等方面先天或后天的疾病，心理失调或对环境的不适等问题。因此，社区矫正机构应当通过建立专业或职业化矫正工作者队伍，建立相应的制度、物资、精神等支持系统，在矫正对象自觉自愿的前提和基础上，通过提供相应的资源、行为方式或心理动机，强化矫正对象的社会生活适应能力，促进其再社会化。目前，社区矫正机构采取了多种社会适应性帮扶措施，帮助社区矫正对象解决生活上的困难、心理上的问题、发展中的困惑等，取得了较好的法律效果和社会效果，也进一步激发了矫正对象自觉接受矫正的动机和积极性，这无疑有助于消除矫正对象的犯罪心理或引发犯罪的原因，预防和减少其重新犯罪的发生。[1]

2. 专业化与社会化相结合。首先，开展社区矫正个案社会工作从法律意义上讲是社区矫正机构的职能，专门的机构决定了社区矫正个案社会工作具有特定的职业性。其次，开展社区矫正个案社会工作需要具备一定法学、犯罪学、社会学、心理学、教育学、社会工作等专业知识作为基础。最后，社区矫正个案社会工作中工作人员与矫正对象是一种专业关系，一旦矫正解除或矫正终止，他们的关系即告结束。通过社区矫正个案社会工作的职业性、学科专业性及关系专业性可以看出，社区矫正个案社会工作是一项专业化的矫正活动。

社区矫正机构可以运用的矫正资源是有限的，并且社区矫正活动需要一定的社会力量和国家专门机关的协助，因此客观要求了社区矫正个案社会工作要重视社会化。首先，社区矫正对象是置于社区中进行矫正教育的，这就需要社区、村委会等其他机构的支持。其次，社区矫正机构无法直接改变矫正对象所处的环境，需要相应的福利机构给予一定的支持。最后，在社区矫正个案社会工作中，家庭的支持也是必不可少的，社区矫正对象家庭的支持，对其自愿和自觉接受矫正具有积极的促进意义。

我国社区矫正法以法律的形式鼓励社会力量参与社区矫正工作，所以，在开展社区矫正个案社会工作过程中，个案工作者在发挥自身专业能力的同时，也应多方听取群众的意见，充分运用社会资源，建立起良好的社会支持系统。

---

[1] 吴艳华、李明宝主编：《社区矫正对象个案矫正》，中国人民公安大学出版社2020年版，第8~9页。

3. 以人为本，教育为先。现代行刑理论凸显人道主义和人性化，社区矫正也是一项刑罚执行活动，在开展社区矫正个案社会工作中要坚持以人为本，教育为先。以正面引导教育为主，争取获得矫正对象的最大限度的配合，从而达到纠正恶习回归社会的目的。当然，社区矫正活动中也不乏惩处和管束的措施，但这些惩处措施是辅助手段，很大程度上起着警诫与教育的作用。

4. 个别化矫正。社区矫正个案社会工作是社区矫正法个别化矫正的具体体现。承认并尊重社区矫正对象的个体差异性是开展社区矫正社会工作的前提，每个社区矫正对象的成长经历和行为习惯不同，刑罚种类和期限不同，心理和身体健康状况不同，引发犯罪原因的犯因性问题也不尽相同。所以，在开展社区矫正个案社会工作时应因人而异，根据每个人的实际情况和需要，制定个别化的矫正方案。在建立矫正个案过程中，要把每一个人看做是唯一的、不同的个体，制定矫正方案时，针对不同对象，拟定不同的矫正意见和措施，采取个别化矫正的方式。

(四) 社区矫正个案社会工作的功能

社区矫正个案社会工作的功能是由社区矫正的目的、个案社会工作的作用共同决定的。主要功能如下：

1. 矫正功能。社区矫正作为一项刑罚执行活动，其目的在于矫正社区矫正对象犯罪心理和行为恶习，促进其顺利回归社会。社区矫正个案社会工作通过专业的理论、知识、方法和技巧，从社区矫正对象的心理、生理、思想、行为、家庭结构等多方面对其进行专业的介入和干预。在我国社区矫正实践中，社区矫正机构一般通过公开招聘、政府购买服务或者项目委托等方式，组织社会工作者参与社区矫正工作。社会工作者既参与对社区矫正对象的监督管理，也参与对社区矫正对象的教育帮扶，协调有关部门开展心理辅导、就业培训、协助申请社会救助、社会保险、法律援助等工作。这些工作实质上都是针对社区矫正对象开展的一系列矫正活动。因此，社区矫正个案社会工作在社区矫正工作中具有矫正功能。

2. 服务功能。在社区矫正活动中，社区矫正对象属于弱势群体，个案社会工作者通过生活照料、经济支持、疾病医治、就学就业指导、家庭关系调适，以及个人的心理、认知、行为、人际关系、社会适应等多方面的服务改善社区矫正对象的生活环境，改变社区矫正对象的生活态度、行为方式、心理动机等。这些活动普遍具有一定的福利服务性，因此，社区矫正个案社会工作具有服务功能。

3. 维护社会稳定功能。社区矫正个案社会工作具有维护社会稳定的功能，主要体现在以下四个方面：一是社区矫正的目标是使矫正对象顺利融入社会，预防和减少犯罪，维护社会的稳定，社区矫正个案社会工作者同样是以达成这一目标而开展工作的。

二是社区矫正对象的重新犯罪率一直处于较低水平，这个结果与社区矫正个案社会工作的良好开展有密切联系。三是社区矫正个案社会工作通过帮助矫正对象解决其个人或家庭的困难，使其感受到党和政府的温暖，感受到社区矫正机构的关心和关怀，在一定程度上消除了社会不安定因素，维护了社会秩序。四是通过预防矫正对象或其家庭新问题或困难的产生，可以使其免遭痛苦，避免极端行为的产生，从而起到预防其重新走上犯罪道路的作用。

第二节 社区矫正个案社会工作的主要模式

社区矫正个案工作服务的设计和开展，需依据一定的模式。在实践中，常用的社区矫正个案社会工作包括心理社会治疗模式、行为治疗模式、理性情绪治疗模式、任务中心模式、危机介入模式、人本治疗模式、结构式家庭治疗模式等。

一、心理社会治疗模式

（一）基本理论

1. 基本假设。心理社会治疗模式是理论内容相对丰富的一种治疗模式，其理论思想主要由以下几种假设构成：

第一，人在情境中。"心理社会"这个名词是指人是由生理、心理及社会各部分组成，而其中的互动作用更促成各部分之间不断的彼此影响。换言之，个人的心理发展受其所处社会环境和生理状态影响。个人的生理和心理发展，人际关系和个人与环境的关系都是重要的研究范围。基于此观点，心理与社会治疗法借用了"人在情境中"这个系统论的概念。"人在情境中"认为人不能被看作一个完全独立的个体，研究一个人，一定要同时了解他所处的环境，即他的家庭、学校、朋友、工作场所等在社会中的状态。

第二，个人过去的成长经历对当前状况的影响。个人过去所经历的事物，所持的观念，所学的技巧、知识和态度都会有意无意地影响着个人当前的一切。因此，了解矫正对象的早年经历对了解他的现状有很大的帮助。与此同时，心理与社会治疗模式也强调了个人的自我调节功能，这也就是说，心理与社会治疗模式不但探索问题的背景和成因，也重视矫正对象人格的强度。

第三，个人与环境的互动，个人的家庭和社会角色，对超我和自我理想的建立都有着重大意义。霍利斯十分看重沟通，她认为既然个人与他人互动，沟通便成为不可或缺的媒介。而个人的自我强度、自我防卫机构及理解力等因素，对个人沟通技巧的优劣，都有决定性的影响。

第四，每个人都被视为有价值和有发展潜质的个体。心理与社会治疗模式的宗旨是要协助个人达到健康的发展，并充分运用个人的潜力。[1]

2. 基本原则。在应用心理与社会治疗模式进行辅导时，社区矫正个案社会工作者应遵循下列的原则：

第一，个别化原则。即将社区矫正对象看成独特的个人，重视矫正对象对待困难和问题的感受与看法。

第二，接纳原则。即承认社区矫正对象有自由表达情感的权力，投入地倾听，既不阻止，也不责备。

第三，自决原则。即承认社区矫正对象有自己选择决定的权力。

第四，非评判的原则。社区矫正个案社会工作者的角色是了解和帮助社区矫正对象，而不是对社区矫正对象作出是非对错的评判。[2]

（二）实施程序

心理社会模式有其独有的、不同于其他模式的实施程序，该程序可分为四个阶段：开始接触，心理社会研究，诊断，治疗。这四个阶段在实际工作中是紧密联系、不可分割的。例如，在开始接触阶段，工作者和案主进行接触的同时，已经在尝试作心理社会研究和诊断。即使到了最后治疗阶段，也离不开心理社会研究，只是各个阶段的工作重点有所不同。[3]

1. 开始接触。一般而言，社区矫正个案社会工作者与矫正对象的首次接触是始于初次会谈。首先，在本次会谈中，社区矫正个案社会工作者应向社区矫正对象介绍社区矫正个案社会工作的基本内容；其次，社会工作者要尽量通过此次会谈收集社区矫正对象目前存在的问题和困难，掌握他们的需求。

初次会谈结束后应与社区矫正对象建立专业关系。在建立关系时，社会工作者应取得社区矫正对象的信任。为了获得社区矫正对象的信任，社会工作者可以开展一些前期准备工作，通过会谈、安慰等方式适当减轻社区矫正对象焦虑不安的情绪。一些社区矫正对象刚开始会出现不认罪、不悔罪的思想，这些问题实际上是社区矫正对象难以通过自我认识来发现的，工作者可以适当的通过法治教育、思想教育等方式引导社区矫正对象将遇到的困难和自己可能的行为缺陷联系起来，但一定要注意观察矫正

---

[1] 王斌主编：《个案工作》，中央广播电视大学出版社2008年版，第76页。
[2] 王斌主编：《个案工作》，中央广播电视大学出版社2008年版，第77页。
[3] 翟进、张曙编著：《个案社会工作》，社会科学文献出版社2001年版，第180页。

对象对这种联系的反应,当矫正对象反应比较激烈时则立即停止。

完成前述工作后应签订服务协议。服务协议的主要内容包括服务的方法、性质、目标,明确社区矫正个案社会工作者、社区矫正对象、社区矫正机构各自的权利与义务,初步的治疗计划等。

2. 心理社会研究。心理社会研究的第一步是资料的收集,该模式以"人在情境中"理论为依据,要求全面收集与矫正对象有关的心理、社会等各方面的资料,其中包括了解矫正对象对自己问题的看法,是否尝试处理过这些问题,追溯矫正对象的童年及成长过程中的经历、价值观念及如何看待自己等。第二步是了解矫正对象各种意识和无意识状态上的满足和不满足的不同感受。其关心的重点仍应放在意识层面而不是无意识层面。第三步是协助矫正对象进行自我发现,了解自己在行为方面可能存在的缺陷及这些缺陷对面临问题的影响。第四步是将各方面的资料综合起来进行分析,确立下一步诊断的方向。[1]

3. 诊断。心理与社会治疗模式的诊断,是指除了对社区矫正对象进行社会因素的分析以外,还要进一步以精神分析理论来诊断矫正对象的人格或心理问题,并对矫正对象的受助意愿、接受服务的能力进行预估。

心理与社会治疗模式的诊断主要内容包括:

第一,对矫正对象目前所呈现的问题及形成因素的分析。

第二,对矫正对象的家庭环境与家庭因素的分析,包括对家庭心理动态因素的分析。家庭心理动态因素指父母对子女的教育态度、夫妻关系状况及其对子女的影响、子女之间的关系、子女的价值观念以及其他的特殊问题与表现。

第三,矫正对象个人生活经验与行为特质的分析,包括其常用的心理防卫法及其评价。

第四,矫正对象对接受协助的意愿与运用能力的评估。

第五,心理社会诊断摘要剖析,对矫正对象的服务或治疗计划的拟定。在拟定计划内容时,应考虑到以下有关事项:社区矫正个案社会工作者所属机构的主要功能;矫正对象的各种需要;社区矫正个案社会工作者的专业职责;社区矫正个案社会工作者的专业技术与水平;其他特殊需要考虑的事项。

根据霍利斯的观点,诊断是指通过整理、归纳、分析研究中所收集的资料,推断案主的人格或心理问题。霍利斯把诊断分为三类:心理动态诊断、病因诊断和分类诊断。

---

[1] 吴艳华、李明宝主编:《社区矫正对象个案矫正》,中国人民公安大学出版社2020年版,第231页。

第一，心理动态诊断。心理动态诊断是指对矫正对象的本我、自我和超我的三部分人格作横向的动态分析，以了解其人格的内部动力联系。虽然矫正对象的心理困扰是人际关系失调的结果，但矫正对象的心理困扰也会反过来影响其人际关系。精神分析学认为，健康人格是本我、自我、超我均衡的状态。因此，对矫正对象的心理动态进行诊断是心理与社会治疗模式的重要诊断内容。

第二，病因诊断。病因诊断是指对矫正对象过去和现在的心理因素和人际关系失调进行纵向分析，以便把握矫正对象问题产生的内在逻辑。心理动态诊断是从心理结构横向进行现实诊断，以平面的方式诊断矫正对象的现状；而病因诊断则涉及矫正对象过去的经历，是从矫正对象过去的经历中研究导致问题产生的原因。

第三，分类诊断。分类诊断是指对矫正对象的各方面问题分别进行分析评估，以便全面把握矫正对象心理困扰和人际关系失调的原因。心理与社会治疗模式认为矫正对象心理困扰和人际关系失调是生理、心理和社会三方面综合造成的，不能只从一个方面或几个方面分析。分类诊断就是把矫正对象个人方面的功能按生理状况、情绪状况、社会功能状况分类，并分别作出临床评估。[1]

4. 治疗。治疗是指社区矫正个案社会工作者运用专业的方法对社区矫正对象的问题进行修正的过程，通过修正促使矫正对象问题的解决和个人的发展。

心理社会治疗模式的治疗范围主要包含五个方面：

第一，减轻矫正对象的焦虑和不安。

第二，减轻矫正对象"人在情境中"系统的功能失调。

第三，增强矫正对象的自我适应功能。

第四，挖掘矫正对象的潜能，增强矫正对象的自我实现需要。

第五，改善矫正对象所处的环境，促进矫正对象的全面发展。

5. 治疗技术。霍利斯按照沟通方式及参与人员的不同，将心理社会治疗模式分为直接治疗和间接治疗两种类型。

（1）直接治疗。直接治疗指社区矫正个案社会工作者与社区矫正对象直接进行沟通、诊断及治疗的过程，直接治疗主要有非反映沟通动力与反映沟通动力两种技术。

非反映性沟通动力技术是指社区矫正个案社会工作者直接向矫正对象提供各种帮助，而矫正对象只处于服从者的地位。非反映性沟通动力技术包括支持，直接影响，探讨、描述和宣泄。支持的核心是通过工作者了解、接纳、同感和信任等技巧削弱矫正对象的焦虑和不安。直接影响是指工作者通过直接表达自己的态度和意见促进矫正

---

[1] 王斌主编：《个案工作》，中央广播电视大学出版社2008年版，第78~79页。

对象不良行为的改变和心理困扰的消除，从弱到强分别有强调、提议、忠告、坚持和干预五个直接影响技术。强调是指工作者通过突出矫正对象好的方面增强其改变的积极动机；提议是指工作者根据矫正对象的实际情况提出某些建议，由矫正对象自身决定是否需要接纳；忠告是指工作者向矫正对象提出某些工作者认为必须采取的行为；坚持是指工作者直接指出矫正对象的不良行为可能导致的严重后果，并指导矫正对象采取积极有效的措施；干预是指工作者直接介入矫正对象的实际生活，以避免求助者生活状况的恶化。探讨、描述和宣泄是指工作者通过矫正对象的描述和解释探讨矫正对象的问题，并为矫正对象的情感宣泄提供机会，以便疏导矫正对象的情绪冲突，改变矫正对象的不良行为。

反映性沟通动力技术是指社区矫正个案社会工作者通过改善外部环境或者辅导第三者，从而间接影响、帮助社区矫正对象。包括现实情况反映、心理动力反映和人格发展反映三种类型。现实情况反映是指工作者通过一些专门的治疗技巧协助矫正对象对其目前所处的外部环境以及内心困扰做出正确的理解和评价。心理动力反映是指工作者协助矫正对象认识、理解自己的心理反应倾向，分析自己内心的反应方式。这里工作者需要指出矫正对象经常采用的不良反应方式，引导矫正对象对自己的问题进行分析，找到自己问题产生的原因以及发展的具体过程。人格发展反映是指工作者帮助矫正对象重新认识和评价自己的早年童年经历，调整矫正对象的人格发展。

（2）间接治疗。间接治疗的核心是希望通过改善社区矫正对象所处的外部环境来促进矫正对象不良行为的改变。社区矫正对象所处环境中最重要的就是与他们产生关系影响的人，主要有父母、朋友、亲属、邻里、同事和矫正工作人员等。

在间接治疗中，社区矫正个案社会工作者要扮演多重角色。根据霍利斯的观点，我们认为主要有以下几种：一是提供者。社区矫正个案社会工作者以社区矫正机构工作人员的身份向个案矫正对象提供资源。二是找寻者。社区矫正个案社会工作者对社区矫正对象的问题作出评估，并为其寻找合适的资源。三是创造者。社区矫正个案社会工作者为个案矫正对象重新创造资源。四是传译者。社区矫正个案社会工作者向有关人员介绍社区矫正对象的问题和需要，并向有关人员应采取的行动提出建议。五是联络者。社区矫正个案社会工作者运用直接和间接治疗的技术，与矫正对象的关系影响人交涉，以使矫正对象的需要得到保障。六是行动者。如果社区矫正个案社会工作者充当中间人的角色不成功，那么工作者可以和矫正对象一起讨论决定是否采取进一步行动以争取矫正对象的权益。[1]

---

[1] 吴艳华、李明宝主编：《社区矫正对象个案矫正》，中国人民公安大学出版社2020年版，第240页。

二、行为治疗模式

行为治疗模式是个案社会工作中极有特色的一个模式,它与重视治疗中专业关系运用的人本治疗模式以及偏重早年经验与潜意识的心理与社会治疗模式共同构成个案工作的三大模式。行为治疗模式以矫正对象的行为作为分析的起点,探讨求助者不良行为产生的外部条件、机制以及具体发展过程,以便矫正其不良的行为方式,更好地适应外部环境。

(一)理论假设

1. 经典条件作用的理论假设。又称为条件反射学说,由苏联的巴甫洛夫提出,主要强调"刺激—反应"公式。认为行为的学习过程是在一个刺激与一个反应之间建立关系的过程,通过让某一刺激与某一反应在同时或很相近的时间出现,就可建立起刺激与反应之间的关系。该理论的基本概念包括强化、消退、泛化、分化和抗条件作用等。强化是指伴随着条件刺激的呈现给予无条件刺激,使有机体形成条件反射;消退是指条件反射形成之后丧失继续的强化,条件反射会逐渐减弱甚至消失;泛化是指条件反应扩散到类似原条件刺激的过程,这样,相类似的条件刺激就可以产生相同的条件反应;分化是指有机体抑制泛化反应,形成只对特定条件刺激发生反应的条件反射的过程;抗条件作用是指对已形成的条件反应撤除原有的强化物,并同时设法使一个条件反应与原来的刺激建立联系,就会使原有的条件反应迅速消除。

2. 操作性条件作用的理论假设。操作性条件作用是指有机体的某个行为会导致环境发生变化,并进而影响有机体的继后行为。人的大多数行为不是天生的,而是后天学习的结果。在正常情况下,人们通过良好的学习,会获得各种知识技能,并在正确的教育和引导下,形成良好的品行,建立良好的行为模式。但是也有一些人在不利的条件下进行了不当的学习,受到了各种不良因素的影响,形成了不良的行为方式,甚至出现了违法犯罪行为。行为治疗的作用就是帮助个体通过学习建立良好的行为模式,改变或消除不良的行为模式,进而成为一名合格的社会成员。[1]

(二)实施程序

行为治疗模式是一种系统的工作方法,首先对个体全面评估以澄清问题行为,确定矫正对象目前的功能水平以便于制定目标行为,在此基础上商讨最合适达到目标行为的策略,同时在帮助过程中通过不断评价目标行为来监测改变的进程。根据条件反

---

[1] 中国就业培训技术指导中心、中国心理卫生协会组织编写:《心理咨询师(基础知识)》,民族出版社 2015 年版,第 441 页。

射学说，社区矫正属于个体不良行为的矫正，工作者需要消除矫正对象的不良行为，建立和发展良好行为。社区矫正个案社会工作行为治疗过程一般分为以下步骤：

1. 收集分析资料。这一阶段，工作者开始与矫正对象接触，通过与矫正对象的沟通，收集相关资料。根据收集到的资料进行分析，找出矫正对象的问题行为，界定出问题行为给矫正对象带来的困扰，为什么问题行为能够一直存在，问题行为是如何习得的等问题。

2. 设计矫正方案。矫正方案要包含以下内容：一是根据收集分析资料的结果确定矫正对象的问题；二是通过确定的问题制定相应的矫正目标；三是选择相应的矫正方法，合理规划矫正时间；四是矫正过程的记录；五是矫正效果的评估。

3. 实施矫正活动。根据制定的矫正方案开展相应的矫正活动，重点是实施对问题行为的矫正，增加积极行为，减少消极行为。矫正目标的达成意味着矫正活动的结束。

4. 评估。当矫正目标达成，矫正活动结束后，工作者应该对矫正活动和矫正结果进行测评，根据测评的结果安排进一步巩固效果的措施。如果矫正对象的不良行为有复发，可以安排辅助性处理。

（三）基本方法与技术

行为治疗模式包括很多具体的方法和技术，各有其适用范围，操作步骤非常明确，便于工作者学习使用。

1. 放松练习。放松练习是通过矫正对象的身体放松缓解其生理和心理的各种紧张，以克服焦虑情绪。

2. 系统脱敏。主要用于消除各种恐惧症状，如社交恐怖、广场恐怖和考试焦虑等，系统脱敏就是要矫正对象在放松状态下逐渐靠近、接触恐惧对象，这样就可以抑制或消减求助者的焦虑反应，从而帮助矫正对象逐渐克服恐惧症状。

3. 满灌疗法。又称为暴露法、快速脱敏法，是让矫正对象直接处于最严重的焦虑状态中，直到矫正对象的焦虑症状消除。该疗法认为矫正对象的害怕行为是一种条件反应，如果矫正对象采取逃避方式，只会增强求助者的恐惧，起到负强化的作用。

4. 自我管理。要求矫正对象积极参与行为改变的整个过程，并对自己的行为变化负责。此方法中工作者只是帮助矫正对象制定行为改变的目标和计划，指导和监督求助者行为修正计划的执行情况，并对矫正对象行为改变的状况做出评估。

5. 厌恶性疗法。当矫正对象出现一个不适应行为时，就会呈现出厌恶性刺激，使矫正对象的不适应行为与厌恶性刺激建立联系，这样矫正对象就会逐渐回避或放弃不适应行为。

6. 模仿。模仿是运用比较广的一种行为治疗技术，包括榜样的示范和求助者的模仿练习。在运用模仿来帮助矫正对象改变不适应行为时，需要工作者的具体指导和示范，然后让矫正对象练习需要学习的行为。

7. 代币管制法。为了让矫正对象的正确行为与强化物直接联系起来，增强服务对象的正确行为，可以使用代币管制的方法，即用一种特代币的方式计算矫正对象作出正确行为后获得的报酬。

8. 果敢训练。又称为决断训练或自信训练等，主要适用于人际关系的调整，其目的是帮助矫正对象在人际交往中顺利地表达自己难以表达的各种正面的或负面的感受，改善矫正对象的人际关系。[1]

三、理性情绪治疗模式

人的思想往往是构成情绪的根源，情绪问题是由人的非理性信念造成的。由于失业、人际关系紧张、家庭破裂、无经济来源、患有严重疾病等事件，社区矫正对象会产生情绪低落、焦虑、自卑、失望、忧郁、无奈、消极、悲愤、绝望等负向情绪。社区矫正个案社会工作者可以利用理性情绪法，根据矫正对象的实际情况，帮助他们改变非理性信念，协助其勇敢面对现实，重新树立正确的人生观。社区矫正个案社会工作者应善于发现矫正对象的非理性信念，让他们明白在生活中不能过度追求"一定""应该""必须"等不切实际的东西，帮助他们区分理性信念和非理性信念，辩驳纠正非理性信念，鼓励他们尝试改变非理性信念，缓解和消除困扰，最终改变其不合理的信念和行为。

（一）理论基础

艾利斯的 ABC 理论是理性情绪治疗模式的理论基础。A 代表引发事件（Activting events），是指求助者所遇到的当前事件，既可以是具体的事情，也可以是求助者当前的感受、思想、行为等；B 代表求助者的信念系统（Belief system），是指对引发事件的认知和评价，可以是理性的，也可以是非理性的；C 代表结果（Consequence），是指引发事件之后出现的各种认知、情绪和行为。一般人常常认为，情绪结果主要是由引发事件所引发，但艾利斯认为这只是表面现象，实际上，情绪结果本质上则是由信念系统所真正引发，尤其是信念系统里的非理性信念。艾利斯认为，人生来就具有理性和非理性的信念。例如，"我想把这件事情完成"，是合理的想法，但如果是"我必须把事情完成"，这种想法就有问题，持有这种观念的人很可能陷入困扰，因为我们不可能控制别人的行为。

---

[1] 许莉娅主编：《个案工作》，高等教育出版社 2013 年版，第 202 页。

(二) 理论假设

1. 对人性的基本假设。艾利斯认为人的存在是有价值的，这种价值是先天固有的本性，使人趋向成长和自我实现。因此，追求快乐是生活的主要目标，并且这种快乐是长久的、稳固的。但是，与人本治疗模式不同，艾利斯认为人的内心有两种倾向，一种倾向是好的，发展出理性、健康的生活方式；另一种是不好的，发展出非理性的信念，容易造成不良的生活方式，产生心理失调。

2. 非理性信念。艾利斯仔细区分了理性信念和非理性信念，认为非理性信念具有抽象化、绝对化和普遍化等特点。抽象化是指矫正对象将具体环境中得出的特定认识概括为一般的准则。绝对化是指矫正对象对自己的要求过高，希望自己的生活完美无缺，无可挑剔。普遍化是指矫正对象把自己对某件或某些事物的看法概括为所有事物的普遍特征。

3. 辅导关系。理性情绪治疗模式也关注工作者与矫正对象之间建立亲密的合作关系，但认为合作关系只是辅导的辅助条件。理性情绪治疗模式认为，工作者与矫正对象之间的合作关系也会存在负面作用，例如使矫正对象产生依赖现象等。[1]

(三) 实施程序

理性情绪治疗模式的基本假设是，情绪困扰主要根源于信念、评价、解释，其治疗实质是帮助矫正对象以合理的信念代替不合理的信念，以减少不合理信念造成的情绪困扰。因此，阶段性的治疗目标是减少不合理信念造成的情绪困扰，终极目标是学会现实的、合理的思维方式，培养更实际的生活哲学，减少矫正对象的情绪困扰与自我挫败行为。

1. 收集资料。在建立良好的专业关系后，通过会谈、查阅卷宗等方式了解矫正对象的基本情况，收集相关资料，确定矫正对象的问题。随后向矫正对象介绍理性情绪治疗模式、ABC 理论，与矫正对象共同制定矫正方案。

2. 实施矫正。

(1) 促使矫正对象正确认识理性情绪治疗模式。帮助矫正对象认识到引起其情绪困扰的是他自身对问题的看法，是信念引起了情绪及行为后果，而不是事件本身；改变情绪困扰不是致力于改变外界事件，而是改变认识，通过改变认识而改变情绪；矫正对象可能错误地认为情绪困扰的原因与自己无关，社区矫正个案社会工作者要帮助矫正对象理解引起情绪困扰的认识恰恰是矫正对象自己的认识，因此，情绪困扰的原因与矫正对象自己有关，矫正对象应该对自己的情绪和行为反应负责。

---

[1] 安芹编著：《个案工作实务手册》，北京理工大学出版社 2015 年版，第 86~87 页。

（2）修正非理性信念。社区矫正个案社会工作者采用直接指导方法干预矫正对象，把辅导的中心放在指出矫正对象的非理性信念的具体表现形式上，积极引导矫正对象对自己的非理性信念进行检查，使矫正对象修正原有的非理性观念，运用现实的理性信念去替代非理性的信念，并把理性信念与合适的情绪和行为反应连接起来，形成理性的生活方式。

（3）巩固效果。社区矫正个案社会工作者帮助矫正对象把所学到的理性生活方式运用到自己的实际生活中，继续练习理性反应方式，巩固效果；内化理性信念，指导自身的现实生活，强化理性反应方式的作用。

3. 评估。社区矫正个案社会工作者通过心理测量、矫正对象测评等方式对矫正活动和矫正结果进行测评，根据测评的结果不断完善矫正措施，为矫正决策提供依据。

（四）非理性信念

艾利斯根据临床经验总结了11条非理性信念：

1. 我们绝对需要每一位生活中重要人物的喜爱或赞许。
2. 一个人应该在各个方面至少在某一方面有所成就才是有价值的人。
3. 有些人天生就是坏人，应该严厉谴责和惩罚他们。
4. 如果遇到与自己希望不一致的事情，就认为很糟糕。
5. 人的不快是由外在环境原因造成的，人无法控制自己的悲伤和情绪困扰。
6. 常常担心危险或灾难性事件的发生。
7. 逃避困难和责任比面对它们更容易。
8. 人应该依赖别人，而且需要依赖一个比自己强的人。
9. 人的行为受到过去经验的影响，只要一件事情对求助者产生了影响，这种影响就会持续一辈子。
10. 应该对别人的困难和情绪困扰感到不安。
11. 对于任何一个问题，都应有正确的、完美的解决方法，如果找不到，就会很糟糕。

四、任务中心模式

（一）理论背景

任务中心模式起源于20世纪60年代后期雷德和沙乐所作的一项关于简要个案工作的研究。1972年，为了回应个案服务时间太长、服务见效慢等质疑，雷德和爱泼斯坦在共同完成的《任务中心个案工作》一书中首次提出了一个有时间限制、针对生活问题的个案工作介入模式——任务中心介入模式。它特别强调尊重服务对象的自决权，相信个体的改变动机与能力，认为问题的产生是由能力或资源的缺乏所引起。服务对象和社区矫正个案社会工作者地位平等，社区矫正个案社会工作者的目标是协助服务对象处理明确、有限、符合服务对象意愿的问题，并最终促进服务对象的潜力发挥和能力成长。

(二) 理论假设

任务中心模式的理论假设是社区矫正对象有解决问题的能力与潜能，他们通过专业服务的过程，可以增强矫正对象解决问题的能力，并且能够面对今后可能发生的类似问题或新问题，同时也能学习到解决问题的有效技巧。任务中心模式认为，人是属于健康、常态、有自主能力的个体，因此，任何问题的产生，往往是由于个人能力暂时性缺失引起的。[1]

(三) 方法与技术

1. 问题类型。雷德将适合任务中心模式介入的具体问题划分为以下 7 类：

(1) 人际冲突，指两个人在互动中出现的问题；

(2) 不良社会关系，指由于个人原因而造成的社会互动的失败；

(3) 与正式组织关系不协调，指服务对象与一种制度或者组织在互动过程中产生的问题；

(4) 社会角色履行中的困难，指服务对象在履行某一社会角色时，无法实现社会对于该角色的期望与要求，或者服务对象自身觉得不能达到理想的标准；

(5) 社会变迁所带来的问题，指在角色转移或者社会环境转变的过程中，服务对象因无法适应变化而出现的问题；

(6) 反应性情绪困扰，指由于一些特定的原因，如亲人去世、疾病、失恋等引起的情绪困扰，如焦虑、抑郁等；

(7) 社会资源不足，指由于缺少某些实质性资源，如金钱、房屋等而产生的问题。

2. 确定核心问题。矫正对象往往会在一开始呈现出杂乱的问题，为了能够进一步明确工作目标，必须确定其核心问题，其主要步骤包括：

(1) 列出矫正对象所关心的所有问题，先由矫正对象进行陈述，然后由社区矫正个案社会工作者与服务对象共同总结和归纳；

(2) 达成关于矫正对象如何看待自己问题的初步意见；

(3) 与矫正对象探讨无法解决的问题；

(4) 根据矫正对象的看法，将问题按照重要程度进行排列，这种排列有时完全由

---

[1] 吴艳华、李明宝主编：《社区矫正对象个案矫正》，中国人民公安大学出版社 2020 年版，第 257 页。

矫正对象确定，有时由社区矫正个案社会工作者与矫正对象共同确定；

（5）确定核心问题，社区矫正个案社会工作者与矫正对象在可利用的资源范围内界定出迫切需要解决的问题；

（6）确定核心问题的类型并进行说明，社区矫正个案社会工作者对问题的特质进行详细的分析和评论，并在可能的情况下将问题的范围加以浓缩。

3. 订立契约。雷德较为倾向于制定口头契约而不是书面契约，因为口头契约的压迫性要小于书面契约。但是当矫正对象的情况非常复杂或者涉及的人员非常多时，也可以使用书面契约。契约的主要内容包括以下 5 个方面：

（1）社区矫正个案社会工作者同意解决一个或几个矫正对象所界定的问题；

（2）确定问题解决的优先顺序；

（3）明确界定对治疗结果的希望；

（4）需要初步达成的任务；

（5）矫正对象与社区矫正个案社会工作者联系的次数及时间限制。

4. 确定工作任务。

（1）了解矫正对象的动机。社区矫正个案社会工作者需要了解矫正对象希望采取的行为方式及希望得到的结果。因为由此确定的任务目标能够调动矫正对象的积极性，使其最大限度地发挥自身的潜能。

（2）分析任务的可行性。如果任务在矫正对象所拥有的内外资源的支持下较容易实现，而任务实现的预期结果能够帮助矫正对象更好地适应未来的生活，则任务更加可能实现，并且具有持续性效果。

（3）防止不良后果。某些任务虽然有助于矫正目标的达成，但却有可能在过程中或结束后对其他的组织或个人造成不良后果。社区矫正个案社会工作者需要充分考虑到这种风险并采取相应的预防措施。

（4）分任务和多重任务的确定。分任务是指完成某一任务而需要完成的一连串行动。多重任务则是当矫正对象有 1 个以上的核心问题需要解决时，需要同时开展不同的任务。当矫正对象的某一任务制定后，分任务的制定有利于矫正对象清楚了解任务完成的整个过程及努力方向，提高工作效率。多重任务要根据矫正对象的能力与问题的复杂情况进行综合考虑，应以制定矫正对象短期内能够完成的任务为主要考虑方向。

（5）开放式任务或封闭式任务的选择。开放式任务是指没有终点的任务，它不会因为目标的实现而终止；封闭式任务则是指有终点的、可以清楚完成的任务。无论开放式任务还是封闭式任务，都必须有一个时间终结点，以促使任务尽快完成。

（6）任务的订立，指任务的最终确定。任务的订立必须建立在矫正对象充分认识和理解基础之上，因此往往需要工作者与矫正对象进行反复多次的协商才能完成。

5. 任务实施。1975年，雷德与爱泼斯坦提出了一套"履行任务程序"，以促使服务对象完成其任务，这五个连贯的步骤包括：

（1）提高服务对象承担任务的积极性；

（2）确定履行任务的各种细节和步骤；

（3）估计可能出现的阻力；

（4）模拟及预习履行任务的行为；

（5）总结任务履行的计划，并不断给予服务对象鼓励，对矫正对象可以完成任务保持乐观的期望态度。

在任务实施的过程中，社区矫正个案社会工作者与矫正对象还需要注意以下工作：

（1）记录任务的完成情况。这些记录不仅可以为以后的评估提供有效的参考依据，也能够成为服务对象清楚了解自我成长的参照，增加其前进的动力。

（2）适当的鼓励和奖励。在矫正对象完成某一个预定目标时，社会工作者要给予及时恰当的肯定和鼓励，以提高其参与积极性。

（3）进行必要的技巧训练。社区矫正个案社会工作者可以通过模仿训练和引导练习促进矫正对象对任务的达成。

（4）分析遇到的障碍。在任务完成的过程中，矫正对象可能会遇到一些无法预期的障碍，社区矫正个案社会工作者需要和矫正对象一起面对和分析，寻找可能的解决途径，在此过程中引导服务对象提升面对和解决问题的能力。

6. 结束阶段。任务完成之后，工作即进入结束阶段。该阶段的主要任务是由社区矫正个案社会工作者和矫正对象共同完成任务的评估，对比矫正活动开始前与现在的情况，评估矫正对象改变的程度及其具体表现。另外，该阶段还需要双方一起制定帮助矫正对象适应未来生活的计划。如果出现任务完成不理想的情况或在过程中出现新的问题，就需要订立一些附加合约，确定任务完成的程度，并确定新的问题或目标。[1]

五、危机介入模式

（一）危机介入的概念

危机是一种认识，它是指当事人认为某一事件或境遇是个人的资源和应对机制所无法解决的困难。如果危机得不到及时缓解，会导致当事人情感、认知和行为方面的功能失调，使其处于身心的混乱状态。在社区矫正活动中，社区矫正对象会面临各种

---

[1] 翟进、张曙编著：《个案社会工作》，社会科学文献出版社2001年版，第325~332页。

危机，如人际关系紧张、受社会成员排斥、家庭破裂、子女入学问题、失业、生活困难、疾病等，社区矫正个案社会工作者可以利用危机介入模式介入，防止过激行为发生，如自伤、自杀或重新违法犯罪等，同时对矫正对象开展必要的心理辅导，避免危机带来的心理伤害。

(二) 危机的分类

根据诱因的不同，危机可以分为成长性危机、情境危机、存在性危机三种不同的类型。

1. 成长性危机。成长性危机指每一个人在成长的不同阶段应对该阶段成长任务时遇到的压力、阻滞和困难。根据埃里克森的生命周期论，人生大致可分为八个阶段，每个阶段都有特定的危机，这种危机是每个人都可能遇到且无法避免的。如婴儿期可能遇到缺乏适当照顾的危机，儿童期可能遇到学业适应危机，青少年期间可能遇到自我认同方面的危机，在成年期可能遇到婚姻、恋爱方面的危机，在老年期可能遇到丧亲、疾病等方面的危机。

2. 情境危机。情境危机指当情境发生改变，导致个人或群体陷入失衡状态。这类危机又可以分为三类：一是由自然环境突变引发的危机，如地震、水灾、火灾等；二是社会环境中的突发事件引发的危机，如车祸、亲人意外身亡、被强奸、被虐待等；三是个人的危机，如突患重大疾病、自杀等。情境危机的特点是，它没有规律、不期而至，给人带来震撼和灾难。

3. 存在性危机。存在性危机是伴随着人生的重要问题，如人生的意义、价值、责任、自由和承诺等内部冲突和焦虑。存在性危机有可能是源自当前的现实状况，也可能是源于对过往事物的追悔。[1]

(三) 危机介入的基本原则

危机介入模式一般遵循以下原则：

1. 及时处理。由于危机的意外性强、造成的危害大，而且时间有限，需要工作者及时接案、及时处理，尽可能减少对服务对象及其周围其他人的伤害，抓住有利的可改变的时机。

2. 限定目标。危机介入的首要目标是以危机的调适和治疗为中心，尽可能降低危机造成的危害，避免不良影响的扩大。只有把精力集中在目前有限的目标上，社会工作者才能与矫正对象协商和处理面临的危机。

3. 输入希望。当危机发生之后，矫正对象易感到迷茫、无助、失去希望，在危机

---

[1] 许莉娅主编：《个案工作》，高等教育出版社2013年版，第215页。

中帮助矫正对象的有效方法是给矫正对象输入新的希望，调动其改变的积极性。

4. 提供支持。工作者需要充分利用拥有的资源，为其提供必要的支持。

5. 恢复自尊。危机的发生通常导致服务对象身心混乱，自尊感下降。社区矫正个案社会工作者首先需要了解矫正对象对自己的看法，帮助他恢复自信。

6. 培养自主能力。危机是否能够解决最终取决于矫正对象是否能够增强自主能力。社区矫正个案社会工作者应相信矫正对象具备自主能力，整个危机介入过程就是社区矫正个案社会工作者帮助矫正对象增强自主能力，面对和克服危机的过程。[1]

（四）危机介入的步骤

1. 明确问题。社区矫正个案社会工作者可以运用开放式的方法，引导社区矫正对象倾诉自己面临的问题和困难，以及近期的生活状况，以利于了解危机的成因和问题的核心。

2. 迅速判断。社区矫正个案社会工作者根据初步了解的情况，应当迅速判断社区矫正对象对自身、他人及社会环境采取破坏行为的可能性，即危险程度的判断。

判断的根据主要有以下三个方面：一是矫正对象的陈述，如"不如死了算了""我肯定不放过他"等语句，说明矫正对象有实施破坏性行为的想法；二是矫正对象的非语言姿态，如眼神、语气、表情等姿态；三是以往的经验，即矫正对象以前是否有过危险性行为。

3. 给予支持。社区矫正个案社会工作者运用同感、关注等专业技术去稳定矫正对象的情绪，明确矫正对象的期望，并表达愿意协助他们一起解决问题。这样有助于消除他们的无助感、焦虑感以及易冲动的情绪状态，力求获取他们的信任。

4. 协助解决。首先，社区矫正个案社会工作者和社区矫正对象共同分析危机形成的主要原因，协商解决危机的办法；其次，共同制订详细的处置计划，计划要具体，有可操作性；最后，鼓励并帮助矫正对象落实计划。

5. 认真总结。在社区矫正对象的危机有所缓解后，社区矫正个案社会工作者要帮助矫正对象做好总结，主要包括对危机的看法、取得的经验教训、如何防止类似危机的进一步发生、个人还有哪些方面需要改善、对工作者的看法和意见等。

六、人本治疗模式

（一）理论假设

人本治疗模式又称案主中心治疗模式，创始人为美国心理学家卡尔·罗杰斯。罗

---

[1] 许莉娅主编：《个案工作》，高等教育出版社2013年版，第216页。

杰斯在创建自己的模式初期,以"心理学第三势力"的形象出现。当时,美国的心理治疗有两大主流:一是心理分析学派,二是直接辅导学派。罗杰斯一生大力宣扬人的尊严及价值,并致力于发展以人的尊严和价值为中心的心理学。人本治疗模式的理论基础和罗杰斯的一整套基本概念、假设是紧密联系在一起的。

1. 人性观。罗杰斯认为从本质上讲,人是善良的、理智的、仁慈的、可信赖的。人有与他人和谐相处的愿望与能力,而且有自我成长、自我实现的内在动力。一粒种子内在包含着长成参天大树的潜质。种子生长、发育的过程中必须有适当的土壤、温度与水分,离开这些适当的环境条件,种子不可能发育,但种子之所以发育的关键还在于其内在的潜质。

罗杰斯的人性观是绝对积极和乐观的。他相信人是理性的,能够自立,对自己负责,有着正面的人生目标,因而可以获得进步。同时人又是建设性的和社会性的,值得信任,也可以合作。

2. 自我实现。"自我实现"的概念来自于亚伯拉罕·马斯洛,是指对天赋、能力、潜力等的充分开拓和利用。这样的人能够实现自己的愿望,对他们力所能及的事总是尽力去完成。大多数人都不属于自我实现的人,大多数人不是静态的,他们尚未达到这个境地,但他们正走向成熟。实现的过程意味着发展或发现真实的自我,发展现有的或潜在的能力。

自我实现的人具有以下几方面的主要特征:

(1) 他有着一种谦虚的态度。他能倾听别人,并承认自己并不是万事皆知的。

(2) 自我实现的人的认识较少受到欲望、焦虑、恐惧、希望、盲目乐观或悲观的歪曲。

(3) 创造性是普遍的特征。

(4) 有一种健康的自尊,认为他是有能力的,能胜任工作。

3. 自我概念。自我概念是罗杰斯人本治疗模式的一个核心概念,因为他认为人的行为、情绪与心理是由自我概念决定的。自我概念是人在内心深处关于自己的形象,是人对自己的看法和评价。人本治疗模式认为,是自我概念而不是真实的经验性的自我决定人的行为。例如,一个在同事眼中工作认真负责的人,他的自我概念,即他对自己的看法却有可能是工作不认真。

自我概念是一套有组织、连贯的关于自己的观感,如对自己身份的界定(我是谁),对自己能力的认识(我可以做什么)。在内容方面,自我概念可包括以下九个方面——身体、社交、性、感情、喜好、理智、职业、价值观和人生哲学。自我概念无时无刻不影响着我们的行为。

在成长的初期，自我概念是由很多的自我经验即对自己的体验构成的。随着个人的成长，人们在自我经验的基础上，透过与环境、尤其是生命中重要的人物相互交往而形成并建立起一套对自己的看法。[1]

(二) 治疗的方法与技术

该模式不注重社区矫正个案社会工作者的具体辅导技巧，而以创造和谐、接纳和真诚的合作辅导关系为中心。社区矫正个案社会工作者在治疗过程中不是治疗矫正对象的问题，而是关注矫正对象的发展；社区矫正个案社会工作者不应以专家身份自居，而是协助矫正对象开发其内在资源，促进矫正对象成熟。

1. 注重社区矫正个案社会工作者的品格和态度。强调社会工作者为矫正对象提供同感、真诚和无条件的爱，需要全身心地与矫正对象交流，才能使矫正对象关注自己的感受，理解自己的内心冲突，减轻价值条件的影响，协调自我概念和经验，体会真实需要，充分利用内在资源发展自己。

2. 注重个案辅导关系。注重社区矫正个案社会工作者与矫正对象的合作关系，希望凭借融洽、接纳和轻松的辅导环境帮助矫正对象成长。罗杰斯根据自己的临床经验，总结出促使求助者改变的3项充分必要条件，即同感、真诚和无条件的爱。这3项条件包含了6个方面的内容：

(1) 表里如一。体会内心的和谐和统一，自己的意见和态度应与实际感受一致，做到表里如一。

(2) 不评价。不应对求助者的感受和行为进行评价，不把自己的价值标准强加给求助者。

(3) 同感。工作者需要放下自己的价值观，从矫正对象的角度体会矫正对象经历的各种感受和内心冲突。同时，需要与矫正对象保持一定的观察距离，避免与矫正对象过分认同，从而无法正确理解矫正对象的内心困扰。

(4) 无条件的接纳。关注矫正对象本身，而不是矫正对象的问题，对矫正对象的所有方面都应采取接纳态度，这里需要建立在遵守社区矫正规定的前提下。

(5) 无条件的关爱。真正关心矫正对象，相信矫正对象的价值。这会让矫正对象无需担心工作人员对他的印象，无需担心自己的表现带来的影响。但是，这里无条件的关爱并不等于赞同矫正对象的所有言行，错误言行的批评并不影响对矫正对象给予诚挚的关爱。

(6) 保持独立性。一方面是工作人员要保持自己的独立性，并向矫正对象传递这

---

[1] 吴艳华、李明宝主编：《社区矫正对象个案矫正》，中国人民公安大学出版社2020年版，第293~298页。

种独立性;另一方面,向矫正对象表达对其独立性的尊重。保持独立性是社区矫正个案社会工作者关心和尊重当事人的前提,社区矫正个案社会工作者协助矫正对象明白自身的独特性,能够独立解决问题。

3. 注重非指导性影响技巧。该模式以非指导性影响技巧为主要的辅导技术,主要包括倾听、释意、澄清、情感反映和自我揭示等技术。[1]

七、结构式家庭治疗模式

(一) 理论背景

结构家庭治疗模式是由美国学者米纽秦在20世纪60年代创立的。1954年在纽约的贫民窟工作时,他使用当时极盛行的心理分析治疗法去帮助不良青少年。通过实践,他发现这种方法的效果很有限,因为心理分析治疗法的有效施行,需要案主能和工作者一起分享所观察的事物和内心的感受,这就对案主的自我观察能力、语言表达能力、记忆力以及反省的能力都提出了较高的要求。但是贫民窟的孩子大多来自破碎家庭,父母不尽职,对子女缺乏管教,或是管教不当。他们在一个以拳头说话的环境中成长,理性发展不足,因而对心理会谈这种方式既不感兴趣,也不适应,所以语言分析对他们的作用相当有限。同时,米纽秦借用帕森斯的核心家庭理论中的概念,称这种家庭是缺乏组织的,青少年的问题很大程度上与家庭的结构不完整且功能的失调有关。所以米纽秦决定以家庭作为治疗的重心,认为治疗的目的在于去除阻碍家庭功能发挥的结构,取而代之以健全的结构,使家庭成员在这样的结构中角色扮演得恰当得体。总之,结构家庭治疗模式着重交往的过程,而不是谈话的内容,认为个人的问题是因为家庭结构的不完整造成,必须是解决家庭结构才能解决个人问题。

(二) 基本概念与假设

结构式家庭治疗法是以一些对家庭动力与组织的基本假设为前提的,据此判断正常家庭与功能失调家庭。

1. 家庭系统。家庭是由家庭成员组成的组织化系统,不是成员的简单相加,反映的是家庭成员的交往与关系,而不是单个家庭成员个体的特质。该方法认为,单独地了解每一个家庭成员,并不能达到对家庭的了解,只有通过观察家庭成员的具体交往过程,才能真正了解家庭成员的关系与相处方法,才能从整体上把握家庭的结构。结构家庭治疗法通常不会寻求其潜藏的原因,而是直接试图打断循环性的互动模式。

2. 家庭结构。家庭作为一个系统单位,它的整体功能运行如何,常常取决于其结

---

[1] 陈志霞:《个案社会工作》,华中科技大学出版社2006年版,第236~237页。

构的正常或健康与否。家庭结构是在家庭成员的交往过程中形成并反映在该过程中,是固定化了的家庭成员的交往关系。运用该方法开展社区矫正工作,工作重心不是倾听交往内容,而是注意交往的过程,从中透视家庭的结构状态。

(1) 次系统。在家庭中,家庭成员之间可以划分成较小的系统,称为次系统。一个家庭由多个次系统组成,每个次系统有两位及以上家庭成员。家庭成员在不同的次系统中扮演不同的角色,担任适当的任务和功能。当一个次系统的家庭成员占据或侵犯一个他所不属于的次系统时,表明家庭结构出现问题。

(2) 边界。家庭具有与周围环境分隔开的边界,同时家庭次系统之间也有边界,边界的存在决定了次系统内成员之间、次系统成员与其他成员之间的角色、分工与权利义务关系。是否存在边界以及边界的渗透性,是结构家庭治疗法所关心的。

(3) 角色和责任分工。家庭成员的角色是多重的,不同的角色界定着不同的责任与权利义务关系。一个正常的家庭应该是家庭成员各司其职、互相配合。如果出现家庭变故,那么就需要家庭角色的适当进行调整。

(4) 权力架构。具体是指家庭中谁做决定,怎样做决定,谁是支配者,谁是被支配者等。适当的家庭权力架构是完成家庭不同角色及相应责任的基本前提。家庭成员的权力架构往往是互补的。

3. 病态的家庭结构。病态的家庭结构会妨碍家庭功能的正常发挥。常见的有以下类型:

(1) 纠缠与疏离。具体是指各次系统之间的边界模糊或混淆,该封闭的不封闭,该开放的不开放,从而导致家庭角色的混乱,造成家庭成员的问题。

(2) 联合对抗。具体是指纠缠与疏离使部分家庭成员结成同盟,而与其他成员相对疏远乃至对立。当发生冲突时,结成同盟的成员会不分青红皂白地一味维护本同盟的成员,这就是联合对抗。

(3) 三角缠。具体是指一种非直接的互动,它是通过第三方来实现双方互动的。例如,夫妻之间产生矛盾后不进行直接的沟通,而是通过子女来传话。这就将第三人带到了两人的关系中。

(4) 倒三角。具体是指权力分配不合理,尤其是父母子女之间的权力架构。家庭权力并不由父母掌握,而是由孩子掌握,这时就会出现权力结构倒置,成为倒三角。

(三) 方法与技巧

1. 进入家庭。该方法的核心是把握和改变家庭的结构,因此需要进入家庭的现实环境,观察家庭成员的言行与交往方式。但是在进入存在矛盾的家庭时,家庭成员往往具有保留或抗拒的心理,社区矫正个案社会工作者容易卷入家庭纠纷,造成客观偏袒。

进入家庭时，治疗者需要牢记工作目标在于改变家庭的结构与交往方式，以帮助整个家庭恢复正常的功能，因此必须保持中立，不应在情感上过分地卷入，以至失去客观判断。

进入家庭时，社区矫正个案社会工作者的三种立场：

第一，贴近的立场。社区矫正个案社会工作者犹如家庭成员，直接表达看法。

第二，中间的立场。社区矫正个案社会工作者是家庭问题的调查和研究者，中立、主动地聆听成员的感受、看法。

第三，远离的立场。社区矫正个案社会工作者作为专家对家庭进行指导和治疗。社会工作者要注意不能为个别家庭成员的个别问题而过于关注某一个成员，在家庭结构治疗中，社区矫正个案社会工作者不是单纯的虚心倾听的角色，而是一个集合观察、指导、控制和操纵的多重角色。

进入家庭时需要注意：

第一，入乡随俗，接纳家庭的规则、习惯。

第二，注重了解家庭交往的过程与关系而不是谈话内容。

2. 评估家庭结构。评估与进入家庭的过程往往是相互重叠的。在这个过程中，社区矫正个案社会工作者通过关注矫正对象家庭的组织结构和持续的互动模式来评估其家庭。具体来说为以下五个方面：

（1）评估家庭的形态和结构，主要是探索家庭结构的性质以及症状是如何发生的，对症状重新定义。

（2）家庭系统的弹性，是指家庭的适应与转变能力。

（3）家庭系统的回馈，是指家庭对个别成员的需要、感受、行为和思想的敏感程度。

（4）家庭生命周期，家庭是不断变化的，判断家庭的结构与功能是否完善必须联系家庭的生命周期，个人问题的产生往往是家庭生命周期发生变化之后，父母子女的关系没有进行适当的调整。

（5）家庭成员的症状与家庭交往方式之间的关系。

3. 介入。

（1）改变家庭的看法。家庭一般认为问题的关键在于有症状的家庭成员，而社会工作者却认为问题出在家人交往方式上。这一阶段社会工作者要引导矫正对象认识其他成员的问题与他们表现的关系，从而使他们可以有所作为。

（2）改善家庭的结构。家庭的一个主要问题是某些家庭成员过分疏远或过分纠缠，从而影响了与其他家庭成员之间的关系以及整个家庭功能的发挥,所以家庭中各次系统边界的建立以及边界的可渗透性是很重要的。同时,还要注意家庭的权力架构体系。

(3) 改变家庭错误的世界观。每个家庭都会有它本身的期望、要求、价值观和道德观。例如,很多家庭中父母经常会有这样的想法:家庭是一个整体,家人有权利也有义务阻止某些家庭成员的个人决定。这个观念是不正确的,家人只有建议和劝告权,没有代替作出决定的权利。有时也要引导家庭成员关注家庭整体的优点与个别成员的优点。[1]

第三节 社区矫正个案社会工作的基本技巧

从社区矫正的角度看,社区矫正对象都是因触犯刑法而被判处一定刑罚的,因此,社区矫正个案社会工作所需掌握的基本技巧是不同于一般个案社会工作的。一般而言,我们认为社区矫正个案社会工作所必须掌握的基本技巧包括会谈、记录、收集资料、策划方案及评估。

一、会谈

会谈是指为达到预定目标的两个人或更多的人之间的交流方式,这种交流是通过言语的和非言语的形式进行的。在社区矫正个案社会工作中,会谈是指社区矫正个案社会工作者与社区矫正对象面对面有目的的专业谈话。

(一) 社区矫正个案社会工作会谈的特点

社区矫正个案社会工作会谈除了具备人际沟通的特点外,还具有自身的特点,它是区别于一般的会谈或闲谈的。

1. 会谈目的明确。社区矫正个案社会工作会谈是具有自身特点的,它不同于闲谈,它具有明确目的、内容、中心,社区矫正个案社会工作的会谈目的是通过会谈更好的发现社区矫正对象的问题,从而加以解决。

2. 会谈主体、对象特定性。不同于一般的会谈,社区矫正个案社会工作会谈的主体是社区矫正机构工作人员。同时,需要社区矫正个案社会工作者具备一定的会谈能力,能够充分掌握会谈的方向、内容等;还需要社区矫正个案社会工作者具备一定的专业能力,能够在会谈中展现出对矫正对象的尊重、同感等,以便建立专业关系。社区矫正个案社会工作会谈的对象是因触犯刑法接受社区矫正的人员。

---

[1] 许莉娅主编:《个案工作》,高等教育出版社2013年版,第221~230页。

3. 会谈的计划性。社区矫正个案社会工作会谈前需要就会谈的时间、地点、会谈内容、会谈时长作出计划，同时也会为应对突发情况而准备应急预案。

（二）社区矫正个案社会工作会谈的过程

社区矫正个案社会工作会谈前应对会谈场所、时间、内容做好准备。

会谈前应准备相应的会谈室，会谈室的选择、布置应有利于社区矫正个案社会工作会谈的展开，有利于社区矫正个案社会工作者与矫正对象的沟通。一般应具备一定的隔音效果，不受外界干扰；室内家具的布置氛围严肃却不压抑。会谈时间应由社区矫正个案社会工作者确定，安排在办公时间内，如果有特殊情况的，可以安排在其他时间。每次会谈的时长应控制在40~50分钟，时间过短会谈的目的可能无法实现，时间太长容易给工作者和矫正对象造成疲惫，降低会谈效率。会谈前工作者应做好谈话提纲，把握谈话方向，确保谈话内容按照既定的计划进行。社区矫正个案社会工作中，往往会经历多次的会谈，会谈的内容虽有不同，但是会谈的过程是固定的，即开始、发展、结束三个阶段。

1. 开始阶段。每次会谈的开始阶段，社区矫正个案社会工作者可以通过一些非正式话题拉近双方距离，降低双方的防备心，然后逐渐将话题转入会谈的主要内容。初次会谈时，社区矫正个案社会工作者的任务是比较艰巨的，需要完成以下事项：表达出对社区矫正对象的接纳、同感和关心；致力于专业关系的建立；鼓励矫正对象进行充分的表达，从中收集相关信息；介绍社区矫正机构以及社区矫正个案社会工作的特点和功能，能为其提供的矫正服务等。如果不是第一次会谈，那在此阶段，社区矫正个案社会工作者可以对矫正对象表达近段时间的关怀和问候；邀请矫正对象分享近期的行动、经历和感受；对矫正对象的改变和进步进行肯定；介绍接下来的工作等。

2. 发展阶段。社区矫正个案社会工作者需要在会谈的发展阶段完成会谈的主要任务。虽然会谈的最终目标是帮助社区矫正对象解决问题，促进其回归社会，但每次会谈的主要目标和内容是不一样的，要根据制定的矫正方案严格执行。例如，在探索矫正对象问题成因的会谈中，社区矫正个案社会工作者应充分利用各种沟通技巧，引导矫正对象进行充分的表达，帮助矫正对象对过往经历、现在所处的情景、存在的问题进行分析，从而共同找出可能对矫正对象问题形成有影响的各类因素。无论是什么目的的会谈，在会谈过程中，社区矫正个案社会工作者都要将会谈的内容进行控制和集中，避免谈话内容过于空洞。

3. 结束阶段。社区矫正个案社会工作者在完成每次会谈任务后，随即进入会谈的结束阶段。一般结束阶段持续时间不能过长，否则容易喧宾夺主，以10分钟左右最为合适。首先，在结束阶段工作者需要协助矫正对象处理会谈过程中引起的强烈而激动的情绪；其次，需要向矫正对象交代会谈结束应该自行完成的任务；再次，需要同矫正对象一起确定下次会谈的时间、地点以及会谈的主题；最后，需要礼貌地送矫正对象离开。至此，一次会谈过程便宣告结束。[1]

(三) 沟通

良好的沟通是形成积极会谈的前提与基础。沟通，是指双方借用语言或非语言符号，互相交换观念、感受、信息、情感等内容的双向互动。沟通的过程一般分为编码、传递、解码、反馈四个阶段，即信息发出者将想表达的内容进行编码，通过一定的符号介质传递编码给信息接收者，信息接收者在收到编码后会根据自身的理解进行解码，随后将自己的理解信息反馈回信息发出者，从而完成一次沟通。

在社区矫正个案社会工作中，沟通是必不可少的，但良性的沟通需要一定的技巧与方法。例如，在实践中有时候会出现社区矫正个案社会工作者与矫正对象双方身份不平等、工作者自身能力导致编码误差、环境因素导致信息传递产生偏差、矫正对象理解偏差导致解码失败等沟通障碍问题，良性的沟通技巧与方法有利于后续工作的开展。

对于工作者而言，合理运用语言符号、身体符号、环境符号可以有效帮助工作者应对沟通障碍，提升沟通效果。首先，在语言符号方面，良好的文化素养和一定的经验积累可以有效提升社区矫正个案社会工作者的编码能力，从而能够把话说得清楚、说得准确、说得恰当和说得巧妙。其次，合理运用身体符号也十分重要。身体符号即身体语言，在与矫正对象的沟通中，身体符号的使用要具备自然、个性、美感三个要求。最后，合理运用好环境符号。例如，在整洁规范的会谈室的沟通会因所处环境往往显得较为正式，在较为艳丽轻松的环境下的沟通则会较容易使矫正对象放松心情，因此，社区矫正个案社会工作者要根据沟通的目的选择、布置恰当的沟通环境。

二、记录

资料的收集和资料的记录是密不可分的，社区矫正个案社会工作记录是指社区矫正个案社会工作者将与矫正对象的互动过程以文字或其他方式详细记录下来。保留记录，是社区矫正工作的重要内容。

(一) 记录的方法

在社区矫正个案社会工作中，记录的主要方式分为文字记录、录音记录、照片记录、录像记录。文字记录是指通过文字进行记录的资料，包括手写记录与打印记录，

---

[1] 许莉娅主编：《个案工作》，高等教育出版社2013年版，第215页。

是较为常见的记录方式，也是最方便、经济的记录手段。录音记录是通过录音设备，将社区矫正个案社会工作的相关资料以音频的形式记录下来。照片记录是通过摄影装备采集的图片信息资料，一般为矫正对象的环境资料。录像记录是通过录像设备，将工作者与矫正对象接触、互动等过程记录下来，录像记录有利于督导工作的开展。

在记录的过程中，可以分为过程式记录和摘要式记录。过程式记录指社区矫正个案社会工作者将与矫正对象初次接触到结案期间所有的互动内容详细记录下来。过程式记录主要包括矫正对象的基本资料、会谈内容、互动过程中的行为记录、工作者的分析等。摘要式记录一般是按明确的大纲和标题将各种资料组织起来，表达工作者对某一工作内容的基本观点和看法，具有结构性强的特点。

（二）记录的要求

在社区矫正个案社会工作的记录中，记录应符合以下要求：

1. 记录要完整。在进行社区矫正个案社会工作记录时所记录的内容应该是全面、完整的。一般情况下，一份完整的社区矫正个案社会工作记录主要包括：①矫正对象的基本情况，例如姓名、性别、文化程度、犯罪类型、刑期等。②家庭情况，例如家庭成员的构成、关系等。③矫正对象的矫正情况，例如矫正期间的奖惩、一贯表现等。④对矫正对象问题的描述，例如矫正对象问题产生的原因、产生问题原因的分析、解决措施等。⑤矫正对象所处环境评估，例如生活环境、可利用资源等。⑥矫正期间的其他资料，例如矫正期间的相关评估、测评等辅助资料。

2. 记录要符合社区矫正机构规范。社区矫正机构对社区矫正期间的记录有着规范性的要求，社区矫正个案社会工作的记录必须符合社区矫正机构的文书撰写规范。如果是社区矫正机构没有专门要求的记录，工作者可以在符合标准的基础上根据自身风格进行记录。

3. 使用专业术语。在社区矫正个案社会工作记录时，应避免使用不规范的词汇。专业术语使用错误，不仅会影响沟通，给矫正工作带来负面影响，也可能对矫正对象带来负面影响。相关专业术语的使用可参考中华人民共和国司法行政行业标准—社区矫正术语（SF/T 0055—2019）。

4. 及时记录。社区矫正个案社会工作记录要求进行及时记录，以免遗漏对重要信息的记录。但在一些不适宜当场记录的情况下，应灵活处理。例如在会谈时，当场完成记录既有一定的困难，也会影响会谈的效果，在这种情况下工作者可以采用录音的形式记录音频资料，在会谈结束后及时整理记录。

5. 保密要求。保密是社区矫正工作中最为重要的要求之一，我国《社区矫正法》中也提出了保密要求。在日常工作中，工作者应妥善保存相关资料，调取查阅相关资料应严格遵守审批程序。工作者在记录时使用录音录像设备的需向矫正对象表明，对于非社区矫正工作强制要求的记录，如果矫正对象不同意记录的，工作者应尊重矫正对象意见。

三、收集资料

社区矫正个案社会工作中收集资料是收集与工作开展相关的资料。在这些资料中，应重点查找收集矫正对象的犯因性问题相关资料，收集到社区矫正对象问题产生相关的资料后，工作者可以比较方便地分析出矫正对象产生问题的原因，从而针对性地提出解决措施。

（一）收集资料的方法

一般常见的收集资料方法有以下几种：

1. 问卷法。在社区矫正个案社会工作中可以运用各种不同的调查问卷收集资料。社区矫正个案社会工作者可以根据工作需要设计不同的问卷，随后将问卷发放给需要调查的对象进行填写，随后通过得到的问卷结果得到需要收集的资料。问卷法调查获得的结果往往简单明了，但收集到的结果不一定精准。

2. 观察法。观察是对资料的直接感知与记录。观察法主要是社区矫正个案社会工作者通过自己感觉器官和辅助工具，有目的地对矫正对象的言行举止、生活、家庭、社区环境进行观察，通过观察获取所需收集的资料。观察法的可靠性较高，但效率偏低，对社区矫正个案社会工作者自身的能力素质有较高要求。

3. 文献法。文献是指人们专门建立起来储存于传递信息的载体，是对各种社会活动的记录，包括文字、图像、音频、视频等手段对人类知识进行记录的各种物质形态。

文献法指通过阅读、分析、整理有关文献材料，全面、正确地研究某一问题的方法。社区矫正个案社会工作者可以通过查找已有的文献资料来获取社区矫正对象的有关资料。例如矫正对象的个人档案资料、犯罪记录等。文献法能在一定程度上提高工作者的工作效率。

4. 访谈法。这种形式的调查，主要在矫正对象家庭以外的环境中展开，包括矫正对象家庭周围的环境及有关人员，如社区、学校、教师、医院、医生、同事、领导、居委会及其他有关机构。调查期间，应防止损害矫正对象的个人信誉及利益并事先通知矫正对象，征得矫正对象的同意。

（二）分析整理资料

收集好相应的资料后需要进行一定的分析整理。整理资料就是将收集的资料规范化的处理过程，这一过程主要是将收集到的资料进行审核分类。资料的审核是指将收集到的资料进行审查核实，以确保收集到的资料的准确有效，发现错误或缺失的材料要及时进行标记处理。资料的分类是指对收集到的资料按一定标准进行分类，以便于后期的查找使用。分析资料就是将收集到的资料，通过分析研判形成对事实科学的认识。

（三）收集资料的内容

收集资料的内容主要包括社区矫正对象的个人资料及其所在环境的基本状况，与环境的交互作用等方面的资料。

1. 个人层面的资料。

（1）基本信息：包括个人资料、生活经历及重要事件、经济状况、家庭情况、重要的社会关系等；

（2）犯罪情况：包括犯罪原因、犯罪手段、危害后果、犯罪类型、刑罚种类、刑期、服刑情况、监禁表现等；

（3）客观情况：包括身体情况、心理健康状况、情感、智力和技能等；

（4）主观态度：包括认罪悔罪态度、价值观念、对自身生存状态的看法、对被害人的态度、对社区矫正的看法、对现实社会的态度等。

2. 环境层面的资料。主要包括矫正对象生活中的重要社会系统及可以借助的各种资源系统。社会系统主要包括矫正对象的家庭、亲属、朋友、邻居、学校、单位等能够帮助矫正对象进行矫正的，对其抱有的希望和支持都是社区矫正个案社会工作者必须了解和认识的内容。资源系统主要包括各种可以借助的资源，如邻里关怀、志愿者服务、各种社会保障政策、各类专业服务组织可能提供的服务，等等。

3. 个人与环境交互作用层面的资料。主要包括矫正对象个人与周围环境的关系，特别是与重要人物的关系、矫正对象寻求帮助的主要方式、各种社会系统对他们求助的反映等。

四、策划方案

社区矫正个案社会工作者明确矫正对象存在的问题后，可根据矫正对象存在的问题确定工作目标，策划工作方案。工作方案在社区矫正个案社会工作中起着导向作用，是开展后续工作的依据。

（一）策划方案的原则

1. 协商原则。社区矫正个案社会工作的方案应该与社区矫正对象协商确定。方案的策划制定不应由社区矫正个案社会工作者单方面决定，要充分征求矫正对象的意见，这不仅体现了对矫正对象的尊重，也容易激发矫正对象的信心，以便于更好的解决问题。

2. 可行性原则。策划的方案要切实可行。一是策划的方案要具有可测量性，以便量化方案实施效果；二是策划的方案要切合实际，如果矫正对象所需获得的支持是社区矫正个案社会工作者无法提供的，那么该方案将不具操作性。

3. 方案与社区矫正机构的功能保持一致。社区矫正个案社会工作是社区矫正工作中的一项重要内容，矫正对象在矫正过程中必须服从社区矫正机构的管理，矫正对象问题的解决依赖于社区矫正机构提供必要的资源和服务，如果所定的方案与社区矫正机构的功能相违背，那么很可能导致矫正对象无法获得适当的支持和帮助，导致方案失效。

(二) 策划方案目标

这里的目标指经过工作者提供的服务后，希望社区矫正对象获得的结果。在社区矫正的实践中，工作者可以将矫正目标划分为两类，即总目标和具体目标。

1. 总目标。社区矫正个案社会工作中，总目标是指矫正对象经过社区矫正，重新回归社会，成为一名守法公民。具体来说就是帮助、引导社区矫正对象学会自我调节精神状态，克服心理障碍，重新树立正确的人生观、价值观，顺利回归到社会生活的正常轨道上。

2. 具体目标。社区矫正个案社会工作中，具体目标是指社区矫正个案社会工作者帮助社区矫正对象完成一件或几件具体的任务，具体目标的达成是为了总目标的达成。具体目标是可以观察并可测量的，是达到总目标的那些较小的、增量的成果。例如，学会制定职业生涯规划、严格遵守日常监管制度、缓解紧张的人际关系、建立正确的交友观等。

(三) 策划方案的步骤

社区矫正个案社会工作方案的科学性直接关系到矫正活动的全过程。因此，社区矫正个案社会工作者在遵循前述原则的前提下，通过以下程序开展工作：

1. 确认问题。社区矫正对象区别于一般的社会工作对象，社区矫正对象与社区矫正个案社会工作者互动过程中往往不是主动地求助，而是被动地接受。大多数矫正对象不能正确认识自身的犯因性问题，这在一定程度上增加了社区矫正个案社会工作者发现问题产生原因的难度。因此，社区矫正个案社会工作者要通过各种收集资料的方法广泛地收集资料，仔细分析出矫正对象的犯因性问题。

2. 列出目标。社区矫正个案社会工作者可以鼓励、引导矫正对象列举尽可能多的目标。如果矫正对象没有意识到重要目标的存在，社区矫正个案社会工作者应当给予提示。这一过程要注意使用沟通的技巧，尽可能使用支持性、发展性的语言，避免或减少负面语言,这既有利于矫正对象接受,体现出对矫正对象的尊重,也有利于促进其成长。

3. 选择顺序。①先具体后抽象。首先要把具体目标的达成排在首要的位置,其次才能是总目标。②先直接后间接。按犯因性问题与犯罪之间的关联的紧密程度,把最紧密的直接目标排在优先位置。③先易后难。即按目标达成的难易程度,把最容易达到的目标排在优先位置,以增加社区矫正对象的信心。

4. 达成结果。确定目标优先次序后,社区矫正个案社会工作者运用专业知识及相应的技术,在双方协商的基础上,帮助社区矫正对象清楚地定义目标,以保证方案的可操作性。

五、评估

社区矫正个案社会工作评估是指社区矫正机构或社区矫正个案社会工作者根据矫正目标,运用可操作性的科学手段,对矫正活动和矫正结果进行测评,根据测评的结果不断完善矫正措施,为矫正决策提供依据。

(一)评估的类型

根据不同的分类标准,社区矫正个案社会工作评估可以分为五种类型:

1. 以评估对象为依据。按照评估对象的不同,可以将评估分为对矫正机构的评估、对社区矫正个案社会工作者的评估、对矫正对象的评估等。

2. 以评估的主体为依据。按照评估主体的不同,可以将评估分为由社区矫正机构实施的评估、由社区矫正个案社会工作者进行的评估等。

3. 以评估的目标为依据。按照评估的目的不同,可以将评估分为阶段性评估、过程性评估、结果评估等。

4. 以评估实施的时间为依据。按照评估开展的时间不同,可以将评估分为前期评估、中期评估、后期评估。

5. 以评估项目为依据。按照社区矫正个案社会工作过程中实施的各类项目不同,可以分为矫正对象需求评估、社会环境评估、社会影响评估等。[1]

(二)评估的原则

评估的类型虽然很多,但是不论是何种评估,都应遵循以下原则:

1. 矫正对象参与。矫正对象参与评估过程很重要,因为评估工作是对以往工作和成绩的回顾,让矫正对象参与评估可以帮助其回顾自身成长的过程,同时也为其提供

---

[1] 吴艳华、李明宝主编:《社区矫正对象个案矫正》,中国人民公安大学出版社2020年版,第156页。

了一个再次学习解决问题方法的机会。另外，矫正成效的评估只有矫正对象最有发言权，只有矫正对象认可的个案工作才是真正有效果的个案工作。可以说，矫正对象的评价是评估工作的重要指标之一。

2. 保密。保密是社区矫正个案社会工作者最基本的职业操守，在进行评估时，会对矫正对象很多资料进行查阅，其中不乏有一些涉及个人隐私的资料。社区矫正个案社会工作者和矫正机构需要本着以人为本、对矫正对象负责的态度和思想进行妥善处理，以防止因隐私泄露给矫正对象带来伤害。

3. 透明。评估涉及对社区矫正个案社会工作者一段时间以来工作能力和绩效的考察，甚至可能作为社区矫正个案社会工作者行政、法律奖励的评价依据，但是对社区矫正个案社会工作者来说评估结果并不一定都是让人满意的，因此，尤其要保证评估过程和评估结果的透明，只有这样才有助于社区矫正个案社会工作者对矫正过程和成果进行深刻的反思和检讨，才能提升社区矫正个案社会工作者的工作能力。[1]

(三) 对矫正对象评估的内容

1. 遵纪守法情况。主要包括社区矫正对象对自身犯罪行为和社区矫正的认识、日常接受监督管理、参加教育学习和公益劳动、遵守请销假制度、定期进行思想汇报等情况；有无违规违纪、违法犯罪情况；是否受到奖惩等矫正对象的遵纪守法情况。

2. 心理健康情况。主要包括社区矫正对象认知方式的修正、自我控制能力的提高、心理态度、行为归因、心理问题的自我调适、违法犯罪心理的消除、守法心理及其他积极心理和行为习惯的建立，以及不良人格的矫治情况等。

3. 道德素质情况。主要包括社区矫正对象的金钱观、是非善恶观、荣辱观、自我责任感、家庭责任感等道德认知和道德情感，以及道德行为表现和道德自律性等。

4. 社会适应情况。主要包括社区矫正对象劳动观念、择业观念、劳动技能、文化知识、人际交往和社会适应能力等方面。

5. 外界评价情况。主要是社区矫正对象所在社区的组织、邻居以及家庭成员对他们是否悔罪认错，能否正确处理各种人际关系，是否有稳定的职业等情况给予的评价。

(四) 评估的过程

评估是一个过程性的工作，一般来说，评估需要经历准备阶段、设计阶段、实施阶段、总结阶段四个时期。

1. 准备阶段。在准备阶段主要任务是为后期评估工作的开展打下基础，主要从事以下方面的工作：一是明确评估的目的是什么；二是确定评估的主体，也就是谁来开

---

[1] 吴艳华、李明宝主编：《社区矫正对象个案矫正》，中国人民公安大学出版社2020年版，第157页。

展评估工作；三是梳理评估的条件，也就是评估过程中可能用到的资源有哪些，这里可以包括一些已有问卷、量表的选择等。

2. 设计阶段。评估是一个科学性较强的活动，并不是仅凭借经验或者一时兴趣就可以很好地完成，需要在全面准备的基础上进行严格、合理、科学的设计后，方可以执行。因此，评估主体在接到评估任务后，需要第一时间确定要解决的问题，从而着手收集、分析相关资料，完成评估方案的制定工作。

3. 实施阶段。评估方案设计完成后，需要严格按照方案开始实施。实施评估方案实际上是按照评估设计的基本程序具体进行评估的过程，也是将评估方案化为具体行动的过程。因此，实施评估方案在很大程度上与评估方案的设计有一致性和交叉性，许多在实施评估方案时进行的活动在所设计的评估方案中应该有所体现。

4. 总结阶段。评估完成后，不仅需要对评估的结论进行系统性的阐述，还要对评估的过程进行简单的总结。对评估过程科学性的总结实际上也是对评估结论的科学性和正确性的较好展示，当然，同时也可以帮助评估主体对评估过程进行反思、提炼，提升评估能力。[1]

---

[1] 吴艳华、李明宝主编：《社区矫正对象个案矫正》，中国人民公安大学出版社2020年版，第158~159页。

健全城乡社区治理体系，及时把矛盾纠纷化解在基层、化解在萌芽状态。

——2022年10月16日，习近平总书记在中国共产党第二十次全国代表大会上的报告

第九章　社区矫正小组社会工作

社区矫正小组社会工作是以小组的形式开展的社会工作服务方法，旨在以人际互动为基础，通过专业小组活动来恢复和增强个人和团体的社会功能，使矫正对象顺利回归正常社会。

第一节　社区矫正小组社会工作的基本概念

一、小组社会工作

小组社会工作又称群体社会工作或团体社会工作，是社会工作的三大工作方法之一，它是将有相同属性的一群人聚在一起，在专业的社会工作者的指导下，通过组员之间的相互沟通、交流、分享，让组员全面了解自己、认识自己、激发潜能，并有效地协助组员解决个人与社区之间的关系，最终完成个人蜕变，实现小组目标。

小组工作通过有目的的小组活动，协助每个人有效地处理个人、小组和社区问题。小组工作方法为案主提供一个可"分享"的小群体。在这个团体中，成员都是有过相同经历的人，"共通性"的存在使其更容易进行相互倾诉与交流。在小组中，小组成员可以敞开心扉，"分享"彼此的经历与感受，宣泄不良情绪，减少心理压力。通过有目的的小组活动，让他们分享进步的快乐，提高解决问题的能力；学习如何改变环境，增强适应能力，修正和澄清各种错误认识，调节不良情绪，形成正确的价值观，养成

良好的行为习惯,获得重新投入生活、追求成功的信心和勇气。同时小组工作也有助于小组成员发挥自我潜能,建立社会支持网络,重塑自我形象。[1]

二、社区矫正小组社会工作

社区矫正小组社会工作是指被判处管制、宣告缓刑、裁定假释、予以监外执行的罪犯在社区服刑期间,社会工作者运用专业理念和价值将社会工作理论和方法,将小组工作运用到罪犯的社区矫正中,协助罪犯在社区矫正期间重建认知、规范行为、改造自我、提升能力、恢复社会关系,最终完成再社会化,重新回归社会。

三、社区矫正小组社会工作的特点与功能

(一) 社区矫正小组社会工作的特点

1. 小组成员问题的共同性或者相似性。在小组工作中,要注意小组成立的特殊性,注重具有相似犯罪情况或者个人状态的矫正对象的归类处置,将其置于同一矫正小组中,同样犯罪经历的人员会在小组中寻找相似点,得到心灵的安慰,有助于小组组员建立更为团结、互助的关系,社会工作者能够采取更加有效的矫正方式达到矫正目的,实现组员的身心自省。

2. 强调小组成员的民主参与。社区矫正小组活动的全过程必须是矫正对象自愿参与,即使是司法所转介过来的矫正对象,也要根据案主的意愿来进行安排和协调。强调尊重每一个小组成员的想法和决定,这也是社会工作的核心理念和服务宗旨。

3. 注重团体的动力。在矫正小组中,矫正小组成员必须学会共同思考、团结协作、共同面对环境。这个过程既会增进矫正小组成员与他人配合解决问题的能力,也可以用团队的力量来共同解决问题,使矫正人员慢慢改变自己曾经错误的犯罪心理,真正认识到作为社会人应该承担的社会责任。

(二) 社区矫正小组社会工作的功能

1. 强化组员能力建设。社区矫正对象具有犯罪经历,存在对自身的非理性认知和行为的偏差,矫正工作者可以为服务对象匹配相关的教育小组、治疗小组。小组工作不单单起到教育、治疗的功效,还给服务对象提供基本生存条件,对他们的就业权益起到保障作用,并且能更契合不同类型的服务对象的需求,发挥思想教育、心理辅导、信息咨询、社会环境改善等方面的服务效果优势,以使其在参与过程中促进预期的变迁。

---

[1] 梁赋:《试论社会工作方法在社区矫正中的运用》,载《经济与社会发展》2010 年第 3 期。

2. 促进成员间交流和自我觉醒。只有了解小组活动背后的内涵，才可以真正清楚服务对象的内心需求和想法，小组才能够推动个人人格的互动发展，促进个人成长，通过小组组员互动合作的集体行动，改善个人或群体的健康成长的社会目标。小组还给矫正对象提供同质性的归属感，使其能够在心理上得到相互的支持，在与他人和自我互动的过程中，互相分享亲身经历和体会，感染和帮助同伴建立改变行为的信心，在他人的经验中收获、成长。同时在小组中，组员通常可以建立更为团结、互助的关系，结合各自性格特点与小组的情境后，利于创设灵活、轻松的组内氛围，为社区矫正社会工作者敏锐地发现问题创造有利的观察环境，从而易于发现背后原因，给予矫正对象支持，提升自我效能感。

3. 实现社会控制。矫治性、治疗性与教育性的小组工作，可以通过矫正小组过程使矫正人员学习遵从适应社会需要的行为规范，培养理性看待事物的思维，树立起社会责任心，使其适应并遵守社会的生活准则，在社会生活中担当起积极而有用的社会角色，避免再次发生偏离行为或越轨行为，为之后回归社会打好基础，从而促进社会的良性运行和协调发展。[1]

4. 完成再社会化。首先，服刑人员被动通过缓刑、假释来接受社区矫正教育，并未正确认识到社区的教育对自身能力建设的重要性。小组社会工作者有效地帮助当事人将抱怨转化为目标，从而促进挖掘其已有的解决问题的资源和潜在能力，最终成功地达成服务目标。其次，社区服刑人员犯罪入刑后，面对新的境遇，在认知、行为、心理等方面产生适应性问题和焦虑、自责、懊悔等情绪化反应。以目标导向性的小组辅导模式更有助于解决社区服刑人员的社会适应性问题，发挥正向性、建设性的社区矫正服务优势。[2] 同时小组工作通过帮助其成员建立适应社会需要的新价值观、新知识、新技巧，来改变矫正人员的行为，有助于帮助他们将来成为更适应社会生活的社会角色。

第二节　社区矫正小组社会工作的类型

社区矫正社会工作者可以根据矫正对象的不同问题和需求，组成各种不同的社区矫正小组，通过帮助矫正对象参加特定的小组活动来改变矫正对象的不良恶习和行为，从而实现社区矫正的功能和目的。在工作实践中，大致可以将矫正对象分为以下几个

---

[1] 霍修浩：《小组工作在社区矫正中的应用性研究》，载《法制博览》2015年第23期。
[2] 孙玉颖：《小组工作在社区矫正中的运用和思考》，载《法制博览》2019年第26期。

小组。

一、教育小组

（一）教育小组内涵界定

教育小组主要运用在社区、学校、医院等场所，帮助小组成员学习新知识、新方法，或者补充现有知识的不足，促使成员改变其原来对自身问题的错误看法，尤其对社区矫正人员，让他们重新认识自身的犯罪事实，从而改造自我，找到解决问题的方式，实现小组成员的发展目标。

（二）教育小组目标任务

在教育小组中，社区矫正社会工作者要注意以下三点：

1. 要帮助成员认识到自身存在的问题，能够真切地忏悔、改过、觉悟，并有自我解决问题或者依靠别人帮助的需要。

2. 促使小组成员确立新观念、新视野，树立正确的人生观、价值观，从而改变看问题的角度。

3. 开展干预服务，降低小组成员的问题行为特征，改变其现有的错误行为模式，达到改变自我的目的。

二、成长小组

（一）成长小组内涵界定

学术界目前尚无统一的权威界定，刘华丽将成长小组界定为：凡通过小组形式，在小组工作者的协助下，运用有目的的小组经验，促进小组成员间互动与彼此成长的活动，都可称为成长小组。[1] 本文所指成长小组，强调小组成员的主体性以及其对小组成员的发展性和教育性功能等方面。

成长小组大多运用在各类学生及边缘群体的辅导工作，旨在帮助组员了解、认识和探索自己，从而最大限度地启动和运用自己的内在及外在资源，充分发挥自己的潜能，解决存在的问题并促进个人正常健康的发展。

（二）成长小组实施原则

1. 社会工作者角色的主导性。在成长小组开展过程中，从小组策划、组员筛选、活动实施，再到效果评估等方面，社会工作者都起着举足轻重的作用。它指的是具备一定专业能力的社区矫正社会工作者，在专业价值观的指导下，以有经验的方式引导

---

[1] 刘华丽：《浅议成长小组的社工模式》，载《华东理工大学学报（社会科学版）》2003年第1期。

和带领组员沟通、互动、融合，促使组员发现自身问题，并通过他者或集体的力量走出困境，最终实现自身的成长和发展。

2. 小组成员地位的主体性。在小组过程中，特别强调组员的主体性地位。成长小组主要服务对象是小组成员，服务手段不是治疗，而是自我探索。成长小组的最终目标是帮助组员发挥自己的潜能，在情绪、态度和行为等方面获得成长。[1]因此，强调组员的主体性地位，是指要尊重每一个组员的独特性，要以每一个组员的自身潜力和价值为源泉去寻找改变其现状、实现其发展目标的手段和途径。

3. 活动内容的专业性。成长小组越来越受到重视，并逐渐面向更多的群体，但是在具体实施过程中必须保证活动内容的专业性。活动内容集中于人际交往、问题解决、沟通方式、价值观念、认识自我、了解他人等成长性主题之上，通过小组活动促进小组成员了解自我、发掘潜能、实现自我。因此在准备活动内容时，社会工作者需要精心设计，以保证所设计活动内容更加适合其面对的小组成员。专业的活动内容既可以保证社会工作者更好地发挥其专业价值和功能，又可以保证成员之间更好地互动和沟通，进而促进组员问题的解决和目标的实现。[2]

三、支持小组

（一）支持小组的内涵界定

支持小组一般由具有某一共同性问题的小组成员组成，通过组员彼此提供信息、建议、鼓励和情感上的支持，达到解决问题和成员改变的效果。在支持小组中，最重要的是小组成员的关系建构、相互交流和支持，同时可以利用社会资源来帮助社区矫正对象，包括矫正对象家属、朋友的支持，还有社会志愿者、热心人士、社会组织的关爱，等等。常见的案例如"单亲家庭自强小组""癌症患者小组"和针对吸毒人员的"同伴治疗小组"。

（二）社区矫正社会工作者的任务

社区矫正社会工作者的任务是指导和协助小组成员讨论自己生命中的重要事件，表达经历这些事件时的情绪感受，建立起能够互相理解的共同体的关系，达到使组员相互支持的目的。动力源于小组成员的需求本身，社区矫正社会工作者在小组形成以后一般处于"边缘化"的位置，扮演的只是推动者和协调者的角色。

---

[1] 刘梦主编：《小组工作》，高等教育出版社2013年版，第94页。
[2] 徐选国、陈琼：《社会工作成长小组模式建构——青少年社会工作实践的新领域》，载《社会工作（下半月）》2010年第7期。

四、治疗小组

治疗小组一般包括那些不适应社会环境或社会关系网络断裂破损而导致行为出现问题的人群,尤其针对社区矫正人员、吸毒人员或家暴受害者。

社区矫正社会工作者要通过小组工作的活动过程,帮助组员了解自己的问题及其背后的社会原因,利用小组经验交流和分享,辅以一定的资源整合或社会支持网络,以达到对小组员的心理和社会行为问题的治疗,从而改变小组成员的行为,重塑其人格,开发其潜质,促使其成为健康、健全的社会人。

第三节　社区矫正小组社会工作的过程

小组工作一般分为小组前期准备阶段、小组开始阶段、小组中期阶段、小组后期阶段、小组评估阶段。为了更好地理解每一步骤,将以具体例子加以介绍说明。

一、准备阶段

(一) 问题调研和需求评估

小组是根据特定需求、现象或问题建立的。社会工作者首先要对矫正过程中现实情况进行调研和评估,一般包括问卷发放、个别访谈、第三方间接介绍、亲自观察等方式。社会工作者在和矫正人员交谈时,可以不同程度地发现矫正人员的问题,比如缺乏自信、存在沟通障碍、人际交往困难等,通过访谈的形式,可以确定存在的问题,进而采取具体的矫正措施。

小组是为了帮助组员解决问题而成立的。因此在成立之前,社区矫正社会工作者需要对组员的需求有一定了解,这也是小组成立的关键一步。

问题调研之后就需要进行需求评估,通常包括收集资料、分析资料、制定干预方案,即通过文献或访谈的方式收集各种有关小组的资料,如组员对某一问题的看法、组员在某问题上的困扰,然后对这些问题进行分析整理,最后制定初步的小组方案。[1]

(二) 组员的招募和遴选

1. 招募组员。小组成员是小组活动的主体,参与小组的组员需要有与小组目标一致的个人目标,组员和组员之间要有相似的个人目标或个人特质,所面临的问题和需求的相似有利于组员之间的分享和互动,也有利于小组目标的达成。小组的成员人数

---

[1] 刘梦主编:《小组工作》,高等教育出版社2013年版,第161页。

一般是 8~12 人，招募的对象一般是主动向本机构寻求帮助的人员、本机构服务的某些对象、其他机构转介而来的特定对象、社区居民向本机构介绍的某个人员等。

2. 遴选与评估。有了具体的问题和需求，小组就是针对某一特定人群。社会工作者要对参加的人员进行面试，即对所有报名的人员进行评估，了解每个人的个人特质，包括共同或相似的问题，或者有无共同兴趣或意愿；犯罪情况；年龄和性别；文化程度或者对某一问题的看法；家庭状况；职业状况；对参加小组的要求等。

3. 确定组员。在筛选了报名参加的人员信息后，依据筛选标准最终确定小组成员的名单，之后则需要对确定的小组成员进行资料录入和完善，包括个人信息、家庭情况、矫正情况等，方便后续小组活动的设计和开展。

4. 案例分析。在醉驾服刑人员小组工作介入的案例中，筛选组员的标准具备如下特点：法律知识欠缺，认知偏差相对严重，长期难以走出情绪困扰，再融入信心匮乏。社区矫正社会工作者通过两种方式招募组员：一是在项目组微信公众号推送招募信息，服务对象自主报名；二是通过访谈和问卷调查，筛选出符合条件的成员后，报给 H 区各个司法所，通知符合条件的人员参加。最后筛选出 8 名组员，具体情况如下：均为男性，已婚，年龄在 28 岁至 45 岁之间，因醉酒驾驶机动车入罪，酒精含量 100mg/100ml~210ml/100ml；经过法院审判后，在社区接受矫正；入矫之前均有工作，目前有 5 人处于失业状态；驾驶证被吊销；均在 2019 年 9 月期间到 H 司法局报到，接受社区矫正，具体由其所住街道司法所管理执行；社工组建小组时，他们已在社区服刑 2 个月，还有 4 个月左右的时间解矫。下面介绍 4 个小组成员的具体情况。

组员一：丁某，男，36 岁，酒后驾驶二轮摩托车，行驶至十字交叉路口时，与行人解某发生轻微剐蹭，民警到场后发现其存在酒驾可疑性。后经司法鉴定，丁某体内酒精含量为 111mg/100ml，属醉酒驾驶，初犯。经人民法院审判，判处拘役 1 个月，缓刑 6 个月，并处罚金。案发前丁某为某公司普通职员，案发后被迫离职，目前失业。通过观察发现，丁某服刑期间持续情绪低落，总皱着眉头，沉默寡言。走访得知，其自从出了事以后，一直都是这个样子。

组员二：田某，男，42 岁，驾龄 14 年。酒后驾驶私家车外出，驶出小区不久，便被交警当场查获，经司法鉴定，体内酒精含量为 131mg/100ml，属醉酒驾驶，初犯，无事故。经人民法院审判，判处拘役 1 个月，缓刑 6 个月，并处罚金。案发前田某为国企职工，案发后被迫离职，现在失业。

组员三：全某，男，36 岁，驾龄 12 年，个体经营户。晚饭与朋友聚餐，饮酒后驾驶私家车行驶至某路段时，交警对其进行检测，吹气结果为 216mg/100ml，经司法鉴定，酒精含量 210mg/100ml，属醉酒驾驶。全某签订了认罪认罚同意书，后经人民法院审判，判处拘役4个月，缓刑6个月，并处罚金。

组员四：江某，男，38岁，驾龄10年，某公司部门副经理。酒后驾驶车辆，行驶3公里左右与前方车辆轻微追尾。吹气结果为157mg/100ml，经司法鉴定为149.75mg/100ml，属于醉驾。事故双方到交警大队后达成合意，江某进行赔偿，对方出具谅解书，江某签订认罪认罚同意书。后经人民法院审判，判处拘役2个月，缓刑6个月，并处罚金。[1]

（三）确定工作目标

1. 总目标。总目标由小组类型特征及成员的问题和需求所决定，大致包括指导思想和总体任务。社区矫正社会工作者找到案主的真实需要，确定目标就是"水到渠成"的过程。此时社区矫正社会工作者需要思考许多问题，包括由谁决定小组工作是否要实施，自己是否有足够的时间精力和技术来承担小组工作，机构和社区的资源如何，如何招募组员和领导等问题，从而为制定计划打下基础。社区矫正社会工作者必须将小组的目标加以概念化，即思考小组将协助组员达到什么目的，包括社区矫正社会工作者的目标是什么，组员的目标是什么，机构的目标是什么，小组的长期目标、中期目标和短期目标是什么，为达到目标要多少组员才适中，为了达到目标，小组的聚会要多长时间，采取何种方式达到目标等问题。

2. 具体目标。具体目标包括沟通目标、过程目标、实质目标和需求目标。

沟通目标是一个分目标，强调互相沟通，透过组员的自我解剖和彼此分享，给予组员支持，为总目标服务。

过程目标是在小组各个阶段的分目标，因为小组在每一次聚会中都会带出些新问题，这些问题（需求）就成为过程目标。由于过程是动态的，所以这个目标只会在过程中带出来，很难预先设定这个目标是什么。

实质目标就是小组目标范围，也就是小组目标的内容，实质目标其实限制着小组的功能，小组必须在这些目标范围内工作，不能超越范围。

需求目标是指个别组员的特殊需求，希望在小组中达到的个人目的。一般个人目标与整体目标是一致的，因为目标的设定就是来自个人的真实需求，但由于个体的差异，每个人都有自己的特殊需求，需求与总目标冲突时，个人要服从总目标。但一定要在小组过程中留意个人的期望和问题等，对总目标作出修订。

总之，确定目标是小组筹备中重要的一环，只有清楚目标，才能有的放矢地工作。但我们一定要清楚目标的确定是一个动态的过程，绝不能将目标僵化，相反，在小组

---

[1] 武子芳：《醉驾服刑人员社区矫正的小组工作介入研究》，西北农林科技大学2021年硕士学位论文。

过程中不断地对小组目标作出修订，这样才能最大限度地帮助案主。而且目标不是一个，而是许多个，我们应该处理好各种目标之间的关系。[1]

3. 确定目标原则。目标要清楚，可以测量和评估；要有明确的时间限定；与小组成员的实际能力相匹配；具体目标之间具有相容性，不能相互冲突；目标的表达要尽量使用正面的、肯定的语言。

（四）制定工作计划

1. 具体内容。在开组前撰写小组计划书是非常必要的，小组计划书需要得到机构的支持和批准，并且得到资金的资助。撰写小组计划书还能够使小组工作者对小组理念、理论框架、目的等有清晰的认识，帮助社区矫正社会工作者对每一次的小组活动做好准备。计划书还是一个小组工作的程序设计，可以使社区矫正社会工作者清晰地知道工作的程序安排和每一个阶段的活动安排。一个完善的计划书设计也可以为小组评估奠定基础。

一个完善的工作计划应该包括：理论的阐述；目标；小组组员，包括个人特质、年龄、教育背景、矫正情况等；小组特征，包括规模、持续时间、活动的时间；初拟的程序计划，包括每次活动计划、时间、地点、活动的目的、所需器材；招募计划；所需要的资源；预算等。

2. 案例分析。根据在矫青少年社会关系排斥的案例，我们可以进一步理解小组的活动计划。

小组开展地点：N县司法所。

小组开展时间：自2023年7月15日开始，到12月15日结束，每月15日9时至11时，共计6次。

小组开展内容，如下表：[2]

小组工作计划表

节次	主题	主要目标
第1节	你我相识	1. 破冰游戏； 2. 认识彼此； 3. 介绍小组目的； 4. 制定小组规范。

---

[1] 刘梦主编：《小组工作》，高等教育出版社2013年版，第163页。
[2] 袁东方：《小组工作介入社区矫正青少年社会关系排斥问题的研究》，东南大学2019年硕士学位论文。

续表

节次	主题	主要目标
第2节	改变错误认识，学习交往技巧	1. 通过游戏加深对彼此的认识，同时让组员更加了解自己，学习交往技巧； 2. 让组员通过游戏敞开心扉，走出负面情绪，重新认识自我。
第3节	引导组员学会表达，改善与父母的关系	1. 学习人际交往的技巧； 2. 帮助父母全面了解孩子，改善组员与父母的关系。
第4节	通过志愿服务，树立形象	1. 为小组成员创造实践机会，树立新的形象； 2. 通过志愿服务使矫正对象的同学、朋友和社区居民了解到社区矫正青少年这一群体； 3. 改变对社区矫正青少年的错误认知； 4. 为社区矫正青少年创造友好的矫正环境奠定基础。
第5节	感受社会温暖，重拾生活信心	1. 通过接受志愿服务社区居民的反馈，鼓励社区矫正青少年继续参与社会活动； 2. 表达社区居民对矫正青少年的友好态度。
第6节	乐观面对生活，鼓励运用所学	1. 回顾与总结整个活动感受； 2. 带领组员养成乐观心态。

二、开始阶段

小组的开始阶段一般是前两次活动，也就是开始建立小组、认识彼此的阶段，这是小组是否能正常开展的关键，也是小组规范形成的时期。

（一）该时期组员的一般特征

该时期组员会出现矛盾心理，也会出现试探和兜圈行为。

1. 趋避困境的矛盾心理。在小组的开始阶段，组员往往表现出非常矛盾的心理与行为特征。一方面受到小组的吸引，愿意参与小组；但同时又充满焦虑，担心在小组中失去自我。

2. 试探与兜圈的行为。

（1）试探。由于小组的第一次活动存在着大量的未知因素，对于绝大多数从未有过相似小组经验的组员，他们通常显得有些不知所措，既无法预知小组将会发生什么事情，又很难确定自己的应对方式。在这种情形下，组员一般会以不确定性来面对这未知的一切。

（2）兜圈。小组会面初期，组员会谈一些无关紧要的话题，不愿意先露出自己的真实面目，直到发现有组员似乎跟自己兴趣、话题比较一致，或者跟自己的心思、情绪比较契合，才开始试探性地深入话题。

(二) 小组在开始阶段的特征

本阶段小组的特征是出现了规范和结构。

1. 小组规范的出现。小组规范是指语言和非语言的沟通规则及影响他人行为的方式。规范表明小组独特的行为方式以及不同于其他小组的一些特性，包括责任、参与、开放、诚恳、接纳，自我披露、自我了解、不满的表达等方面的规则与要求。

2. 小组结构的出现。小组结构是指组员之间关系的组成模式，主要包括沟通结构、社会关系结构、权力结构、领导结构、角色结构。

(三) 社区矫正社会工作者的任务

本阶段社区矫正社会工作者的任务有以下几方面：

1. 协助组员彼此认识并消除陌生感；
2. 帮助组员表达对小组的期待，提高他们对小组目标的认识；
3. 讨论保密原则和建立契约；
4. 制定小组规范，包括秩序性规范、角色规范和文化规范；
5. 塑造信任的小组气氛：①主动与组员沟通，建立信任关系；②创造机会让组员表达自己的想法，通过组员之间的相互回馈和关怀自然产生信任；③寻找和强调组员之间的相似性；④培养组员倾听的能力。
6. 形成相对稳定的小组结构，包括沟通、接纳、权利、领导、角色结构。

(四) 社区矫正社会工作者的角色和责任

社区矫正社会工作者在本阶段主要扮演领导者、鼓励者和组织者的角色。

1. 领导者。社区矫正社会工作者处于小组的核心位置，具有指导小组发展、制定小组活动计划、安排小组活动具体程序和落实细节责任的领导角色。

2. 鼓励者。社区矫正社会工作者要主动鼓励组员表达自己对小组和其他组员的各种期望，尽快适应小组环境。

3. 组织者。社区矫正社会工作者要组织一些有助于小组目标达成，且能够帮助组员之间加深了解的活动，促使组员之间尽快建立相对熟悉的关系。

(五) 开始阶段常用的活动

1. 初期打破僵局的活动。在设计第一次聚会的活动方案时，社会工作者需要考虑到两个因素：一是组员的能力与人格特质，包括体力、情绪、心理能力、智力、经验与文化背景；二是活动的结果与小组目标的结合，即社会工作者要组织与小组发展阶段相适应的活动。这个阶段的小组活动并非为活动而活动，而是有目的的活动。小组初期经常使用的活动类型大致包括两种：组员相互认识与熟悉的活动，营造小组气氛的活动。相互认识活动如破冰游戏、自我介绍等；营造气氛的活动主要作用是打破僵局、缓和气氛和活动前的热身，比如互致问候、唱歌与播放音乐。

2. 形成期小组创建与维持的活动。小组形成期的活动，目的主要在于增强小组的整体感和凝聚力。因此活动方案的设计，需要在考虑组员需求与能力的基础上，着重强调目标与实现目标的步骤。

三、中期转折阶段

（一）组员的常见特征

小组中期，组员通常会出现以下特征。

1. 对小组具有较强的认同感。随着组员之间不断熟悉和交流增加，以及小组规范和结构形成，组员对小组的认同感加强，逐渐将自己融入小组，同时也逐渐接纳其他组员。

2. 互动中的抗拒与防卫心理。想表露自己又担心别人不接纳，既想探索自己又害怕认识自己，陷于焦虑和挣扎之中。为保护自己、减少焦虑，会产生防卫和抗拒的心理及行为，如用缺席或迟到来保护自己、沉默寡言、常常转变话题、仅以理性与人进行表面互动、独占话题等。

3. 角色竞争中的冲突。一些组员希望更真实地表达自己不同的意见和分歧，有时也会批评和指责别人。一些组员可能会通过权力竞争来争取自己在小组中的位置。为了竞争，有些组员可能会出现攻击性语言和行为。在这种情况下，有些组员可能因感受不到安全和满足就会在这个阶段退出。此外，有的组员会自满于自己在小组中的角色，挑战社区矫正社会工作者，质疑社区矫正社会工作者，表现出不配合的态度。

（二）社区矫正社会工作者的任务

本阶段社区矫正社会工作者的任务主要为：

1. 处理抗拒行为。要帮助组员了解小组是分享和表达感受的重要场所。同时，要营造一种开放的气氛，帮助成员探索自己的恐惧和防卫，鼓励他们承认并解决他们所体验的任何犹豫和焦虑，等等。

2. 协调和处理冲突。社区矫正社会工作者应包容、冷静和理性，具体措施如下：①帮助组员澄清冲突的本质，特别是澄清冲突背后的价值观差异；②增进小组组员对自我的理解，如运用角色扮演的方法，复制或重现类似冲突情境，以增进自我了解和对他人处境的敏感度；③重新调整小组规范和契约；④协助组员面对和解决由冲突带来的紧张情绪和人际关系紧张；⑤运用焦点回归法，即将问题抛回给组员，让他们自己解决。

3. 保持组员对整体目标的意识：①在所有组员都认可小组整体目标的情况下，可以通过小组团队协作的方式，帮助他们建立一个可执行的计划；②如果小组组员的个人目标与整体小组目标不一致时，可以分别帮助他们形成自己的计划。

4. 协助组员重新建构小组：以组员为主导，社会工作者引导、协助和鼓励组员担负起重构小组的全部责任，一般从小组的时间和程序、沟通和互动模式、介入层面和介入方法等方面进行工作。

5. 适当控制小组的进程：引导组员以小组为中心进行互动，创造一个以小组为中心的问题解决情境，以期更好地实现小组目标。

(三) 社区矫正社会工作者的责任和角色

在中期转换阶段，社区矫正社会工作者不再担任小组的领导者和决策者，而只是小组的协助者和引导者。在处理冲突过程中，社区矫正社会工作者的角色不仅充当工作者、辅导者，而且是调解人、支持者。

(四) 小组中期的工作设计

1. 建立关系的活动设计。此活动设计应该能够促进组员互动合作，提供机会让他们担当不同的角色，并加强他们的安全感和归属感。对于任务小组，可以让组员共同商量解决问题，加强互相的社会支持。对于非任务的成长小组、教育小组等，社区矫正社会工作者可采用一些合作性游戏，让组员在轻松的气氛下解决问题，增加互动与信任，体验亲密感。社区矫正社会工作者也可以利用一些合作性的计划，巩固小组的凝聚力。

2. 学习活动设计。程序活动在这个阶段的另一个主要功能是协助组员学习技巧和自我探索。活动以学习为主，目的是让组员探索自我性格、价值观、掌握知识、学习技巧，发展合作能力等。活动也可以是应用性的，包括讨论如何解决个别组员的问题，或由小组集体执行一些改变环境的任务。

3. 反馈活动设计。在这时期组员之间已经有了一些了解，可让组员互相给予反馈，寻找每人的优点，帮助进行深入探索，获得个人成长。同时通过真诚的反馈，组员能建立更密切的关系。

四、后期成熟阶段

小组工作的后期也就是小组的成熟阶段，标志小组进入良性发展阶段。

(一) 小组及组员的一般特点

这一时期小组及小组成员的主要特点如下：①小组的凝聚力大大增强；②组员关系的亲密程度更高；③组员对小组充满了信心和希望；④小组的关系结构趋于稳定。

(二) 社区矫正社会工作者的任务

本阶段社区矫正社会工作者的任务如下：①维持小组的良好互动；②协助组员从小组中获得新的认知；③协助组员把认知转变为行动；④协助组员解决有关问题。

(三) 社区矫正社会工作者的责任和角色

转折阶段，社区矫正社会工作者虽然开始向边缘转移，但还是接近中心位置。到了后期，社区矫正社会工作者逐渐退移到边缘位置。社区矫正社会工作者扮演的角色是：①信息、资源的提供者和链接者。②小组及组员能力的促进者。③小组的引导和支持者。

五、结束阶段

(一) 小组结束阶段的特点

1. 小组结束阶段的界定。一般而言，小组结束阶段并不是单指小组的最后一次聚会。实际上，它是一个从小组达成目标到小组正式解散，乃至组后对组员进行跟进服务的动态过程。

2. 小组后期的主要特点。

（1）正面和积极的情绪：组员在小组行将结束时所表现出的欢快、满足、肯定等情绪。

（2）负面和消极的情绪：组员在小组后期所表现出的焦虑、恐惧和伤感等情绪，如担忧和失落情绪，否认、逃避和行为倒退，对外面世界的担心。

（3）小组的组织结构退化，组员之间的联结呈现松散状态。

(二) 社区矫正社会工作者的任务

与结束阶段有关的任务是很多的，其主要目标是巩固小组工作的成果，并帮助小组成员独立地、有成果地离开小组。

1. 保持组员的小组经验。社区矫正社会工作者应使他们能够保持已经改变了的行为，并在日常生活里应用小组中获得的经验。社区矫正社会工作者可以用很多方法来帮助小组成员达到这个目标，以下简单介绍几种：①模拟练习：社区矫正社会工作者可以用模拟练习帮助小组成员在相似的情况下工作。②树立信心：社区矫正社会工作者可以帮助小组成员，使他们对自己的能力充满信心。③肯定正面的感受：社区矫正社会工作者可以帮助小组成员体验改变后的正面结果。④跟进：跟进聚会是帮助小组成员使其技能和行为泛化的一种方法。

2. 处理分离的情绪与感受。在小组的结束阶段，小组成员可能同时有正面和负面两种感受。正面感受来自在小组中个人成长的经历，负面感受来自小组关系的即将结束。小组成员会经历失落和分离的感觉。通过指出正面感受，社区矫正社会工作者可以增强小组成员改变的力量。至于负面感受，则需要技巧地处理。

3. 转介。为了能够满足一部分组员对其他服务的需要，社区矫正社会工作者需要与其他机构建立联系网络，了解转介的原则，并使小组成员做好转介的准备，以使他们能从新的服务中得到帮助。在小组成员被转介后，如果转介失败，或者他们不能从新的服务中得到自己所需要的东西，他们应该尽快通知小组工作者。

4. 评估。评估量表的设计一定要针对小组的目标与特性，如果是成长小组，应该以个人成长为测量的对象，量表就要以个人成熟度、敏感度、人际关系及自我了解等有关的项目为主。

（三）做好小组工作评估

小组评估一般分为过程评估和结果评估。通过对小组工作的评估，既可以了解小组成员的改变情况、小组目标的实现程度，又可以总结出整个小组工作的优势和不足，为之后的小组活动提供经验。

1. 社区矫正过程评估。

（1）基本内涵。社区矫正过程评估是在社区矫正活动进行过程中开展的评估。通过对社区矫正方案实施过程及形式的评估，了解社区矫正对象在社区内如何进行矫正、矫正方案的实施是否达到了预期目标、矫正活动的开展对目标完成是否具有效能与效率，从而发现矫正方案及矫正活动的优点及缺点，以便制定解决问题的策略，帮助社区矫正工作者更好地完成矫正工作。

（2）基本内容。社区矫正过程评估属于整体性评估，涉及社区矫正的方方面面，从整体上看，主要包括总结以往的工作和为进一步深化矫正工作奠定基础两方面内容。在社区矫正的过程评估中，评估人员需要思考的问题有很多，总结起来主要包括以下方面：①小组满意度调查。在每一次小组活动结束后，组员都会填写一份满意度调查表提出对本次小组活动的意见和建议。②组员表现。社区矫正社会工作者会在活动结束后根据每位组员的表现——记录，对比每次小组成员的变化，适时对小组活动作出调整。③社区矫正社会工作者表现。每次小组活动之后，组员会对社区矫正社会工作者的表现进行点评，督导也会及时对社区矫正社会工作者的表现进行反馈和指导。

2. 社区矫正结果评估。

（1）基本内涵。一般而言，结果指社会工作干预所带来的服务对象的改变，结果评估就是以测量和判断此种改变为焦点的一种评估模式。社区矫正的结果评估就是对社区矫正实施的结果和效益进行评估。结果评估对于全面评估社区矫正的绩效，改善社区矫正的方式，促进社区矫正目标达成都具有重要意义。

（2）基本内容。对于社区矫正的结果的评估需要着重考虑矫正项目的适当性、效益、效果、社会影响、绩效等因素。

项目的适当性是指社区矫正项目是否能够满足矫正对象或社区的需求，能否适用于相应的矫正对象或社区，也就是说，社区矫正项目不是任意的，而是要在了解矫正对象或社区需求的基础上制定和实施。在实施社区矫正项目之前，需要就矫正对象或社区的需求进行预估。

社区矫正的效益是指社区矫正项目的投入与产出情况。

社区矫正的效果主要是指社区矫正实施后获得的绩效，如实施目标的改变等。

社区矫正的社会影响是指社区矫正项目实施后对实施对象周围环境的影响，如对实施对象的家庭、所在社区等方面的影响。

社区矫正的绩效评估主要是对社区矫正、社区矫正项目、社区矫正社会工作者工作的结果和效益进行评估，因此，绩效评估很大程度上是一种比较性的评估，侧重于纵向比较或横向比较。对社区矫正进行绩效评估，其中一个重要的指标是矫正对象的重犯率。就重犯率看社区矫正获得了怎样的效果，纵向上需要对重犯率在社区矫正实施前和实施后进行比较，横向上需要对社区矫正的试点区和没有试点的区域去进行比较，这样就能看出社区矫正在重犯率方面的效果。[1]

（3）评估方法。在结果评估中采取的评估方法主要有：①定量评估法，根据小组活动以及要实现的小组目标来制定量表，针对小组成员特定的行为和状态，通过小组工作介入前和介入后两次调查的数据变化来对组员的具体变化做出判断，具体的测量方法可采用问卷、访谈、量表和自我报告等；②定性评估法，通过组员自评和重要他人的评价来多方位了解小组成员改变情况。

3. 案例分析。

（1）定量评估。在上文提到的醉驾服刑人员小组工作介入的案例中，该小组的定量评估采用了埃里克森人格问卷测量表来描述小组成员前后的变化。埃里克森提出了人格判断的三个因素为内外向性（E）、情绪性（N）、精神质（P），人们在这三方面

---

[1] 梁赋：《社区矫正专业化研究——社会工作在社区矫正中的运用》，武汉大学2010年博士学位论文

的不同倾向构成了不同的人格。

内外向性（E）：分数高表示人外向，好交际、追求刺激和冒险，情感易冲动，分数低则反之；

情绪性（N）：分数高可能是焦虑、担心、常常抑郁、忧心忡忡、有强烈的情绪反应，以至于出现不理智行为；

精神质（P）：分数高可能是孤独、不关心他人，难以适应外部环境，喜欢寻滋挑事，而且不顾危险。

根据埃里克森的量表对 8 位醉驾人员进行了前后的问卷测量，结果如下：

E 量表前后测数据

	丁某	田某	全某	江某	刑某	张某	杨某	侯某
前测	56.8	66.0	56.4	60.2	49.8	63.2	56.7	57.2
后测	55.1	61.0	55.3	56.0	50.2	58.6	56.1	57.0

E 量表代表人格外向程度。如上表所示小组成员在 E 量表的得分的前测数据普遍比后测数据略高一些，在这一量表得分高表明该类人群比较追求刺激和冒险、情感容易外露、冲动。分数的降低，一定程度上反映了组员在这方面的控制力提升。

N 量表前后测数据

	丁某	田某	全某	江某	刑某	张某	杨某	侯某
前测	59.9	62.0	60.0	63.3	57.3	68.0	62.3	59.1
后测	55.6	56.1	54.2	56.5	53.8	57.2	53.9	55.1

N 量表代表情绪的稳定性程度。从前测数据看，小组成员在 N 量表的得分情况普遍偏高。这一量表的高分人群表现为情绪波动较大，易产生焦虑、过分忧虑和紧张情绪。从上表中可以看到，N 量表的后测数据有明显下降，一定程度上，组员情绪得到缓解。

P 量表前后测数据

	丁某	田某	全某	江某	刑某	张某	杨某	侯某
前测	47.5	46.6	62.2	56.0	57.1	63.5	58.2	58.8
后测	48.7	47.4	58.3	48.8	54.5	59.1	56.1	54.2

P量表的高分特征是不关心他人、难以适应外部环境、同情心相对匮乏,强调个人感受,具有一定攻击性。通过前后测量数据对比可以发现,原本的高分对象,分数有所下降。以此推测,组员的个性化程度相对得到缓和,能够不再过分强调个人感受,同情心所映射的社会责任感以及其对外部环境的适应能力有所加强。

(2) 定性评估。

第一,法律知识掌握情况。服务对象在小组活动的提问环节,在酒驾的规定、量刑标准、处罚标准等知识相关的问题上均能做出正确的回答;在其作为志愿者向居民普法环节,能准确详细地向居民说明相关法律规定;最后均通过了司法局统一开展的法律知识考试。因此小组成员法律知识掌握情况良好。

第二,认知和行为情况。从小组成员平时的感悟分享中,可以明显感觉到认知上的正向改变,能够自省、自查、自纠,并主动签署了文明驾车承诺书,承诺以后不会再发生酒驾行为,在分享感悟环节,8位小组成员均表示今后会遵守法律法规,文明出行,拒绝酒驾行为。服务对象的家属表示,平时生活中,服务对象能够主动向身边的人宣传酒驾危害,倡导劝告朋友"喝酒不开车,开车不喝酒"。根据社区矫正社会工作者持续半年的跟踪观察,发现小组成员在解矫回归社会后均未出现再犯罪情况,且全部实现再就业。

第三,情绪释放和沟通技巧掌握情况。通过与组员的访谈来看,在小组活动中,小组成员的不良情绪和心理压力在一定程度上得以缓解,并能够使用小组活动中学到的沟通技巧去和他人交流。

第四,社会融入信心提升情况。从对小组成员的访谈情况来看,服务对象能乐观地面对事实,接纳自己,并对未来有明晰的规划,对未来的生活充满期待。

以下是其中4名成员的个人感悟:

小组成员姜某:"我之前认为酒驾没什么,现在明白了,在喝酒驾车的情况下,人的注意力会有所选择,身体的感官也不可靠,对驾驶技术的自信是盲目的。以前我只考虑自己,没有想到自己的行为可能会给他人带来伤害,现在十分后悔。今后我不再心存侥幸,要珍爱自己和他人的生命。"

小组成员姜某的家属:"出事后,他就天天待在家里,谁也不见,我也很受折磨。自从上次和他一起参加了小组活动回来,他开始主动告诉我他的痛苦,他说自己说完感觉轻松了很多。这是这么久他第一次倾诉,我也学会了倾听,就希望尽快陪他从这件事里面走出来,未来还很长,相信慢慢都会好起来的。"

小组成员钱某:"在小组里,社会工作者让我们大胆地说出自己痛苦,我们相互分享交流,才发现原来大家和我一样,痛苦不止我一个人。突然感到没那么孤单无助了。

我把自己憋在心里的话都说了出来，感觉很痛快。我是个男人，我觉得哭是不对的，但是社区矫正社会工作者告诉我，哭泣是人的本能和天性，也是每一个人的权利。当我和爱人相互凝视，然后拥抱在一起的时候，全部的委屈、长期以来的情绪积压一下子全都涌了出来，忍不住哭了。我们拥抱着哭泣，哭过后感觉心里真的是不一样的畅快。"

小组成员全某："通过这次小组活动，我认识了很多情况和我一样的朋友，我们太能体会对方的感受了，通过和'难兄难弟'沟通，相互支持鼓励，心里也没有那么难受了。尤其是听了请过来做讲座的那个老板的分享，看到他出狱后积极面对生活，最后还自己创业，获得了这么大的成功，我很受鼓舞，对生活也重新燃起了希望。我和几个组员商量，打算随后一起投资开一家饮品店，遵纪守法，重新开始。此外，在小组活动里，我学会了怎么和家人沟通，如何正确排解不良情绪，现在家庭关系也得到了很大的改善。所以这次小组活动对我来说有很大的收获。"

在小组活动结束后，8名小组成员均面临解矫。H司法局对其通过统一组织考试、个别谈话、日常观察、心理测评和问卷填写的方式进行考核。最终小组成员的考试成绩均合格，经司法局肯定，达到解矫标准。[1]

第四节 社区矫正小组社会工作的技巧

小组工作技巧是指社会工作者在特定的小组范围内，充分运用和融合小组工作的价值、理论和方法，以改变小组成员和实现小组目标的实践行动和工作手法，主要包括沟通与互动技巧、小组讨论技巧、主持小组技巧、小组治疗技巧、小组活动设计技巧、小组评估技巧。

一、沟通与互动技巧

（一）与组员沟通的技巧

社区矫正社会工作者与组员沟通有以下技巧：①营造轻松、安全的氛围；②专注与倾听；③积极回应；④适当自我表露；⑤对信息进行磋商；⑥适当帮助梳理；⑦及时进行小结。

---

[1] 武子芳：《醉驾服刑人员社区矫正的小组工作介入研究》，西北农林科技大学2021年硕士学位论文。

（二）促进组员沟通的技巧

社区矫正社会工作者促进组员沟通有以下技巧：①提醒组员相互倾听；②鼓励组员相互表达；③帮助组员相互理解；④促进组员相互回馈；⑤示范引导，如提问的技巧及回馈的方式。

二、小组讨论技巧

（一）小组讨论的事前准备

选择合适的主题；注意讨论主题的措辞；选择合适的讨论形式；安排活动的环境；挑选合适的参与者；准备好讨论草案。主要包括：①开会讨论的目标是提供资料还是激发兴趣，或是寻找解决问题的办法；②讨论素材；③讨论场地及设施准备清单；④讨论时间的掌握、讨论的重点问题与次要问题时间的分配。

（二）主持小组讨论

1. 开场的技巧。社区矫正社会工作者要介绍参与者，或通过其他的方式使成员互相认识，引出将要讨论的主题或者讨论提纲，如无特定提纲，则介绍讨论的背景、意义与目标，讨论的规则及要求。

2. 了解的技巧。社区矫正社会工作者要随时观察和感知组员的语言、认知、情绪和行为，适时给予支持和鼓励；适时将自己对小组的感觉与思考反馈给组员；给予组员安全的小组气氛，使每一位小组组员没有戒备地流露真实的自我，并勇于接受讨论中有时因证据不足而出现的挫折。

3. 提问的技巧。社区矫正社会工作者提问的方式主要有五种类型：①封闭式的提问："是不是"；②深究回答型的提问："描述""告诉""解释"；③重新定向型的提问："其他组员怎么想"；④反馈和阐述型的提问："谁能总结一下"；⑤开放式的提问："怎样""为什么"。

4. 鼓励的技巧。社区矫正社会工作者鼓励服务对象的技巧是注意他，投以鼓励的眼光，等他们获得了勇气再发言。社区矫正社会工作者可以重复他们的意见，对正确的方面给予积极的鼓励，树立他们的信心和安全感。

5. 限制的技巧。在需要限制服务对象发言时，社区矫正社会工作者可采用的技巧是：①用"是不是"的言辞问询其他善于发言的成员或者未发言的组员；②及时切断话题，给予适时的打岔；③限定发言时间；④调整发言的次序。

6. 沉默的技巧。社区矫正社会工作者需要掌握沉默技巧：①适时在小组中形成真空，使组员自己进行判断；②在接受意见和建议后，请组员自己进行判断。

7. 中立的技巧。社区矫正社会工作者应保持中立，避免与组员争论，不偏袒或属意任何一方；不判断他人意见；仅提供问题，不给予答案；提供资料信息，但不予决断，仅作利弊分析或事实论述；随时保持中立的位置。

8. 摘述的技巧。社区矫正社会工作者摘要发言一定要简要明晰，在摘要后应该征求发言组员的意见，以确认自己摘要的正确性。

三、小组治疗技巧

（一）直接干预法

直接干预是社会工作者直接影响案主的心理和行为。

1. 以治疗者的角色直接影响组员的行为，一般发生在小组自身还缺乏相应的资源和经验，无法解决面对的问题时，或有个别组员孤立于小组之外的时候。

2. 具体做法：①作为小组的核心人物，社区矫正社会工作者可以通过自身的权威和组员对自己的信任，关心组员，鼓舞组员的士气，帮助和影响成员行为的改变。②作为小组规范及规章制度的象征性人物，社区矫正社会工作者可以通过赞扬、奖励等正向措施促成组员某些行为的形成，或用警告、惩罚等措施来抑制和改变组员的某些不良行为。③作为组员角色的分配者，社区矫正社会工作者可规定组员在特定活动中的角色，或者利用社会规范引导组员进入角色，鼓励和训练组员履行角色。

（二）间接干预法

社区矫正社会工作者通过干预小组的过程来间接影响和改变小组组员的工作技巧。主要技巧有：

1. 利用小组治疗元素，如植入希望、告知咨询和建议、利他主义、自我表露、互动中学习、接纳等，促使小组组员个人的成长和行为的改变。

2. 运用角色扮演的方法，通过情景再现的方式协助组员澄清自己和他人的感受，协助成员预演行动计划，从而促成组员行动的改变。

3. 运用行为改变的技巧，通过分析起点行为、确定终点行为、选择渐进增强行为、评估改变后的行为等技巧促成组员行为的改变。

4. 使用一些家庭作业，增强组员在小组外的行为责任感，为组员学习掌握自己行为提供一个经验性学习的机会。

5. 运用结构化组员角色的技巧，培育小组冲突的协调者和小组组员认可的行动领袖，鼓励与支持参与者角色的扮演，帮助组员从"替罪羔羊""说大话者"等破坏性的角色中解脱出来，协助其重新定位自己的角色。

(三) 小组外在力量法

借助小组之外的力量来影响组员和小组，包括小组外的活动、与组员有显著关系的外部人员、组员所属的社会体系和社会环境。

使用小组外在力量法的基本前提在于：①组员具有利用外在力量改变自我的迫切要求；②社会环境或外在力量有助于促成组员个人行为的改变；③社区矫正社会工作者具备运用外在力量改变组员的能力和资源。

运用外在力量法时，社区矫正社会工作者应避免在组员不在场的情况下作出重大决定。同时，应避免将外在力量（如机构）的需要置于组员之上，避免侵犯组员的利益。

四、小组活动设计技巧

(一) 扣紧小组目标

社会工作是一种科学的专业活动，同时也是一种助人的职业活动，必须以目标为导向，紧扣小组目标开展活动，否则就成了无的放矢。

(二) 考虑组员的特征及能力

小组活动必须对组员有充分的了解。

1. 了解组员生理、心理、情绪、教育程度等个体性特征，社会关系背景及文化背景，了解其以往的成长经历及成长过程中的主要问题。

2. 综合考虑，设计出具有针对性的、组员当下的能力得以适应的小组活动。

(三) 小组活动的基本要素

小组活动需要考虑诸多要素，主要包括：

1. 小组活动的目标，包括总体性目标（最终目标）和阶段性目标。

2. 小组活动的参与者，包括年龄、性别、职业、文化背景等。

3. 小组活动的规模，即参加的人数多少。

4. 小组活动的时间分配，组员的角色扮演和角色互换。

5. 小组活动的环境设计，包括活动场地、设施等。

6. 小组活动的资源供应与经费预算。

7. 小组活动的强度分布。

8. 小组活动的预期结果。

9. 防止和处理意外事件的预案。

10. 总结与奖励。

(四) 经验分享环节

不同阶段的小组活动方案，都应该包含经验分享环节，预留一定的时间让组员分享彼此的经验，鼓励组员发表参与小组活动的感受，讨论彼此在小组活动中的成长经验，总结有益的启示。实际上，经验分享也是社会工作者评估小组活动是否达到预期目的的环节之一。

五、小组后期工作技巧

(一) 离别的准备和离别情绪处理

1. 离别的准备。

(1) 预告小组结束的时间，督促组员尽快地达成小组目标，帮助组员达成目标任务，是小组工作的核心内容。其一，帮助组员回顾和梳理他们在小组中的成长历程与收获；其二，要求组员通过自评的方式，对自己的目标达成情况进行总结和评估。

(2) 提升组员独立解决问题的信心与能力。①通过创造和设置虚拟条件的办法，让组员学会如何正确地去适应不具支持性的环境条件；要有意识地培养组员理智地分析、判断和独立处理问题的能力。②弱化小组对组员的吸引力和影响力。引导组员回顾和总结他们在小组中的收获，指出他们已经得到了他们期望在小组中得到的东西；减少小组的聚会频率；与组员们讨论他们为什么不再需要小组；鼓励组员运用已学到的方法和技巧，独立地解决问题等。

(3) 帮助组员了解组外的社会资源。包括组员已有的社会支持网络资源，如家人、同学、朋友、社区等；其他社会资源，如义工、福利和慈善机构等。

2. 离别情绪处理。离别情绪处理主要是指社区矫正社会工作者对组员在小组的结束期出现的正面和负面的情绪进行恰当的处理。离别情绪处理的重点是组员的负面情绪处理，而处理组员负面情绪的目的主要是协助组员正确地认识和面对小组分离的客观事实，提升组员运用自己的能力和资源去适应新环境的信心。在实务工作中，针对组员不同的离别情绪反应，社区矫正社会工作者可以采用不同的方法去处理。

(1) 逃避和否定类的离别情绪。对逃避和否定类的离别情绪，社区矫正社会工作者可以通过适当的肯定和揭露的方式加以疏导和化解。

(2) 沮丧与失落类的离别情绪。对沮丧与失落类的离别情绪，社区矫正社会工作者最佳的介入方法是：与组员一起回顾在小组中的成长历程和收获的小组经验，提升组员应对组外环境的信心，鼓励组员大胆地回归社会。

(3) 不满与愤怒类的离别情绪。对不满与愤怒类的离别情绪，社区矫正社会工作者应通过以退为进的方法加以化解，即社区矫正社会工作者对组员的不满与愤怒除了要表现出适度的宽容和谅解外，还应该在组员的情绪平静下来后，通过个别辅导和协助组员制定组后计划等方式，提升组员的自信，进一步缓解其离组后独自面对生活的恐惧和压力。

（4）行为倒退（退化）。在处理该类离组情绪时，社区矫正社会工作者除了要与组员讲清楚小组解体的客观原因外，还应该通过引导组员正确地认识外部世界、为组员提供组后支持资源等方式，提升组员适应组后社会生活的信心，帮助组员舒缓和减轻紧张、失落与不安全的感觉。

（二）小组的结束

1. 经验回顾。经验回顾的具体方法和技巧主要有：①让组员轮流介绍自己在小组中的收获与感受；②通过角色扮演或成果展示，再现小组过程中的重要事件；③让组员相互讨论和总结对方的收获与进步；④把小组历程划分为若干个阶段，并由组员讨论和总结各个阶段的学习经验与成果。

2. 收集意见。主要是指收集组员对小组和社会工作者的工作，以及组员个人成长等方面的认识、看法和建议。收集意见的主要方法是请组员填写团体意见反馈表，或者请组员通过语言形式对小组和社工的工作进行评价、提出意见等。

3. 离别与祝福。在结束时，社区矫正社会工作者会组织小组成员进行离别前的最后活动，让组员写下离别的祝福，可以采取多样化形式，比如卡片、短信或者录制视频等，通过一系列活动在小组结束之际画下圆满的句号，这不仅是对同伴的祝愿，更是对自己的鞭策。

六、小组评估技巧

（一）小组工作的评估类型

依据不同的标准，小组工作评估有不同的类型。

1. 作为研究方法的小组评估：过程评估和结果评估；

2. 作为工作方法的小组评估：组前计划评估、小组的需求评估、小组过程评估和小组的效果评估。

（1）组前计划评估。通常是评估小组的设计和计划过程，主要是收集相关资料。在收集资料阶段，社会工作者需要检索小组相关的文献、资料和记录，查阅有关论文，从而全面掌握与自己即将开办小组有关的资料，做到全面了解、心中有数。

需要掌握下列信息：组员是否自愿参与小组；组员参与小组的动机；组员各自的能力；是否能够帮助小组实现目标等。

（2）小组的需求评估。小组评估中必须考虑的因素有小组的整体需求、组员的需求和小组的环境需求。主要包括了三个步骤：一是资料收集，通过访谈、问卷、量表、文献回顾、机构资料查阅等方法，收集各种有关小组和组员的资料。二是资料分析，找出关键问题。三是做出判断，制定干预计划。

（3）小组过程的评估。在小组发展过程中，收集相关资料，来显示组员变化和小组的发展过程状况，根据监测结果对小组计划进行适当调整和改变，以便更加符合组员和小组发展的需要。在对小组过程进行监测评估时需要明确两点：一是收集什么资料，二是选择用什么方法来收集资料。

常用的方法有标准化测量工具（问卷和量表），自我报告，行为计量表，口头意见回馈，工作员的观察记录，小组过程记录，总结记录，书面评估表，组员的作业和作品等。

（4）小组的效果评估。小组按计划完成自己的任务之后，社区矫正社会工作者需要对自己的工作进行总结，一方面了解小组是否完成了预定的目标和任务，另一方面为以后主持类似的小组积累工作经验。因此在小组的最后阶段，工作员会设计一些问卷或量表，让组员根据自己的改变状况，来评估小组的效果。

常用的评估方法有小组结束后的跟进访谈、组员的自我评估报告、小组目标达成表、小组满意度量表、小组感受卡、小组领导技巧登记表等。

（二）评估的一般流程

1. 制定评估方案。评估方案要回应以下问题：评估目的是什么？评估对象是什么？评估者是谁？评估者的假设是什么？评估指标是什么？评估方法是什么？其中，评估者就是评估过程的执行者；评估对象不仅包括小组组员、小组工作者，还包括与小组间接相关的机构和人（如参加者的父母、老师和同学等）。

2. 建立评估指标体系。评估指标体系通常包括：①过程方面，与组员关系如何，催化组员参与程度，处理小组事件的效果如何，维持小组气氛的功能如何。②组员方面，参加小组的目标是否达到，行为是否改善，参与程度与探索程度如何，有无防御行为出现，组员的协助行为和破坏行为的观察、记录与分析。③社区矫正社会工作者方面，同理反应、引导技巧、尊重与接纳、积极关注等行为表现。④小组效能方面，小组是否协助组员成长，内容是否恰当，小组效果如何。⑤小组方案方面，方案的可行性、有效性及执行过程中出现的问题。

3. 统筹各评估要素。评估过程由诸多要素组成，包括评估者、评估对象、评估的其他参与者、评估涉及的其他相关机构和个人、评估结果的呈送部门等。需要将这些要素统合起来组成一个系统，厘清各要素之间的关系，协调好经费预算、评估、实施、资料收集以及资料分析等要素之间的关系。

4. 按照评估流程实施评估。社区矫正社会工作者要按照评估流程选择评估的先后顺序，以保证整个评估过程有序进行，包括收集资料、审核整理资料、统计分析资料等，特别强调其中的客观性和敏感性。要尽量减少评估者个人的主观因素对评估实施的影响，尽可能保持评估对象的自然状态，并在评估过程中加强评估者对事实的敏感度，尽可能全面、有深度地捕捉呈现出的事实，控制评估过程中其他变量的影响。

5. 评估后审核。评估结束后进行信度和效度的审核，并依据审核结果，再对评估结果进行修正和改进。

6. 撰写评估报告。对评估结果进行完善后，社会工作者要撰写评估报告。[1]

（三）评估资料的收集

1. 评估资料的来源。一是与小组计划有关的资料，包括小组方案、计划设计和组员需求方面的资料；二是小组过程方面的资料，包括社会工作者的工作、组员的发展、小组动力和目标实现方面的资料；三是小组发展方面的资料，包括帮助社区矫正社会工作者准备新的工作方案，发展新的工作方法并改善现有计划提供的评估，社区矫正社会工作者需要收集相同或类似的与小组计划和工作方法执行情况相关的资料；四是有关小组效果和效率的资料。

2. 测量工具的选择。小组评估中常用的测量工具包括以下几种：一是小组记录，记录小组每次聚会的活动过程，包括过程式记录、摘要式记录、问题导向记录、录音和录像等方式；二是利用标准化的量表收集资料；三是设计问卷和量表测量；四是行为计量，即要求服务对象系统的成员观察被评估者某些行为出现的次数并记录；五是日志和日记，不但强调行为出现的次数，还着重记录行为出现的情境、过程与结果，具有描述性；六是组员的个人自我报告；七是分析报告，即对与小组有关的各类报告进行分析，提供与小组进程有关的资料。[2]

---

[1] 顾正品：《小组工作技巧·小组评估技巧（四）》，载《中国社会工作》2017年第28期。
[2] 顾正品：《小组工作技巧·小组评估技巧（五）》，载《中国社会工作》2017年第31期。

加快推进市域社会治理现代化，提高市域社会治理能力。

——2022年10月16日，习近平总书记在中国共产党第二十次全国代表大会上的报告

第十章 社区矫正社区社会工作

社区矫正社区社会工作是以整个社区及社区中的居民为服务对象，由社区矫正社会工作者提供服务的一种社会工作专业方法。

第一节 社区矫正社区社会工作的基本概念

一、社区和社区社会工作

（一）社区

1. 社区的概念。社区的概念比较复杂，学者们对社区概念的理解和阐述各不相同，但学者们普遍承认，社区的概念源自德国社会学家斐迪南·滕尼斯。滕尼斯在其《共同体与社会》一书中指出，"社区是一种由同质人口组成的具有价值观念一致、关系密切、出入相扶、守望相助的富有人情味的社会群体。在社区中，个人与社会的一致性表现为有共同的价值取向，有亲密无间的关系，有强烈的归属感，这样的群体产生于对亲属链接的依赖以及血缘关系的延伸，是超乎人们选择的，是自然形成的。"[1]

我国社会学家费孝通先生在谈到"社区"这个术语的翻译时指出，社会是人际关系的综合，每一个社区都是一个社会，而社会却不是社区；社区这个词实际是指在一

---

[1] [德]斐迪南·滕尼斯：《共同体与社会》，林荣远译，商务印书馆1999年版，第54页。

个地方共同生活的人,是指一群聚集在一个地方分工合作的人,它是具体的,这群人之间的关系,即人际关系,构成社会。[1]

在我国现阶段社区研究中,对社区定义的主要表述还有:"社区通常是指以一定地域为基础的社会群体""社区就是区域性的社会""社区就是在一定地域范围内,发生特定的社会关系和社会活动,形成特定的生活方式和文化心理,并具有成员归属感的人群所组成的相对独立、相对稳定的社会实体"[2] "社区是指导具有某种互动关系和共同文化维系力的人类群体进行特定的社会活动的活动区域"。[3]

综合上述观点,我们可以这样认为:社区是一定数量居民组成的、具有内在互动关系和文化维系力的地域性的生活共同体;地域、人口、组织结构和文化是社区构成的基本要素。[4]

2. 社区的类型。社区的类型是人类发展历程中依据不同发展水平和发展阶段的经济、社会和文化条件,按照一定标准进行分类的结果。社区的类型经历了一个从单一化到不断多样化的过程,人们的社区生活质量也经历了由低级向高级的演变过程。国内学者采用不同的角度和方法对社区进行分类。徐永祥教授的《社区工作》对社区类型进行了比较完整的概括,即根据地域型社区划分法和功能型社区划分法两种区分角度和方法对社区类型进行划分。[5]

(1) 地域型社区划分法。根据地域条件和特征将社区划分为农村社区、集镇社区和城市社区三大类型。其中农村社区指居民以农业生产活动为主要生活来源的地域性共同体或区域性社会;集镇社区指介于城市和农村之间的一种独特形态的社区,也是周边农村社区的经济、政治、文化、教育、卫生的中心以及城乡交流的中介环节和流通枢纽;城市社区指一种经济规模大、人口密度高的非农产业活动在一定地域空间的集聚形式,是人们经济、政治、文化、教育、医疗卫生及社会发展等各项活动的中心。同时农村社区也可以进一步细分为山村社区、平原社区、高原农村社区、江南农村社区等,城市社区可以进一步细分为沿江沿海带社区、内陆型社区等。

(2) 功能型社区划分法。依据社区的某些功能特征,如经济功能、社会功能、文化功能将社区类型划分为经济型社区、文化型社区、旅游型社区等。同时可将经济型社区细分为农业型社区、林业型社区、牧业型社区等,将旅游型社区细分为人文景观型社区、自然风光型社区等。

---

[1] 夏建中主编:《社区工作》,中国人民大学出版社2005年版,第2页。
[2] 袁秉达、孟临主编:《社区论》,中国纺织大学出版社2000年版,第3页。
[3] 陶铁胜主编:《社区管理概论》,上海三联书店2000年版,第2页。
[4] 徐永祥主编:《社区工作》,高等教育出版社2004年版,第8页。
[5] 徐永祥主编:《社区工作》,高等教育出版社2004年版,第10~16页。

3. 社区的功能。社区是社会的重要组成单元，是一种社会系统，社区中各个部分之间相互联系、相互影响，社区在成员生产生活中发挥着多样性功能。夏建中教授的《社区工作》对社区的功能进行了较全面系统的概括，将社区概括为五个功能。[1]

（1）生产—分配—消费功能。生产—分配—消费是组织个人和其他资源进行商品和服务的生产、分配与消费的系统，这是社区经济的功能，也是社区最基本的功能。社区必须能够满足当代和下一代对物品和服务的需求，如果下一代没有可以满足的消费必需品，就不会有生产的继续，也就不会有社区的继续。没有生产和分配，也就没有消费，也就没有相互支持；没有消费也就没有社会化、社会控制和社会参与的能量。所以，这个功能是社区必需的功能。

（2）社会化功能。社会化是一个过程，通过这个过程，个人学习和获得社会的知识、共享的价值观和行为模式，学习适合于社会提供的多种社会角色的行为。社区在社会化方面起着重要的作用，如社区里的家庭、邻里、教会和学校等正式或非正式的组织，对于青少年的价值观、角色和行为规范的形成具有相当大的影响。人们从幼年时候开始，在与社区内邻里、小伙伴群体以及社区学校老师和同学的交往过程中，初步学习了群体和社会文化，学习了如何承担社会角色。

（3）社会控制功能。社会控制是一个过程，社区通过这种过程获得其成员对规定的社会角色、规范和行为的遵守。社会控制内在于社会或者社区中，这些规范和行为模式进入组织成员活动的每一方面。没有社会规范，社会就呈现为一片混乱。这里的问题不是社区是否规范和控制其成员的行为，而是如何规范和控制，以及出于什么原因。

（4）社会参与功能。社区的各个部分进行合作、共享决策权、共同努力以满足社区的需要。当社区广泛地参与决策时，社区权能得到加强。社会参与是社区实践的核心和社会工作实践的社会要素，也是参与式民主的根本所在。社会参与是改变社区社会控制机构和政策不力、专横影响不可或缺的，可以纠正社会的边缘化。社区本身的概念就需要其成员直接的相互交往和参与，以便发展社区的性格，传递、实现社区的价值观。

（5）相互支持功能。相互支持的功能是社区在其成员和家庭遇到困难时，且不能提供自己家庭和个人关系以获得帮助时发挥的作用。相互支持是在需要时进行的彼此帮助，传统上，初级和次级群体如家庭、邻里和朋友是提供社会支持和社会保证的第一道供给线，当社区变得越来越复杂，更多的次级和第三级正式组织，如国家的有关

---

[1] 夏建中主编：《社区工作》，中国人民大学出版社2015年版，第5~10页。

机构、营利和非营利的健康和福利组织、保险公司、日间康复中心、志愿队伍以及婴幼儿照管中心等来履行这些功能。这种帮助可以是临时性的，也可以是长期的。

（二）社区社会工作

社区社会工作的概念与社区工作、社会工作的概念紧密相关，很多研究甚至把社区工作和社区社会工作的概念互换使用。王思斌教授在《社会工作概论》一书中指出社区工作是以整个社区及社区中的居民为服务对象，提供助人的、利他的服务的一种社会工作专业方法，其与社会个案工作、社会小组工作并列，被称为社会工作直接服务的三大基本方法。[1] 甘炳光等学者则从工作途径和目标视角提出社区工作是以社区为对象的社会工作介入方法。通过组织社区内居民参与集体行动，厘定社区需要，合理解决社区问题，改善生活环境及居民素质；在参与过程中，让居民建立对社区的归属感，培育自助、互助及自决的精神；加强居民的社会参与及决策的能力和意识，发挥居民的潜能，培养社区领袖才能，以达致更公平、公义、民主及和谐的社会。[2]

徐永祥教授在《社区工作》一书中提出社区工作有广义和狭义之分。[3] 广义的社区工作是指在社区内开展的以提高社区福利、促进社区和社会和谐发展的社会服务或社会管理。因此，任何人或组织，包括政府、政党、各种社团以及企业等，只要在社区内从事的助人活动和服务，都可视为社区工作。狭义的社区工作则是社区社会工作的简称，特指专业社会工作机构及社会工作者关于社区工作的理论、方法、技能及其应用过程。作为专业社会工作的重要组成部分和基本方法之一，社区工作主要以社区和社区居民为工作对象或服务对象，通过专业社会工作者的介入，旨在确定社区的问题和需求，发掘社区资源，动员和组织社区居民实现自助、互助和社区自治，化解社区矛盾和社区冲突，预防和解决社会问题，从而促进社区服务质量、福利水平的提高和整个社会的进步。

国外学者把社会工作和社区工作进行结合，对社区社会工作进行定义。美国学者罗斯（Murray G. Roos）认为，"社区社会工作是一种方法，一个社区用这个方法确定它的需要或目标，排列其先后缓急次序，鼓励其从事改造的信心与工作的意志，寻求内外可用的资源，而采取行动的过程，并在工作过程中扩大和发展社区居民互助合作的态度及实践"。[4] 兰尼（Robert P. Lane）认为，"社区社会工作的目的，在于实现及

---

[1] 王思斌主编：《社会工作概论》，高等教育出版社2014年版，第135页。
[2] 甘炳光、梁祖彬等编：《社区工作：理论与实践》，香港中文大学出版社1994年版，第20页。
[3] 徐永祥主编：《社区工作》，高等教育出版社2004年版，第10~16页。
[4] Roos, G. Murray 1967. *Community Organization: Theory, Principles and Practice*. New York: Harperand Row.

保持社会福利资源与社会福利需要间的进步的有效的适应方法"。[1]

综合以上观点，结合民政部发布的行业标准《社区社会工作服务指南》对社区社会工作服务的定义："秉持助人自助的价值理念，运用社会工作专业方法，以社区为平台，以统筹社区照顾、扩大社区参与、促进社区融合与社区发展、参与社区矫正和社区戒毒社区康复等为主要任务的专业活动。"[2] 我们可以把社区社会工作理解为：在社会工作专业价值理念指导下，综合运用社会工作专业知识、技能和方法，以整个社区以及社区中的个人、家庭、群体、组织为工作对象，发动居民参与，整合社区内外资源，有针对性地解决社区问题及服务对象的困境，建立美好而有力量的社区，实现社区发展和社会和谐的职业活动。

二、社区矫正社区社会工作

社区矫正社区社会工作是矫正工作在社区领域重要的社会工作方法实践，当前对社区矫正社区社会工作还没有明确的定义，可以结合社区矫正、矫正社会工作、社区矫正社会工作以及社区社会工作的定义加以理解。

张昱在《矫正社会工作》一书中提出："有的学者认为社区矫正是一种犯罪矫正的补充措施，美国学者福克斯认为，社区矫正是指发生在社区，运用社区资源并具有补充、协助和支持传统犯罪矫正功能的各种措施。而在实践界，人们对社区矫正的认识也存在一定的差异，《中华人民共和国社区矫正法》立法议案的提案者陈旭认为，社区矫正是对罪行较轻或狱内服刑的一种开放型改造方式。司法部部长张福森在谈到社区矫正时指出社区矫正是与监禁矫正相对的行刑方式，是指将符合社区矫正条件的罪犯置于社区内，由专门的国家机关，在相关社会团体和民间组织以及社会志愿者的协助下，在判决或裁定规定的期限内，矫正其犯罪意识和行为恶习，并促进其顺利回归社会的非监禁刑罚执行活动。"[3]

矫正社会工作在一些国家和地区也称感化工作，是司法矫正体系中非常重要的组成部分，是社会工作实务的一个重要领域。矫正社会工作是将社会工作实施于司法矫正体系中，是专业人员或志愿人士在社会工作专业价值观指引下，运用社会工作的理论、知识、方法和技术，为犯罪者或具有犯罪倾向的违法人员（如吸毒者），在审判、监禁、社区矫正、刑释或强制戒毒期间，提供思想教育、心理辅导、行为纠正、信息

---

[1] Lane, P. Robert 1939. *The Field of Community Organization*, Proceedings of National Conference of Social Work, Buffalo, 1939. New York: Columbia University.
[2] 《民政部发布〈社区社会工作服务指南〉行业标准》，载 https://www.mca.gov.cn/n152/n165/c38955/content.html，最后访问日期：2023年3月10日。
[3] 张昱主编：《矫正社会工作》，高等教育出版社2008年版，第10页。

咨询、就业培训、生活照顾以及社会环境改善等方面服务，使其消除违法犯罪心理结构，修正行为模式，适应社会生活的一种社会福利服务活动。[1]

实际上，早在社区矫正试点工作开始时，社区矫正社会工作的实践就已经逐步开展，如上海于 2004 年 1 月成立的上海市新航社区服务总站，就是聘请社会工作者，并采用社会工作专业方法为社区服刑人员提供专业服务。目前，不管在社区矫正判决前，社区矫正期间抑或是社区矫正期满后，社会工作或以知识形式、或以人力形式参与其中。"社区矫正社会工作"是指在社区矫正这一刑罚执行和社会福利过程中开展的，运用专业的知识和方法，帮助社区服刑人员恢复社会功能，促进社区服刑人员融入社会的职业活动。它特指社区矫正领域开展的社会工作，而进行此类工作的社会工作者可称为社区矫正社会工作者，简称"社矫社工"。[2]

当前对社区矫正社区社会工作的定义并不明确，综合上述众多学者对社区矫正、矫正社会工作、社区矫正社会工作以及社区社会工作的理解和表述，结合当下社会工作方法在社区矫正领域的探索和实践，我们可以给"社区矫正社区社会工作"总结一个比较宽泛的定义：社区矫正社区社会工作是在社会工作价值理念的指导下，运用社区社会工作知识、技能和方法，将符合社区矫正条件的矫正对象置于社区内，通过整合社区矫正的各责任主体及社区内外力量，对矫正对象进行综合监管、教育、咨询、辅导、生活照顾以及社会环境改善等方面服务活动，矫正其犯罪意识和不良行为习惯，帮助其恢复社会功能，促进其顺利融入社会，预防和减少犯罪的专业活动。

三、社区矫正社区社会工作的特点和目标

（一）社区矫正社区社会工作的特点

1. 以社区为平台。社区是人们实现社会化过程，习得社会文化、社会规范、伦理道德的场所。社区矫正的实践场域在社区，在矫正对象户籍或居住地所在的社区居委会或村民委员会。社区矫正对象所处的社区环境必然对他们养成社会适应能力、顺利回归社会产生重要影响。社区矫正社区社会工作是将符合社区矫正条件的矫正对象置于社区内进行监管和帮教的活动。社区居民参与是社区矫正社区社会工作的核心动力，体现了社区居民对社区责任的分担和成果共享，是依靠社区力量解决社区矫正对象问题的重要途径，同时社区矫正社区社会工作也为社区居民提供了参与社区性事务的综合性平台和机会，通过参与，培养和增强自身的社区意识，发挥个人潜能，实现个人

---

[1] 全国社会工作者职业水平考试教材编委会编写：《社会工作实务（中级）》，中国社会出版社 2023 年版，第 153~154 页。

[2] 罗玲、范燕宁：《试论社区矫正社会工作的本土发展》，载《社会工作》2015 年第 5 期。

价值。[1] 无论从工作场域还是从工作对象来看，社区矫正社区社会工作都与社区有紧密联系，因此"以社区为平台"是社区矫正社区社会工作最显著的特点。

2. 整合与协同性。社区矫正社区社会工作知识和方法的整合性突出，涵盖法学、犯罪学、社会工作、社会学、心理学等学科知识，是社区矫正、矫正社会工作、社区矫正社会工作以及社区社会工作等交叉整合的新的工作方法。在社区矫正社区社会工作实践过程中，需要重视整合社区内外正式和非正式资源参与对矫正对象的帮扶活动，促进社区矫正参与主体，如人民法院、人民检察院、公安机关、社会服务机构、社区居委会或村民委员会、社区志愿者、学校、监护人及家庭成员等多方参与之间的协同，组织具有法律、教育、心理、社会工作等专业知识或者实践经验的社区矫正社区社会工作者开展专业实践，重视知识、方法和资源的整合及协同。

3. 系统与广泛介入。社区矫正对象问题的产生不仅局限于个人原因，也与其生活的家庭、社区及社会环境有着密切联系。社区矫正对象最终需要回归到具体的社区和顺利融入社会。社区矫正社区社会工作在重视对矫正对象个人的监管、教育、咨询、辅导之外，还要重视对其社会环境的改善，特别是矫正对象生活的社区环境系统，以及对个人与社区、社会关系的关注。因此社区矫正社区社会工作在服务过程中更重视系统与广泛介入。

4. 行政性。社区矫正是国家的刑罚制度，由政府机关执行。社区矫正社会工作是社区矫正的辅助力量，实施社区矫正社会工作的机构有官办型、准官办型及民办型三种。社区矫正社会工作机构与政府有较强的依赖关系，这使得社区矫正社会工作组织管理和日常工作内容趋于行政化。[2]《社区矫正法》中明确指出组织具有法律、教育、心理、社会工作等专业知识或者实践经验的社会工作者开展社区矫正相关工作，社区矫正社区社会工作实践中需要遵守国家相关法律规定、地方社区矫正责任部门及矫正机构的相关行政工作要求，依法开展社区矫正服务工作。

(二) 社区矫正社区社会工作的目标

社区矫正社区社会工作的目标与社区矫正工作的目标及社区社会工作的目标有着紧密联系。结合社区社会工作的总体目标和具体目标的分类，[3] 将社区矫正社区社会工作的目标分为总体目标和具体目标。

1. 总体目标。通过运用社区社会工作方法在社区进行社区矫正实践，对社区矫正对象的犯罪意识和不良行为习惯进行矫正，发挥社区平台作用和主体责任，整合社区

---

[1] 张昱主编：《矫正社会工作》，高等教育出版社2008年版，第137~138页。
[2] 罗玲、范燕宁：《试论社区矫正社会工作的本土发展》，载《社会工作》2015年第5期。
[3] 夏建中：《社区工作》，中国人民大学出版社2015年版，第14页。

资源，满足矫正对象对环境与互动的需要，提高教育矫正质量，促进社区矫正对象与社区的联系，并使其顺利融入社会，进而预防和减少犯罪，促进社区发展和社会和谐。

2. 具体目标。让矫正对象处于自己熟悉的社区（正常的生活）环境中接受矫正，提高矫正质量。通过社区环境系统，提供矫正对象与社区的互动及联系的机会，进而增强其对社区及社会生活的适应能力。发挥社区平台作用和主体责任，发动社区居民参与，接纳和帮助矫正对象，提高社区居民的素质和能力。整合和利用社区资源，用社区资源解决社区问题，减少社区犯罪问题，维护社区稳定。

第二节 社区矫正社区社会工作的主要模式

社区矫正社区社会工作的主要模式有地区发展模式、社会策划模式和社区照顾模式。

一、地区发展模式

（一）地区发展模式概述

地区发展模式是在一个地域内鼓励居民通过自助及互助去解决社区内的问题。工作的重点是提高居民的民主参与意识与挖掘、培养当地人才。通过社区矫正社会工作者发动、鼓励居民自己主动关心本社区的问题，促使居民对问题进行了解、讨论并采取行动。社区社会工作者在这一过程中需要发动并鼓励居民思考社区问题的根源，了解他们的需要，从而引发其改变现状的意愿、动机、信心及希望。社区工作者的工作主要是提高居民的民主参与意识、解决问题的能力和居民之间的合作精神，加强居民对社区的归属感。这个模式通常用于那些比较简单的社区：居民背景比较单一、关系良好、冲突不明显，社区政治情况比较稳定，居民信任政府，社区变迁较缓慢。采用的方法是自助与合作的方法，以具体目标为主，通常未能有效地引进外来资源。[1]

地区发展或者社区发展从概念上讲，既表示一种以地区为基础的经济、社会、文化等实质内容的发展；也表示为一种发展理念，强调当地居民的需求和当地的资源、环境和人口等协调、可持续发展；还表示为一种社会工作的介入手法，强调居民的参与、合作，集体组织起来控制、利用社区资源，解决社区问题，满足社区福利需求，增强社区凝聚力和归属感。作为一种社会工作的社区工作介入手法，地区发展模式强调的是当地居民的民主参与、团结合作、自我帮助、自我组织，利用当地的资源、当

---

[1] 王思斌主编：《社会工作概论》，高等教育出版社2014年版，第141页。

地的知识和技术、当地的创举和领袖,来解决当地的问题,促进当地的发展。地区发展模式的工作目标应该说既包含实质性问题的解决,也包含在解决问题的过程中所采取的解决问题的方法,提升当事人的解决问题的能力以及社区共同体的团结合作精神等。[1]

总体来讲,地区发展模式的目标可以分解为任务目标和过程目标两大类,且重视过程目标超过任务目标。任务目标主要是指一些实质性的工作,或者解决一些特定的社区问题;而过程目标则是指要建立长久的制度和组织,达到实现社区关系的根本性改变,比如社区居民对社区的认同感增强、愿意积极参与社区事务等。具体来说就是:①各种社会网络的重新建立;②居民互助和交往的增加;③邻里关系的改善;④居民和居民组织之间重建紧密的联系;⑤居民意识到参与的重要性,并愿意承担责任;⑥居民对社区更多的认同和投入。虽然过程目标比任务目标更重要,但是任何一个过程目标都是由许多具体的任务目标所组成,两者是相辅相成、互为依托的。[2]

结合上述观点,地区发展模式下社区矫正社区社会工作就是整合社区资源、团结社区力量,运用社区社会工作手法,协助社区矫正对象在所处社区内解决问题及融入社区的实践过程。

(二) 地区发展模式下社区矫正社区社会工作的任务及策略

1. 地区发展模式下社区矫正社区社会工作的任务。地区发展模式下社区矫正社区社会工作的任务是在《社区矫正法》的指引下,结合当地社区的实际情况和矫正对象的问题及需要确定的,可以将社区矫正社区社会工作的主要任务及原则总结如下:

(1) 协助当地矫正机构以及居民委员会或村民委员会针对社区矫正对象的问题和需要进行分析,确定矫正工作方向。

(2) 充分听取社区机构、志愿者等广大群众的意见,广泛讨论、民主决策对社区矫正对象的管教和帮扶。

(3) 重点挖掘社区本地资源,整合成为社区矫正对象提供支持和帮助的社区内部资源。

(4) 倡导维护社区稳定的共同责任,培养和提升居民参与社区矫正服务的意愿,倡导"人人参与,共享和谐"之氛围。

2. 地区发展模式下社区矫正社区社会工作的策略。地区发展模式下社区矫正社区社会工作的总体策略是团结社区一切可以团结的力量、挖掘社区可挖掘的资源,为社区矫正对象提供系统性和综合性的社区服务,在此过程中要充分调动社区矫正对象及

---

[1] 徐永祥主编:《社区工作》,高等教育出版社2004年版,第10~16页。
[2] 夏建中主编:《社区工作》,中国人民大学出版社2015年版,第37页。

所在社区参与讨论和决策，聚焦于矫正对象问题解决方法。

结合学者对社区发展模式的策略的概括，[1] 可以将地区发展模式下社区矫正社区社会工作的策略总结为：

（1）以社区内部资源的动员、参与和行动为主，外界的资源帮助和技术引进为辅，团结社区大众在社区内部为矫正对象提供服务和发展资源。

（2）社区矫正社会工作者针对矫正对象开展内部广泛讨论、协商一致和团结合作，避免冲突，化解矛盾，促进矫正对象与社区邻里之间的团结。

（3）注重居民的组织和教育，促进社区居民之间的交流，化解居民之间的冷漠和疏离，培养社区居民对矫正对象的接纳，为矫正对象提供融入社区的良好环境，同时提高社区居民参与社区矫正工作的能力。

（4）开展社区教育，减少社区矫正对象及其他社区居民对社区的陌生感和不认同感，提高社区矫正对象的适应能力，恢复其社会功能。

（三）地区发展模式下社区矫正社区社会工作者的角色及方法

1. 地区发展模式下社区矫正社区社会工作者的角色。

（1）支持者和鼓励者的角色。在社区为社区矫正对象提供综合性服务，使其获得最大帮助。对矫正对象积极支持、鼓励并尽量创造条件促使其重塑行为和自我发展。

（2）关系协调者的角色。协调社区矫正对象与社区邻里之间的矛盾和冲突，做好社区关系协调，寻求社区个人、团体对矫正对象的帮助和支持，促进社区关系和谐。

（3）倡导者的角色。一方面对矫正对象的积极行为进行倡导，促进其改变和成长；另一方面倡导社区及社会对社区矫正对象的接纳和帮助，为矫正对象提供有利于改善行为和互动沟通的平台及环境。

2. 地区发展模式下社区矫正社区社会工作的方法。地区发展模式下社区矫正社区社会工作的方法，主要是依据社区社会工作的方法及社区矫正的特点确定的，将社区矫正社区社会工作的方法归结为建立关系、工作分析和共同行动三个方面。

（1）建立关系。社区社会工作者首先要与社区矫正对象建立关系，确立服务与被服务关系。同时要与社区矫正对象所在社区及社区矫正机构等相关方建立合作关系，为开展社区矫正社区社会工作奠定基础。

（2）工作分析。社区社会工作者首先要对社区矫正对象的问题及矫正需求、目标等方面进行分析和界定。其次对矫正地（社区）进行社区分析，包括对社区历史、人口、组织结构、居民生活水平、社区矫正资源等方面进行全面分析。最后对社区矫正

---

[1] 徐永祥主编：《社区工作》，高等教育出版社2004年版，第82页。

参与主体等利益相关方进行需求分析，为确立社区矫正社区社会工作的目标和方向做好研判。

（3）共同行动。以社区为平台，运用社会工作专业技巧，协调社区各方力量为社区矫正对象在社区提供综合性服务，通过多方参与、共同干预，促进矫正对象的行为改变，进而使其更好地适应和融入社区生活。

二、社会策划模式

（一）社会策划模式概述

社会策划即社会计划，作为一种社会发展的理性主义和社会工程学的具体应用，是超出社区工作的范围的。不论是国家的宏观发展计划、社会问题的社会政策策划、地区重建规划、项目管理计划，还是家庭计划、个人发展计划等都可以体现理性和计划的理念。而社区工作是就某个微型地理社区或功能社区而开展的组织和服务工作，所以与社区工作相关的社会计划更多体现在地区重建规划、社区问题的政策策划、社区服务的项目管理、社区居民组织的计划管理等方面。社会策划模式既是一种社区、社会的发展策略，也是指具体的发展项目的策划管理。[1]

社会策划模式是依靠专家的意见，通过有关专家的调研、论证、计划，然后落实、推进，去解决社区内的问题。这种模式可以说是一种由上而下的方法。居民在这种模式中的参与比较被动，只限于对计划提出一些修改意见。社区矫正社会工作者担当的是组织实施者的角色。对于处理复杂的社会问题，这一模式比较常见。[2]

社会策划就是社区矫正社会工作者以理性方法，通过清楚理解工作机构的工作理念、政策、资源和方向而确立社区工作目标，从多个预选方案中选择一个最理想的工作策略，根据社区需要而动员及分配资源，并在工作过程中结合实际变化随时修改计划，使计划按预定的目标行进，待工作结束时对计划执行情况加以检讨和反思。社会策划的基本假设是，问题社区大都缺乏人力、物力和组织资源，社区问题的产生源自社区缺乏制定和实施科学计划的能力，所以解决的途径是通过专业人员参与自上而下的理性策划，立足现在，面向未来。[3]

结合上述观点，社会策划模式下社区矫正社区社会工作就是依靠技术专家，通过理性、客观和系统的分析和计划，自上而下在社区处理矫正对象问题，为社区矫正对象提供服务，促进社区矫正对象更好地融入社区及回归社会，推动社区及社会发展的

---

[1] 徐永祥主编：《社区工作》，高等教育出版社2004年版，第98页。
[2] 王思斌主编：《社会工作概论》，高等教育出版社2014年版，第141页。
[3] 夏建中主编：《社区工作》，中国人民大学出版社2015年版，第98~103页。

专业方法。

(二) 社会策划模式下社区矫正社区社会工作的任务及策略

社会策划模式下社区矫正社区社会工作的重要任务是通过理性的、自上而下的策划，充分挖掘社区资源、整合多方力量为矫正对象提供专业性服务，促进社区矫正目标的实现，结合学者对社会策划模式任务及策略的总结分析，[1] 将社会策划模式下社区矫正社区社会工作的任务及策略概括如下：

1. 社会策划模式下社区矫正社区社会工作的主要任务。

(1) 社区矫正社会工作社区资源开发的规划。社区矫正社会工作者主要通过开展社区矫正对象所属社区区位、自然资源和社会资源调查，分析确定本社区矫正资源开发利用及发展策略，倡导社区矫正资源开发，协调联合各方组织，开展矫正对象问题及需求调查，寻求社区居民建议。

(2) 社区矫正社会工作社区服务设施的规划。依托社区及社区矫正机构已有服务场所和设施，建立和完善社区矫正社会工作的社区服务设施。社区矫正社会工作者主要是结合社区矫正社区社会工作的需求，倡导和建议社区矫正责任部门协调社区居民委员会或村民委员会，根据本社区现有服务场所和设施，规划及完善社区矫正社区服务场所及设施，如咨询辅导室、社区教育活动室、矫正治疗及训练室、职业技能培训室等场所。

(3) 社区矫正社会工作社区服务规划。根据社区矫正对象的问题及需求，在专业人员的指导下，分析和挖掘社区资源，组织社区居民及志愿者提供社区矫正社区社会工作服务，涉及思想教育、心理辅导、职业技能培训、社会关系改善等内容，并在社区中为矫正对象及刑释人员提供住宿场所、就业就学辅导、生活辅导和医疗转介服务、提供物质援助等帮扶，[2] 组织矫正对象参加社区公益劳动。在服务规划过程中强调培养社区居民的深度参与，并在参与中学习社区矫正项目的策划管理的程序和技巧，增加自己的组织管理能力。

(4) 社区矫正社会工作社区组织建设的规划。社区矫正社会工作社区组织建设的规划的主要任务是，发动已有组织或成立新的组织，组织和成立以社区社会工作专业服务活动为主线，以社区矫正对象及社区居民为参与对象，以满足社区矫正对象不同社区服务需求为目标的各种社团类组织和民办非企业单位，包括行政组织、行业组织和自发成立的互助组织。

2. 社会策划模式下社区矫正社区社会工作的主要策略。社会策划模式下社区矫正

---

[1] 徐永祥主编：《社区工作》，高等教育出版社2004年版，第104~109页。
[2] 张昱主编：《矫正社会工作》，高等教育出版社2008年版，第10~12页。

社区社会工作的策略主要包含两个方面：

第一，理性的技术性措施。主要是对社区矫正对象所处的社区环境及矫正对象的问题进行调查分析，收集事实资料，策划多种可行方案，比较分析方案的利益得失，选择最优方案，并组织管理，落实方案，监督方案的执行，最后评估方案的成效等。

第二，社会关系措施。通过与社区矫正责任部门、其他政府群团组织、企业、社会组织等多方力量对话、沟通、协商和合作，倡导更好地为矫正对象在社区中提供专业化服务，整合社会资源及力量，对接社区自身资源，构建社区矫正专业服务体系，指向社区矫正服务发展未来。

(三) 社会策划模式下社区矫正社区社会工作者的角色及方法

结合学者对社区策划模式中社区工作者的角色及社会策划模式过程和方法的概括，[1] 将社会策划模式下社区矫正社区社会工作角色及方法概括如下：

1. 社会策划模式下社区矫正社区社会工作者的角色。社会策划模式下社区矫正社区社会工作者首先扮演的是专家的角色，也就是说，从社区矫正社区项目的制定到了解服务机构的使命和目标，从分析社区对外环境和对内机构、评估需要到制定工作计划目标和介入策略，从执行运作策划到总结评估，社区矫正社会工作者一直充当着事实上的汇集者，需要和问题的分析者，方案的制定者，行动的组织者、实施者、协调者，成效的评估者、反思者的角色。其次，还扮演着方案实施者的角色，主要是结合社区矫正服务方案中选择的最佳方案，统筹方案的具体实施，包括单位、人、财务、物资等方面的协调，确保方案的落实和矫正目标的达成。

2. 社会策划模式下社区矫正社区社会工作者的方法。

(1) 认清自己——了解机构的目标使命和拥有的可动员的资源。社区矫正社区社会工作者归属于社会工作机构，作为社区外部力量为社区矫正对象提供社区服务。每一个社会工作机构都有一套服务的目标和使命。目标指出服务所针对的社会问题和需要，服务的工作对象和工作策略；使命代表了机构将来的情况和蓝图、目标和信念。目标和使命可以为工作者提供工作的方向、范围、重要性和建立（策划者）工作目标，所以社区矫正社区社会工作者在项目策划前需要充分考虑机构的服务目标和使命，来决定做什么样的社区矫正服务工作、怎么做社区矫正社区社会工作服务，在合理评估的基础上做出理性的策划实施方案。

(2) 认清社区——调查社区内外的情况。通过定性和定量的研究方法准确地收集、了解社区居民、团体和机构对社区矫正工作的意见、态度和反映，从中分析和确定社

---

[1] 夏建中主编：《社区工作》，中国人民大学出版社2015年版，第98~103页。

区的状态及其存在的问题，尤其是社区矫正对象及其他社区居民的需要，为社会策划提供客观依据。社区内的调查主要针对社区的历史发展状况、社区需要和问题、社区所拥有的矫正资源、社区的政治经济结构等。社区外的调查即对社区矫正的外部社会环境进行调查，包括社会整体氛围，如外界人士对社区问题、社区需要、社会工作机构和社会工作服务的理解和支持等；也包括社会经济状况、人民生活水平和社区矫正相关责任主体的立场等。外部环境在一定程度上决定了是否能获得足够的资源支持这项服务的开展。

（3）制定社区矫正社区社会工作计划。制定计划是社会策划模式下社区矫正社区社会工作的关键环节，主要由确立目标、界定对象、选择介入策略、编制预算、预见困难及应对方法等环节构成。一是确定目标，包括确定社区矫正社区社会工作的总体目标和具体目标；二是界定服务对象，社区矫正社区社会工作的工作对象不仅包含社区矫正对象及其家人，也包括社区居民、组织以及社区；三是选择介入策略，社区矫正社区社会工作者应在多种可选择的策略中充分考虑可行性、效果和被接受程度，选择最优方案实现矫正目标；四是编制预算，对方案中涉及的人力、财力和物力等资源进行预估和计划，同时寻找合适的资源和支持；五是预见困难及解决办法，针对策划方案实施过程中可能遇到的困难进行提前预估，并做好解决预案，避免因策划中考虑不周而对计划实施效果造成重大影响。

三、社区照顾模式

（一）社区照顾模式概述

"社区照顾"的概念起源于英国，是20世纪50年代以来英国社会服务策略方面的一个概念，也是社会服务的一种方式，"社区照顾"的服务理念基于"服务对象生活的原环境优于机构的环境""社区可以有效地利用非正式资源对需要康复服务的服务对象实现支持和照顾"，提倡将需要照顾的人士留在其原来生活的社区，接受各种正式的社会服务和非正式系统的照顾。"社会照顾"是指在社区内对那些身体和精神有需要的人（如老人、儿童、弱能者和残障者），通过正式和非正式的社会服务系统对其给予援助性的服务与支持。[1]

结合社区照顾的发展历史，有研究者提出所谓社区照顾是整合全部社会资源，运用正规照顾和非正规照顾，为需要照顾的人士在家庭或者社区中提供全面照顾，促成其过正常人的生活。其终极目标是努力促成需要照顾的人士留在社区内，尽可能保障

---

[1] 徐永祥主编：《社区工作》，高等教育出版社2004年版，第104~109页。

其过正常人的生活。建立关怀社区（caring community），即弘扬以人为本的社区精神，创造相互尊重、相互关怀的社区生活，是实现社区照顾终极目标的唯一有效途径。建立关怀社区则依赖于社区照顾的具体目标，包括协助需要照顾人士融入社区，培养需要照顾人士的参与意识，强化居民的社区意识，以及政府与社区建立伙伴关系。[1]

结合上述观点，社区照顾模式下社区矫正社区社会工作就是在社区内对社区矫正对象的身体和精神等方面的需求，通过正式或非正式的社会服务系统对其给予援助性的服务与支持，发动居民参与，协助社区矫正对象融入社区，建立关怀社区的专业服务方法。

（二）社区照顾模式下社区矫正社区社会工作的任务及策略

根据学者对社区照顾模式的任务及策略的总结分析，[2] 结合社区矫正社区社会工作的特点，将社区照顾模式下社区矫正社区社会工作的任务及策略概括为。

1. 社区照顾模式下社区矫正社区社会工作的任务。

（1）将社区内有特殊困难而自己不能解决并需要长期照顾的矫正对象留在社区内接受照顾和支持帮助，如对有严重身体疾病、生活不能自理、无生活来源的社区矫正对象提供社区照顾服务。社区矫正社会工作者结合矫正对象的问题和需求制定有针对性的社区矫正社会工作服务计划，协调社区正式和非正式资源系统为其提供帮助的过程。

（2）使有困难的社区矫正对象及其家庭所需要的照顾社会化，减轻矫正对象的家庭负担。家庭成员对需要照顾的社区矫正对象的医疗、康复锻炼、生活起居与卫生饮食等方面进行照顾，需要大量的人力、物力的支持。社区矫正社会工作者通过发动机构和社区资源为社区矫正对象提供专业化支持服务，减轻家庭照顾负担。

（3）挖掘社区的各种人力资源，为社区矫正对象建立社区支持网络，使社区居民建立起互助、互帮的责任意识，实现社区矫正对象与社区其他成员之间的良性互动，促进社区矫正对象与社区内居民的良好的人际关系。

2. 社区照顾模式下社区矫正社区社会工作的策略。社区照顾模式下社区矫正社区社会工作的策略主要是促进社区社会工作者与需要照顾的社区矫正者之间的互动和沟通，建立相互信任的专业服务关系，进而为矫正对象建立社区照顾的服务网络，以完成社区照顾的任务，实现社区照顾服务目标的过程和方法。

（1）确定需要照顾的社区矫正对象及其所居住社区，分析和评估其问题和需求，在与社区矫正对象接触过程中，双方积极互动，建立专业信任关系，同时了解和挖掘

---

[1] 夏建中主编：《社区工作》，中国人民大学出版社2015年版，第136~150页。
[2] 徐永祥主编：《社区工作》，高等教育出版社2004年版，第142~145页。

照顾对象本身及家庭成员的能力和资源，协助其学习相关照顾技能及方法，增强需要照顾的社区矫正对象及其家庭的信心。

（2）建立社区照顾网络和自助组织。在确定社区矫正对象需求的基础上，社区社会工作者需要进一步调查和联络社区资源，特别是志愿服务资源，并配合矫正对象的家庭已有的资源。首先要重点挖掘社区矫正对象周围的家人、亲友、邻居和社区内的志愿者为其提供衣食、健康等方面的行动照顾和心理支持。其次协助同类需要照顾的社区矫正对象建立互助组织，促进组织成员之间经验分享和交流，提升他们的互助意识和生活信念。最后针对比较特殊的需要照顾的社区矫正对象组建危机处理专业团队，如结合司法、医务、社工、社区党委等部门联合为需要照顾的特殊矫正对象提供帮助和支持服务。

（三）社区照顾模式下社区矫正社区社会工作者的角色及方法

结合学者对社区照顾模式中社区工作者的角色及社区照顾模式方法和技巧的概括，[1]将社区照顾模式下社区矫正社区社会工作角色及方法概括如下：

社区矫正社区社会工作角色主要包括治疗者、辅导者、倡议者、顾问等角色。治疗者，以个案或小组的方式介入，为有需要的社区矫正对象及其家庭在社区提供心理治疗、家庭治疗或小组治疗；辅导者，以教师的角色介入有需要照顾的社区矫正对象的家庭，为矫正对象及其家庭成员提供辅导服务，也可以为社区有共同需要的多个家庭提供小组训练课程；倡议者，为矫正对象和家庭倡导和争取更多适合的照顾支持资源；顾问，为需要照顾的矫正对象及其家庭提供社区矫正、社区照顾等个人和家庭服务发展计划和建议。

社区矫正社区社会工作的方法既包括对个人和家庭的微观服务，具体包含前面讨论的社区矫正社区社会工作的任务及角色当中，同时也体现在社区层面的服务方法和技巧。社区矫正社区社会工作在社区层面的方法和技巧主要包括：

第一，资源调动。社区矫正对象的社区照顾需要庞大的人力、物力资源来完成具体服务，社区社会工作者既需要充分运用来自政府的福利性资源，也需要全面拓展和调动非正式资源，特别是社区内部矫正对象的亲友、志愿者、社团等力量，并在社区照顾服务实施过程中做好资源计划、挖掘、管理及分配。

第二，社区联络。主要是通过社区公共关系的拓展，保持与资源相关方的联络，持续获得社区内外相关力量的帮助和支持，如在社区为特殊困难的矫正对象及家庭进行募捐，向企业争取社区矫正项目资金或慈善捐款等支持。

---

[1] 夏建中主编：《社区工作》，中国人民大学出版社2015年版，第98~103页。

第三，社区教育。主要是针对社区矫正对象的问题和需求，开展"社区照顾"理念的传播和推广教育，让社会及社区相关力量了解、理解、参与和支持矫正对象的社区照顾工作的过程。

第四，社区照顾训练。主要是对社区矫正人员的社区照顾参与对象进行照顾知识和技能的训练，进而提高照顾参与能力。

第五，支持服务。主要是依靠社区专业服务机构的力量，根据矫正对象的家庭经济能力进行无偿或低价服务。

第三节 社区矫正社区社会工作的原则和程序

一、社区矫正社区社会工作的原则

社区矫正社区社会工作的原则是开展社区矫正社区社会工作时需要遵守的工作准则。社区矫正社区社会工作者需要根据基本的原则来选择或制定具体的工作方法。基于国内学者对各国学者关于社区工作原则观点的梳理以及对我国社区工作原则的概括，[1]结合前面对社区矫正社区社会工作的特点和目标的讨论，可以对社区矫正社区社会工作的原则总结如下：

(一) 以促进社区矫正对象融入社区为主要目标

社区矫正社区社会工作是将社区矫正对象置于所居住社区，利用社区资源及社区环境系统对其进行帮教的专业活动，其主要目标是促进社区矫正对象融入社区，恢复、改善和提高其社会功能。以促进社区矫正对象融入社区为主要目标的原则体现在：

1. 社区融入意愿及能力提升。社区矫正社会工作者通过社区监管、教育、咨询、辅导、生活照顾等方面的服务活动，矫正服务对象的犯罪意识和不良行为习惯，并在此过程中不断提升矫正对象的社区参与意愿及能力，逐步促进其回归社区正常生活状态。

2. 改善社区环境系统。通过组织和教育，化解居民之间的冷漠和疏离，培养社区居民对矫正对象的接纳，以团结合作为主，避免冲突，化解矛盾，促进矫正对象与社区邻里之间的团结，提供矫正对象融入社区的良好环境。

促进社区矫正对象融入社区是双向的，一方面需要社区矫正对象有融入社区的意愿和能力，另一方面社区要有接纳矫正对象的环境和服务，社区矫正社会工作者在这

---

[1] 徐永祥主编：《社区工作》，高等教育出版社2004年版，第52~56页。

一过程中是中介者的角色。

(二) 根据实际制定计划

社区矫正社区社会工作是对被判处管制、宣告缓刑、假释和暂予监外执行的罪犯在所在社区内开展社区社会工作服务。对被判处管制、宣告缓刑、假释和暂予监外执行的矫正对象的管制及帮教要求及目标有所不同，他们所处的家庭和社区环境也存在差异，也就是说每个社区矫正对象的矫正条件是不同的。这就要求社区矫正社区社会工作者在制定计划时，要综合考虑各方面因素，分清矫正对象问题的轻重缓急，制定目标优先次序，根据实际能力和条件来制订工作目标、选择工作方式。

(三) 强调社区参与

社区矫正社区社会工作的实践是以社区为重要平台，社区参与为主要核心的专业活动。社区参与既是社区矫正社区社会工作的重要目标，也是社区矫正社区社会工作的方法手段。没有社区参与，社区矫正社区社会工作就失去了方向和动力，社区矫正对象融入社区、回归社会的目标也难以实现。因此社区矫正社区社会工作的实践过程中要重视动员社区居民、志愿者、邻里、驻社区单位的参与，组织和培养他们参与社区矫正工作的意愿和能力。只有社区参与才能实现社区矫正社区社会工作的资源整合及环境营造目标。

(四) 多元联动

社区矫正社区社会工作是社会力量参与社区矫正工作的一种实践方式，而社区矫正工作的开展绝不是单方力量能够完成的，需要人民法院、人民检察院、公安机关、地方政府、社区等主体责任部门开展实施，也需要企事业单位、社会组织、志愿者等社会力量依法参与。社区矫正社区社会工作者需要从社区矫正对象及社区共同利益和共同需要出发，以社区为载体，有计划地引导社区内的居民与组织及其他社会力量参与对社区矫正对象的帮扶，合理地利用社区的资源和社区矫正主体责任部门的支持，推动多方力量的合作，整合社区矫正多元主体的资源优势，促进社区矫正社区社会工作服务整合与发展。

二、社区矫正社区社会工作的程序

社区矫正社区社会工作的程序是协助社区矫正对象问题解决和需求满足的一系列工作步骤及方法技巧。以国内学者对介入式社区工作过程的划分为依据，[1] 结合上海

---

[1] 夏建中：《社区工作》，中国人民大学出版社2015年版，第215~226页。

市发布的《社区矫正社会工作服务规范》中社区矫正社会工作服务流程,[1] 将社区矫正社区社会工作流程划分为准备、建立关系、调查分析、制定计划、实施计划和评估六个阶段。

(一) 准备阶段

1. 心理准备。社区矫正社区社会工作和其他社会工作服务领域一样,是通过服务介入、动员社会资源,改善服务对象困难处境,促进服务对象社会适应的一种福利性服务。但社区矫正社区社会工作的服务对象比较特殊,他们更多是被判处管制、宣告缓刑、假释和暂予监外执行的罪犯。服务开展过程中除了社会工作专业知识外还涉及法学、心理学等多学科知识,服务开展专业性强、难度较大。社区矫正要求社区社会工作者从思想、心理和行为等方面矫正服务对象当前的不良现状,而这些现状的改变需要较长的时间和过程,在短时间内工作目标不易衡量,成就感不明显。社区矫正社会工作主要以社区为平台,通常都面临着社区资源不足的局面,大都由政府购买资助,但公共资源毕竟有限,加之社区矫正对象被贴上"犯罪"的标签,更难得到社区大众的接纳和支持,因此社区社会工作者寻找和发掘社区资源的难度更大。所以,社区矫正社区社会工作者在开展实践前,一定要认识到这些问题和困难,做好充分的心理准备。

2. 实际准备。

(1) 要认识雇佣自己的机构。社区矫正社区社会工作者通常受雇于政府部门或社会服务机构。若要获得机构的全力支持,成功地推行工作,首要任务是认识雇佣自己的机构,了解机构的工作使命、远景、目标和工作战略,把握机构与社区其他组织和团体的关系及机构在社区的声誉和地位。

(2) 了解自己的工作内容和职责分配。机构一般在选拔和招聘了符合要求的工作员以后,会进行基本的分工,明确各自的职责,建立起工作团体。但工作员在实践的过程中,会遇到自己的看法和诠释与社区人士的看法一致、但与机构的看法并不吻合的问题,也会遇到机构利益和社区利益冲突的情况。怎么办?站在谁的立场上解决问题?这些问题都没有标准答案,工作员需要自己作出决定、勇于承担。

(3) 认识同仁。社区矫正社区社会工作者通常都会有同仁一起工作,很少单人匹马。所以,他们必须与同仁建立默契,工作上才能互相支持,达成共同的目标。

---

[1]《社区矫正社会工作服务规范》,载 https://dbba.sacinfo.org.cn/stdDetail/ae961a076b3eb393d7788c300d504a7b1004fc7e76fd265996ba15fd70655fbc,最后访问日期:2022年3月21日。

(二) 建立关系阶段

建立关系是社区矫正社区社会工作的第一步。这一过程中社区社会工作的核心任务是与介入对象建立专业关系，这里的介入对象包含两个层面：一是要与社区矫正对象（个人及家庭）建立服务与被服务关系，通过矫正机构签订社区矫正服务协议，依法开展社区矫正社区社会工作，与矫正对象进行态度、情感的互动，为物质上的援助和心理上的疏导做准备。二是与矫正对象所在社区（社区居民及社区整体）建立专业合作关系，让社区居民知道"我是谁"以及"寻求未来工作的支持者"。

社区矫正社区社会工作与以上两大对象建立关系过程中需要遵循接纳案主、沟通、尊重案主隐私和保密、案主参与和自决、个别化、角色互换等原则。社区矫正社区社会工作者和案主在这一阶段所建立的关系主要有：①提供配合案主需求的服务信息；②了解社区居民所遇到的问题以及评判其是否自主自愿；③决定如何提供进一步的服务计划；④让社区居民了解社区矫正工作机构与社区工作者的能力和职责；⑤明确服务的范围，认定案主资格；⑥建立和谐、合作的关系；⑦协商服务契约的建立；⑧确定社区居民、社区组织与社区领导人的角色；⑨在接触的初期就要对案主提供适当的帮助，以获得其信任。

(三) 调查分析阶段

调查分析是制定社区矫正社会工作计划前必经的阶段，这一阶段主要是收集社区矫正对象以及其所处社区的基本情况，并对收集资料进行专业性评估和分析。

1. 社会调查。

(1) 参与社会调查，社区社会工作者根据矫正机构的委托，配合开展社会调查工作。社区社会工作者应根据人民法院、人民检察院、公安机关、监狱等提出的意见，针对拟适用社区矫正的被告人及罪犯，配合社区矫正机构核实其居住情况、个人情况、监管情况等信息。

(2) 社区调查，社区社会工作者结合社区矫正对象的问题，对矫正对象所处社区进行社区调查，调查内容包括社区现状、社区历史、社区制度和结构、社区居民生活水平、社区资源等，特别是对社区矫正社区环境资源及人力资源等方面的调查。

通过社会调查能够比较全面地了解拟适用社区矫正对象的生活背景、成长经历、家庭环境、社会交往、支持条件、性格特征、犯罪原因及前后表现等资料和内容。

2. 分析研判。分析研判主要是前期对矫正对象的社会调查及对社区矫正对象所处社区的调查所获得的资料进行专业性分析和评估。分析评估是对社区矫正对象及社区的状态、问题或需要以及工作方向给予概念化的过程，是从感性认识上升到理性认识的过程。分析评估是一个动态过程，该过程是在各相关主体的互动过程中，以及各主体与社会情境的互动过程中进行的。社会工作者应根据情境的变化，不断作出调整和研判。同时，分析评估是理论与实践相统一的过程。分析评估一方面要运用知识分析社区矫正对象的处境，进行抽象的思考；另一方面还要与实际工作接轨，不断地修正已做出的判断，使判断更符合矫正对象及社区的变化中的实际情况。同时重点对社区矫正对象的问题和需要的性质、强度、可能解决的方法与途径做出评估；列出解决社区矫正对象问题和需要的先后次序，并评估解决这些问题和需求的已有社区资源。最终对社区矫正社区社会工作开展条件作出综合研判。

（四）制定计划阶段

社区矫正社区社会工作计划是为实现矫正预定目标而制定的行动方案或工作蓝图，是在调查分析阶段做出专业界定的基础上制定的包括目标及实现目标的方法策略等在内的一揽子行动方案。社区社会工作者应走访矫正对象本人、家庭、所在社区及所在单位，收集已认定的社区矫正对象的犯罪事实、狱内改造、家庭关系、社会关系等基本信息，并做好访谈记录。社区社会工作者应结合前期的调查和分析，预估社区矫正对象的需求，制定有针对性的社区矫正社区社会工作方案，同时根据社区矫正对象的情况和需求变化及时调整矫正方案。

社区矫正社区社会工作计划的内容主要包括：

1. 工作目标的选择及制定。工作目标即要达到的工作方向和目的，在制定计划时，既需要制定整体和总体目标，还需要根据每一阶段的具体任务订立具体的阶段性目标。在制定目标过程中，非社区社会工作者单方制定的，需要社区矫正对象和社区的共同讨论参与，并在达成共识的基础上确立。

2. 介入策略。介入策略是为达成目标而采用的具体方法和策略。

3. 社区矫正社区社会工作者与服务对象系统的角色和任务。工作者和参与者在将来的工作中承担什么样的责任义务、扮演什么样的角色，都应一一列明，才能更有序的开展服务。

4. 协同工作的单位。在方案中明确服务过程需要哪些社区内外单位参与及协同，多元参与才能更好地为社区矫正对象提供服务。

5. 实施计划的具体行动方案以及资源和资金的使用方案。

6. 工作程序及工作时间表。

制定社区矫正社区社会工作计划应遵循矫正对象参与、具有可行性、目标明确、整体规划等原则。

（五）实施计划阶段

社区矫正社区社会工作计划的实施可以划分为资源准备、行动和巩固三个阶段。

1. 资源准备阶段。首先要激发社区矫正对象本身及社区群众的积极性，使其参与到社区矫正社区社会工作当中，成为服务与被服务对象。其次要注重挖掘资源，包括社区内外人力、物力、财力资源，为社区矫正社区社会工作提供充足的资源和力量。最后要建立和联系社区内外组织，一方面重视社区矫正互助团体及组织的建立，另一方面联系已有的单位和组织参与到社区矫正工作当中来，多元联动，合力为社区矫正对象提供服务。

2. 行动阶段。这一阶段主要是以社区为平台，根据社区矫正社区社会工作的计划方案内容，针对社区矫正对象的问题和需求采取行动，进而实现社区矫正目标的过程。重点行动包括：开展社区教育矫正，如对矫正对象开展法制教育、在刑意识教育、思想道德教育、案例警示教育、文化素质教育等；开展社区公益活动，协助社区矫正机构根据矫正对象的特长开展相应的社区公益活动；提供社会适应性帮扶，整合就业、社会救助、教育、医疗、卫生等公共资源，为社区矫正对象提供帮扶政策指导、法律咨询、过渡性安置、就业就学指导等服务。

3. 巩固阶段。这一阶段的主要任务是巩固矫正对象的社区矫正工作成果，特别是矫正对象的思想、心理和行为的矫正，以及矫正对象个人的社会适应能力的加强。同时，还需要巩固社区内外单位和个人参与社区矫正社区社会工作的能力，与之维持好合作关系。

(六) 评估阶段

这一阶段是社区矫正社区社会工作的最后阶段。它是对前一阶段工作成效、工作方法及资源效能的全面检查及评估，核心是了解社区矫正对象在社区矫正过程中的表现，如是否有重新犯罪倾向，思想、行为、心理变化等个人矫正情况评估，同时是对社区矫正方案实施效果，如资源、时间成本、效益、服务对象及协作单位的满意度等方面进行分析总结。其目的是回顾过去，展望未来，特别是将矫正成果评估报告提交给司法部门，作为司法部门进行司法鉴定和进一步管教帮扶的依据。同时也是向协助单位、资助机构和参与的社区人士作个交代。在评估阶段，应由社区矫正社会工作者与其所在机构、社区矫正主体责任部门、服务对象及家人、社区等多方参与评估，从过程和效果等视角分析方案实施成效。

第四节 社区矫正社区社会工作的技巧

一、建立和发展社区关系的技巧

社区矫正社区社会工作介入初期，最主要的工作任务是建立和发展社区关系，使社区民众及组织建立起对社区矫正机构、工作人员、社区矫正对象的信任。这一过程既包括与社区居民建立关系，也包括与社区组织和团体建立关系。社区矫正社区工作者在工作关系建立与维系上要遵守的原则、技巧及方法包括如下内容：[1]

（一）关系建立与维系的原则

1. 掌握群众参与的动机，有针对性地进行动员。结合群众参与社区矫正工作获取实际利益、奉献社会、提高及增长技能等动机进行有针对性的动员。

2. 让群众看到参与社区矫正服务解决社区问题的成效。社区群众不愿意参与社区事务的一大原因是没有看到参与后的效果，所以让群众看到大家的积极参与能够促使社区问题得以解决或者是情况转变后所带来的希望，能有效地鼓舞人们积极投身社区事务之中。可用"角色示范"的方法让"过来人"现身说法，效果会比较直接。

3. 为参与者带来个人的改变。群众参与不仅对矫正对象有帮助，同时对参与者本人来说也是一个锻炼的机会，可以丰富他们的生活，令其增强自信，提高面对压力时的应变能力，获得个人的进一步完善和发展。

4. 注意选择动员对象。因时间、观念、个人素质等方面的差异，我们不能指望所有居民都肯参与到社区矫正工作之中，任何组织内部都有可能存在个别冷漠、消极甚至抗拒的成员，那不是理想的动员对象。社区矫正社区社会工作者应动员那些态度积极、工作热情的社区成员，或者那些虽有兴趣但仍采取观望态度的成员。

5. 让参与者有成就感。成就能增强人们的自信。根据参加者的兴趣和意愿分配给参加者一定的任务，待其完成后给予肯定，让其感到自己的价值，进而会更加积极地投入到社区矫正工作中。

6. 减少参与者付出的代价。以往居民不愿参与社区矫正工作是因为参与的代价太大，如长时间开会，缺乏效率。所以社区矫正社会工作者应巧妙支援及进行合理的安排，使参加者无须付出太多的时间、金钱或精力，也能够参与到社区矫正工作中来，使他们保持参与的热情。

---

[1] 徐永祥主编：《社区工作》，高等教育出版社 2004 年版，第 181~187 页。

7. 注意社区矫正社会工作者自身素质对居民参与的影响。社区矫正社区社会工作者的工作成效和自身良好的能力素养，可以产生一种号召力和吸引力，吸引居民积极参与。所以社会工作者留给居民的初步印象，会对动员效果产生决定性的影响。

因此，社区矫正社区社会工作者要让居民有机会了解工作者本身的价值，了解工作者为社区问题的解决，特别是对社区矫正对象的帮扶付出的努力及信心。同时，建立工作关系还可以增进工作者对社区矫正对象及其他居民生活的理解，可以使工作者的工作动机和效果更明显。

（二）社区矫正社区社会工作的技巧和方法

1. 与社区居民的接触。居民是社区工作的资源，是社区矫正社会工作者开展社区矫正工作的重要依靠，又是我们实现社区矫正工作目标的受益群体。接触居民可以是正式的，也可以是非正式的；可以是一对一的，也可以是集体的；可以通过讲话、访问、电话交流、电子媒介等不同形式进行。香港学者胡文龙将社区接触技巧分为探索性接触和招揽性接触两种。

（1）探索性接触。了解社区成员的所思、所想、生活的环境、对事物的感受看法、社交方式、状态和人际网络等。通过工作者的亲身感受，去界定社区的问题和需要，寻找社区矫正社区社会工作的方向。同时，让居民了解社区矫正社区社会工作者的角色、任务，使居民进一步接纳与认同工作者，为日后建立信任合作的关系打下基础。

（2）招揽性接触。社区矫正社区社会工作的开展离不开居民的参与和支持，因此能否运用技巧和情感"招揽"居民、吸引居民，使居民主动参与到工作内容之中，使居民们由冷漠、无奈转变成热情与投入，进而获得自我提升，是工作者的目标和任务，所以这种招揽性的接触，不仅有任务性，还有教育性和发展性的功能。

接触的过程需要在接触目标、接触对象选择、访问时间、访问话题、着装、访问场所、可能会遇到的问题和克服困难的方法等方面做好准备，并按照介绍自己、展开话题、维持谈话、结束谈话和总结等程序与居民建立关系。

2. 与社区组织和团体建立关系的技巧和方法。社区组织和团体是开展社区矫正社区社会工作的重要资源，在解决社区矫正对象问题和需求时需要得到社区组织和各团体的支持和参与，同时在双方互动合作中实现彼此促进和发展，因此与其建立关系十分重要。

在与社区组织和团体建立关系的过程中，首先要分析了解组织的目的、任务、结构，组织文化的表现和特点。其次要注意关注组织内有影响的人士；最后分析组织的资源优势以及问题和需求。寻找与组织的合作空间、力求合作共赢是与社区组织和团体维持长久关系，达到彼此促进发展的最佳路径。

二、发展社区支持网络的技巧

社区支持网络可以用两种形式推行：一种是以义务工作人员为本的社区支持系统，即以受助人为主体，接受志愿者、家人、亲友、邻居的照顾和服务；另一种是以家庭互助为本的社区支持系统，即没有一个明确的受助人，而是安排社区内家庭互相认识及定期联络，帮助家庭建立起必需的社区支持，在有需要时，向其他邻近的家庭寻求援手。[1]

社区矫正社区社会工作者需要为有困难或有需要的社区矫正对象联系他们的亲戚、朋友、邻居和志愿者，建构起支持网络，解决其困难，满足其需要。这个方法的特点是运用社会支持网络的概念，用种种方法去建立、强化和维系个人和群体的网络，使这些网络能够发挥积极的支持作用，帮助个人和群体解决所面对的问题。社区支援网络建立的策略及技巧主要有四种：[2]

（一）发展个人网络

主要是针对社区矫正对象个人的现存人际关系以及其所置身的环境内具有发展潜力的成员，例如家庭成员、朋友、邻居或者其他服务的提供者（如家政服务员）等，通过建立联系和提升助人能力，让这些成员来协助服务对象。具体做法是：社区矫正社会工作者集中服务对象个人现存的有联系且有支持作用的成员，动员矫正对象关系密切的重要人物提供支援，维持和扩大服务对象的社交关系和联系。

（二）发展志愿者服务网络

由于社区中拥有极少个人联系的服务对象，将他们与可以提供帮助的志愿者建立联系，建立一对一的帮助关系。具体做法是：社区矫正社会工作者寻找和动员社区内或社区外愿意成为志愿者的大学生、社区党员、辖区单位的职工，通过合理配置，让志愿者和矫正对象建立联系，提供帮助和支持。

（三）构建互助网络

把面对相同问题或具有相似兴趣或能力的社区矫正对象聚合在一起，帮助他们建立联系，促进他们互相帮助和互相支援。具体做法是：社区矫正社会工作者为那些有共同问题、相同背景、兴趣的矫正对象建立起朋辈支持小组或互助小组，加强同伴之间的支持，促进信息分享和经验交流，增强解决问题的能力，促进矫正效果。

---

[1] 傅忠道主编：《社区工作基础知识1000答》，中国青年出版社2001年版，第391页。
[2] 全国社会工作者职业水平考试教材编委会编写：《社会工作实务（中级）》，中国社会出版社2023年版，第285~286页。

(四) 构建邻里协助网络

社区矫正社会工作者认为，社区中的邻里、社区商店员工、物业公司职工、保洁员、保安员等在为矫正对象提供支援上扮演着重要角色，并且可以用最自然、最快捷的方式，为服务对象提供支持。具体做法是：社区矫正社会工作者通过举办各种活动召集和推动邻里了解社区矫正对象，强化邻里和社区矫正对象之间的联系，发展互助性支持，有效降低正规服务的烙印效果。

三、社区教育技巧

社区矫正社会工作者在社区对矫正对象开展法制教育、在刑意识教育、思想道德教育、案例警示教育、文化素质教育、职业技能教育、参加社会公益劳动等，这些教育是社区教育的一部分，社区社会工作者要掌握社区教育的方法和技巧，将矫正教育融入社区教育当中，以下是学者傅忠道对社区教育技巧和方法的概括：[1]

(一) 社区教育的主要内容

社区教育作为一项社区服务的内容，又可以分为三类：

第一，家庭生活教育。家庭是社区的细胞，家庭生活的状态深刻地影响着社区发展，因此，社区教育服务无不把家庭生活教育服务放十分重要的位置。家庭生活教育包括衣食住行、生老病死、家庭关系、子女教育和邻里沟通，内容十分丰富。家庭生活教育的目的在于灌输文明生活的价值观和技巧，不断提高社区矫正对象及其居民家庭生活的质量。

第二，公民素质教育。公民素质教育的目的是充分动员社区公民积极参与社会、经济、政治、文化等诸方面的有效管理而进行的基本教育，如公民意识教育、法治意识教育、社会公德教育、社会参与教育、社会公平教育、公心爱心教育、纳税意识教育等，通过公民素质教育来提升社区居民参与社区矫正人员的帮扶的意识。

第三，职业技能教育。社区是一个共生群体，一个特定的社区无疑会有一种或数种基本的谋生手段，以一定的方式组织起来取得物质生活的来源。为了社会世代相继、生生不息、财源不断，对社区居民的职业技能教育成为必须。根据一定社区的职业构成，常年开展相应的职业技能和道德训练，是社区教育的基本内容之一。在社区矫正教育中，通过挖掘社区的技能资源，可以开展社区居民对矫正对象的技能帮扶活动。

因此，社区矫正教育应该重视对矫正对象的家庭生活教育、素质教育以及职业能力教育等多方面的教育，通过社区教育促进矫正对象思想和行为方面的进步及改变。

---

[1] 傅忠道主编：《社区工作基础知识1000答》，中国青年出版社2001年版，第403~412页。

(二) 社区教育的原则方法

1. 社区教育的原则。社区教育是一种新型的教育体系，开展社区教育要遵循以下原则：一是预测性原则。社区教育是为了满足社区发展需要，所以，针对社区的资源人才和发展需要进行预测，为社区培养所需的人才，是社区教育的首要原则。通过预测来了解社区发展的需要，进行社区教育的规划，使社区教育的实施、管理、评价及内容方法符合规划性的要求。二是启发性原则。社区教育的对象面对全体社区居民，他们的经历、背景及水平各异，所以针对居民的不同特点进行启发教育，才能调动居民的积极性和创造力来进行社区建设。启发既是推广知识经验的条件，也是发挥积极性的规范性要求。这就要求社区教育在形式和方法上具有吸引性和激励作用，对社区成员进行细致的教育和诱导工作。三是辅导性原则。社区教育既非基础教育也非专业教育，对居民的思想、生活、职业技术等主要以辅导的方式进行教育，特别要采取暗示、诱导、矫正等方法，防止用呆板的说教和强迫的命令，让居民在自愿的状态下接受感染和矫正行为，真正发挥教育的内化作用。四是协调性原则。社区教育的办学条件和主体由社区多方面构成，各办学主体的多方面需要和利益应相互协调。协调既是社区教育的存在条件，也是社区教育科学化的要求。

社区教育是实现社区矫正教育和社区居民教育共同教育目标的一种途径，它可以是专门针对矫正对象的一种矫正教育，也可以是把矫正对象作为社区居民与其他社区居民共同进行的一种社区教育，把社区矫正教育融入其他社区教育中，能够更好地促进矫正教育效果。

2. 构建社区教育网络。要建立以社区为中心，以司法、公安、检察、社工、医务、社区、家庭等共同参与的社区教育网络，对于还在就学（或未成年人犯罪帮教对象）的矫正对象还要健全以街道为核心，区、街、居并举，社会、学校、家庭三位一体的全方位社区教育网络。一是要成立由街道办事处牵头，社区内学校、机关、部队和企事业单位负责人参加的社区教育委员会，发挥职能作用，保证运作顺利；二是要建立教育联系线：一条是学校教师—家长学生，另一条是街道办事处—社区教育委员会—辅导员—居民，做到纵向衔接、横向贯通、相互渗透，形成全员参与、全方位育人的社区教育新网络。

四、动员群众的技巧

发动居民广泛参与到社区矫正工作中，可以提升社区居民的参与意识和能力，增强个人的自主性。同时还能使社区成员对影响自身的社区事件和问题有更多的认识，为自己赢得更多实际经验和资源，也有利于形成一个互助关怀的社区，增强居民的归属感、满足感和安全感。所以发动群众参与是社区矫正社区社会工作的主要内容和重要任务,是社会工作者的一项基本功。发动群众的技巧主要分为直接接触和间接发动两种途径。[1]

(一) 直接接触

有时社区矫正社会工作者提前就已知道目标对象的名字及联络方式,那么可采用去信通知、电话联络或登门拜访三种方式进一步宣传、说服、建立关系。如果没有具体对象及联络方法,则可以采用设立社区咨询站点、向往来的居民宣传介绍,发现目标对象或现场交换意见,建立联系;也可采用"围剿"式的方式,逐门挨户上门宣传,挖掘潜在的参加者;也可通过小区广播或流动宣传车,通过居民大会等宣传方式发动更多群众参与到社区矫正工作当中来。

(二) 间接发动

有时工作者虽不与居民面对面进行交流,但可以利用一些间接的方法达到类似的目的。最为常用的方法便是借助大众传播媒介报道、展板和广告宣传、电视新闻稿、宣传单张、信箱广告、招贴和海报条幅等。由于此种方法对人力要求不是很高,所以经常被社区工作者所采用。

发动群众是社区矫正社会工作中的一项重要任务,只有在民众的积极支持和参与下,社区矫正工作才能更好地满足矫正对象的需要,因而在发动过程中,要注意掌握方式方法,了解居民的心理,因人而异、因地制宜,以积极的态度和切实可行的工作技巧团结和吸引更多的有识之士,投身社区矫正工作之中,使社区矫正工作因广大居民的参与而更加丰富、充满活力。

五、运用传播媒介的技巧

社区矫正社区社会工作可以通过传媒这个桥梁了解外面的世界,利用传播媒介去寻找更多的资源,也可借助传媒的优势让公众更加了解社区矫正工作,支持和响应组织的号召,促成事件的改变,使组织的形象得以确立。而良好的社区媒体形象又会激励和鼓舞社区成员爱社区、建设社区的热情,凝聚大家的智慧和力量,推动社区工作的开展。在社区矫正社区社会工作实践中可以运用以下媒体运作的策略、方法及技巧:[2]

---

[1] 徐永祥主编:《社区工作》,高等教育出版社2004年版,第196~198页。
[2] 徐永祥主编:《社区工作》,高等教育出版社2004年版,第192~196页。

(一) 制定媒介策略，发展媒介关系

社区媒介策略是指社区矫正社区社会工作中如何运用传媒扩大社区的影响的一整套方针和部署。由于每个社区状况不同、工作策略和重点不同、存在的问题不同、与传媒发展的关系不同，因而也会有不同的传媒运作的策略。一是要收集传媒工作者的资料。根据各自的工作内容制定一份清单，在此基础上进行初步的接触，介绍自己及其所在社区组织及职能，给人留下良好的印象。二是发展与媒介的关系。关系建立因工作计划、取向、手法、阶段的不同而不同。大体上有下列几方面的工作：了解媒体及其作者的工作情况；尽可能采用当面拜访的方式；主动宣传介绍自己；对沟通表现出浓厚的兴趣；认真倾听对方讲自己的工作及其感受。

(二) 制造媒介事件，吸引传媒报道

为了使一个普通事件引起媒体的关注，就必须考虑该事件的新闻价值所在。只有"对症下药"才能发挥奇效，如从"事件涉及的人数众多，与大众有直接关系""事件的主题配合当前新闻的热点""事件具有人情味和独特性"等方面吸引媒体关注。

(三) 掌握运用传媒的途径

社区矫正社区社会工作可以采用多种途径运用传媒。如在社区矫正活动中进行采访报道、召开记者招待会、进行人物专访、予以事件的特写等，都可以达到宣传及扩大影响的目的。通过运用传播媒介引起社会公众对社区矫正对象群体、社区矫正工作的关注，提升社区矫正机构、社区矫正工作者以及社区的形象，进而争取更多社会及社区单位和资源支持。

建设人人有责、人人尽责、人人享有的社会治理共同体。

——2022年10月16日，习近平总书记在中国共产党第二十次全国代表大会上的报告

第十一章　社区矫正社会工作行政

个案工作、小组工作和社区工作较早被认可为社会工作直接服务的专业方法，而作为间接服务的社会工作行政，随着时代的发展，越来越受到社会的关注，被认为是社会工作专业的主要方法之一，对于社会工作服务输送过程来说不可或缺。现代社会工作是以组织化的形式开展的，在社会服务项目的开展、社会服务机构的运行中，社会工作行政处于关键环节，它对社会工作的开展起到重要的保证和推动作用。[1] 可以说，社区矫正社会工作行政既是一种司法领域的社会工作方法，也应当被视为一种社会工作领域内的专业实践过程。

第一节　社区矫正社会工作行政的基本概念

一、社会工作行政

社会工作行政是一个来自西方的概念和名词。社会工作行政一词是由英文 social work administration 翻译过来的，与其紧密相关联的词还有 social administration（社会行政）、social welfare administration（社会福利行政）。在社会工作学科发展过程中，人们对社会工作行政的理解和应用并不一样。[2]

---

[1] 王思斌主编：《社会工作概论》，高等教育出版社2014年版，第149页。
[2] 时立荣：《社会管理背景下的机构社会工作行政探析》，载《东岳论丛》2012年第1期。

由于社会工作行政环境不同，导致人们对社会工作行政理解各异。如英国的社会工作行政为重心在"政策"的社会工作行政，美国的社会工作行政为重心在"管理"的社会工作行政。英国社会工作行政的定义一直秉持着传统的核心思想，认为社会工作行政是通过社会服务活动传递和实施社会政策的过程，英国《布莱克维尔大辞典（社会政策）》中对社会行政是这样解释的："在学术圈子里与社会政策可以替代使用的一个术语。许多当代的社会政策课程先前被称作社会行政。然而，这个术语特别集中于政策的发展和实施过程，而不注重更广泛的政策存在于其中的社会和理论的背景"。[1]而早期美国社会工作行政的定义深受英国的影响，后来逐渐形成美国学界共识，其核心思想是强调社会工作行政是作为方法的行政管理。1995年美国出版的《社会工作辞典》定义了社会工作行政："负有行政责任的人所采用的方法，包括确定一个社会福利机构或其他单位的组织目标，获取行动方案的资源并进行分配，协调达成选定目标的工作，对工作程序和结构进行监控、评估，并进行必要的调整以提高绩效。在社会工作中，'行政'很多时候是'管理'的同义词"。[2]

中国学者对社会工作行政的理解也受到英美等国社会工作行政思想的影响，并积极吸纳和借鉴了英国"政策"性社会工作行政和美国"管理"性社会工作行政等观点。如王思斌认为，"社会行政也叫社会工作行政（social work administration）和社会福利行政（social welfare administration）。顾名思义，社会工作行政是指在社会工作领域的行政活动，它是针对社会工作的行政活动"。[3]王思斌的观点是"政策"性与"管理"性社会工作行政结合的观点。顾东辉认为，"行政管理的理论和方法应用于社会工作一般称为社会工作行政、社会行政和社会福利行政，也等同于社会工作行政管理，强调它是一种间接的社会工作方法"。[4]顾东辉更倾向于"管理"性社会工作行政的观点。陈为雷认为，社会工作行政不等同于社会行政和社会福利行政，社会工作行政就是社会服务机构的管理活动，并不包括政府层面的行政管理活动。"社会服务机构的工作人员在国家宏观社会政策的框架中，利用管理学、社会学、社会工作学等学科的理论和方法，确定一个社会服务机构的组织目标，获取并妥善利用资源，通过计划、组织、领导和控制等环节来协调人力、物力和财力资源，以保证服务机构的效率与效果的活动和过程"。[5]陈为雷更倾向于"政策"性社会工作行政的观点。在我国，社会工作行政的定义更适合表达为王思斌提出的"政府的社会工作机构，以及社会的福利

---

[1] 陈为雷编著：《社会工作行政》，中国社会出版社2010年版，第18页。
[2] 陈为雷编著：《社会工作行政》，中国社会出版社2010年版，第18页。
[3] 王思斌主编：《社会行政》，高等教育出版社2013年版，第6页。
[4] 顾东辉主编：《社会工作概论》，复旦大学出版社2008年版，第15页。
[5] 陈为雷编著：《社会工作行政》，中国社会出版社2010年版，第9页。

组织对社会福利工作进行行政管理，根据社会福利的政策、立法或决策，按照一定程序将之转化为实际服务，满足人民各类福利需求的活动"。[1]

实际上，在社区矫正社会工作机构专业服务过程中，行政与管理是不可分割的，社区矫正社会工作机构为了达成专业使命，需要将社会政策转化为具体社会服务项目，其中包含了从目标预设到结果实现的动态的、可持续的行政过程和管理方法。社会工作行政的目的是达成使命，这具有鲜明的伦理观和价值性，同时使命也决定了社区矫正社会工作机构的行政管理是以案主为中心的。由于行政和管理具有行动一体化特征，所以社会工作行政包含了行政和管理两个方面的内容。应当通过科学地运用行政和管理的程序方法，提高社区矫正社会工作机构及服务项目满足服务案主需求的能力，并引导组织成员一起达成目标、使命与机构效率的一致性。

二、社区矫正社会工作行政

社区矫正社会工作与司法社会工作、矫正社会工作密不可分。司法社会工作，即司法社会工作者综合运用社会工作专业知识和手法，为社区矫正对象、安置帮教对象及边缘青少年等弱势群体提供心理疏导、职业技能培训、就业安置等社会工作服务，以提升其自我机能、恢复和发展社会功能，最终达到预防犯罪、稳定社会秩序的专业服务过程。广义的司法社会工作包括司法、调解、禁毒、信访等，狭义的司法社会工作包括社区矫正、安置帮教、审前调查等。王思斌认为，矫正社会工作是指专业人员或志愿人士，在专业价值观指引下，运用专业理论和方法、技术，为罪犯（或具有犯罪危险性的人员）及其家人，在审判、监禁处遇、社会处遇或刑释期间，提供思想教育、心理辅导、行为纠正、信息咨询、就业培训、生活照顾以及社会环境改善等服务，是罪犯消除犯罪心理结构、修正行为模式、适应社会生活的一种福利服务。[2] 从专业服务范围来讲，社区矫正社会工作属于司法社会工作与矫正社会工作的重要专业领域之一，也是司法社会工作与矫正社会工作的重要实践载体。

因此，我们尝试对社区矫正社会工作行政做出如下定义，即指政府的社会工作机构以及社会的福利组织在社区矫正工作领域的行政活动，它是保障和实施对判处管制、宣告缓刑、裁定假释、决定或者批准暂予监外执行对象进行社区矫正社会工作时的行政活动。也可以这样理解，它相应地呈现为社区矫正社会工作领域内的一种从体制到实体、从政府机构到社会服务机构、从宏观政策到微观活动，具备内在紧密联系而又包含张力的社会行政工作复合体。面对这样一个政策性、针对性强的社会工作行政领

---

[1] 王思斌主编：《社会工作导论》，北京大学出版社2011版，第242页。
[2] 王思斌主编：《社会工作概论》，高等教育出版社2014年版，第343页。

域，应该如何去认识它？理解社区矫正社会工作行政除了运用社会工作行政专业知识之外，还应借鉴社会学、管理学、政治学、法学、公共行政等诸多学科的知识。一方面，社区矫正社会工作行政某种程度上仍可视为公共行政的一部分，可以借鉴公共行政的特点来开展社会工作行政；另一方面，既然社会工作行政很大程度上也是机构工作行政，也可从管理学、政治学、法学、公共行政学中寻求灵感。

三、社区矫正社会工作行政的层次

把社会政策变为对社会成员的服务要经过不同环节的连续努力，这就是社会行政过程。如果对之做一个粗略划分，社会行政可以分为宏观社会行政和微观社会行政。我们可以把在较高层次上实施社会政策的活动称为宏观社会行政，把具体执行社会政策、推动社会服务的活动称为微观社会行政。[1] 因此，社区矫正社会工作行政的主体既包括政府主管社区矫正工作的行政机构，又包括从事社区矫正服务的社会机构、社会福利组织中的社会工作行政机构，它的内容既包括政府在宏观上开展的社区矫正社会工作，尤其是社区矫正工作政策方面的行政工作，也包括具体社会工作机构或社会福利组织在微观社区矫正活动上的行政。宏观上的社区矫正社会工作行政，实际上是政府在国家行政区域内推行社区矫正政策的职能行为，是政府部门在行政区域内出台、实施社区矫正政策，指导、帮助、监督、检查、评估社区矫正政策落实情况的活动。微观社区矫正社会行政是社会服务机构和社会福利组织将政府社区矫正政策转化为具体的社会服务的行政活动。它常常表现为社会服务机构和社会福利组织内部的统筹和管理，即通过内部机构（组织）筹集、配置、使用资源，保证提供专业矫正服务。当然，微观社区矫正社会工作行政与其他社会行政一样，它不是具体为对被判处管制、宣告缓刑、裁定假释、决定或者批准暂予监外执行等的矫正对象开展专业服务，而是对具体的社区矫正服务项目和服务行为进行统筹、协调和管理。

从政策的制定到政策目标的实现是一个复杂的、由一系列环节组成的过程。在这一过程中需要在不同层面开展行政工作，而且不同层面的行政工作是各有特点的。当在较大范围内推行实施某项社会政策时，就存在二者的关系问题。[2] 宏观社区矫正社会工作行政与微观社区矫正社会工作行政呈连续性，从宏观到微观，社区矫正社会工作行政的内容逐渐具体化、项目化。这不但是保证社区矫正政策法规得以执行的过程，也是保证社区矫正措施、服务项目更加具体的过程，更有利于社区矫正政策法规和矫正服务计划的落实。在社区矫正政策法规的贯彻执行过程中，宏观社区矫正社会行政

---

[1] 王思斌主编：《社会工作概论》，高等教育出版社2014年版，第150页。
[2] 王思斌主编：《社会行政》，高等教育出版社2013年版，第28页。

指导、设计、帮助、监督、检查、评估到位，社会服务机构和社会福利组织的矫正工作开展就规范有序。反之，基层社区矫正社会工作行政对宏观社会工作行政也具有反向辐射作用，因为政策法规的落地需要基层行政机构、组织来具体实施，他们的对政策法规的运用能力、对普遍性与特殊性的把握、对矫正项目的实施效果掌握具有重要的作用。

还有一种特殊情况，当社会服务机构或社会福利组织独立开展社区矫正服务时，此时的宏观社区矫正社会工作行政更多表现为该机构负责人对政策法规的把握和矫正服务项目的设计，微观社会工作行政则是对机构服务项目的组织、协调和推进。

四、社区矫正社会工作行政的地位与功能

（一）社区矫正社会工作行政的地位

社区矫正社会工作行政在社区矫正社会服务中具有不可替代的作用。从专业社会工作的服务方式来讲，个案、小组、社区工作模式属于直接服务，主要是直接帮助案主解决具体困难和小范围内的社会问题。但直接服务也有其薄弱环节，比如社区矫正社会工作机构和社区矫正社会工作者的服务范围的覆盖面不够大，不能对更多有需要的人群和个体提供服务；社区矫正社会工作者更多是执行国家、地区的社区矫正政策法规，开展实际的社区矫正服务工作，而国家的政策法规是有"普适性"的，社区矫正社会工作者对政策法规的合理性和适用性，以及政策法规实施全过程的影响力相对有限。也就是说，具体的社区矫正社会工作机构和社区矫正社会工作者，只是针对目标社区和项目开展矫正社会服务，缺乏在更大范围内对有需要的类似社区、人群提供服务的能力，这就需要社区矫正社会工作行政在政策法规干预层面、社区矫正服务资源配置等方面发挥作用，这也是社区矫正社会工作行政作为间接服务方式的重要体现。它从宏观的、实施政策的角度，较好地弥补了社区矫正个案、小组、社区服务方式的缺陷，扩大了服务领域，提升了服务的效能。因此，社会行政工作对社区矫正社会工作机构的重要性是不言而喻的。

（二）社区矫正社会工作行政的功能

功能是指一个事物所发挥的作用。结构功能主义社会学家帕森斯（T. Parsons）认为，一个社会系统的所有组成部分都对整体的存在与运行具有积极作用，这就是它们的功能。社会行政的功能可以从两个角度来分析：一是它对社会运行的影响，即社会行政的社会意义和效果；二是对政策实施过程的影响，即它对政策实施的具体作

用。[1]就社区矫正社会工作而言，它的核心功能概括起来就是保证司法行政部门、社会矫正服务机构将宏观的社区矫正政策法规转化为具体矫正服务全过程的有效运行，以促进社会矫正机构的专业服务使命达成。具体来讲，它的功能主要包括以下方面：

  1. 执行《社区矫正法》，提供专业矫正社会服务。执行《社区矫正法》等国家法规提供专业服务是社区矫正社会工作行政的基础职能。社区矫正政策法规，尤其是2020年7月施行的《社区矫正法》，对于推进社区矫正工作规范化、专业化、法治化以及国家治理体系和治理能力建设具有重大意义，通过对社区矫正对象开展监督管理、教育帮扶，帮助他们在社会化和开放化的环境下顺利地回归社会，充分体现了保障人权、宽严相济、科学矫正、社会参与、修复融入的现代刑罚执行精神，对化解社会矛盾，预防、减少犯罪，维护社会稳定都起到了重要作用。《社区矫正法》是开展社区矫正社会工作行政的指导方针，需要社会服务机构将其转变为实际的社会福利活动并真正地惠及社区矫正对象。从政策层面来看，社会工作行政是将社会政策操作化和行动化，是政策的具体延伸过程。在将《社区矫正法》转变为具体的社会服务活动的过程中，社会工作行政发挥着重要的顶层设计、布局规划、资源配置和政策执行等作用，具体可概括为社会工作行政机构的统筹、计划、组织、领导、协调、控制和管理职能。同时，社区矫正社会工作行政也可根据实际情况，总结典型经验，修正服务过程中的问题，及时反向反馈，以不断完善社区矫正政策。

  2. 运用科学高效的行政管理方式提高矫正社会工作服务机构效能。社会工作行政是社会服务机构有效实现政策目标的过程，这个过程需要社会工作行政的有效执行。因此，要强调行政管理方式的合理运用，主要表现为社区矫正政策执行过程中的高度组织性和资源配置的合理性。为什么说高度组织性？因为社区矫正社会工作行政必须通过社会服务机构和社会福利组织，将社区矫正政策转化为具体的矫正社会服务。因此，行政管理的过程就是社会服务机构和社会福利组织内部组织化运行的过程。要有效地执行社区矫正政策、达到政策的预期目标，需要在社会工作机构内部进行组织和协调。社区矫正社会工作行政通过设计管理结构、制定社区矫正社会工作服务计划、培训专业矫正服务人员、督导评估社区矫正效果，对社区矫正社会工作机构的工作效率运行具有重要意义。为什么要合理配置资源？因为将社区矫正政策转化为具体的矫正社会服务，实际上是区域内社会福利资源的传输，而传输过程中必然造成各种资源的损耗。为了实现社会资源利用的最大化，需要社区矫正社会工作行政对资源进行合理配置，对社区矫正的人力、物力、财力资源，以及资源的配置时机、方式进行合理

---

[1] 王思斌主编：《社会行政》，高等教育出版社2013年版，第36页。

划分整合，将有效避免各种资源的浪费，提高矫正服务效能，满足社区矫正对象的需要。

3. 制定和规范工作流程确保行政事务顺利开展。社区矫正社会工作行政要将矫正政策转变为具体的矫正社会服务，包括但不限于以下工作流程：

第一，将宏观的《社区矫正法》等社区矫正法规、政策具体化，即解释社区矫正政策法规，根据地区、社区实际制定社区矫正的任务目标、发展战略、实施步骤、工作要求等，维系机构内外部环境的平衡。

第二，根据区域内社区矫正工作需要，制定长期服务计划和短期服务项目，并适时作出优化调整，建立健全社会服务机构的组织结构和管理体系，明晰机构内各部门的职责，完善内控制度。

第三，招聘、召集、任用、培训、组织矫正社会服务机构专兼职工作人员、志愿者等，运用社会工作专业手法，建立完善督导评估制度，评价、检验、提升社区矫正机构工作人员、志愿者的工作效能和服务水平。

第四，策划社区矫正的具体服务方案，对专兼职工作人员提供专业的服务指导，确保服务方案的有效执行，确定服务工作落实的时限和评估标准等。

第五，做好区域内社区矫正资源的筹措与配置，如服务项目资金的申请、筹措、预算、监管，志愿者资源的安排，与其他社会服务机构等资源的协同等。应与政府机构、各类媒体、其他社会服务机构之间建立良好的社会关系，以更好地获取社会资源。

第六，建立清晰实用的服务评估体系，及时总结和反馈社区矫正工作，并及时向政策制定者反馈服务经验和问题，以便于社区矫正政策的修订和完善。

4. 实现监督控制效率和效果的一致性。由于社会服务机构和社会福利组织的公益性特点，获取的社会资源有限。为了合理运用与管理有限的社区矫正资源，避免不必要的资源浪费，需要社会服务机构和社会福利组织通过科学有效的管理来保证资源的最大利用率，维持机构服务资源投入产出的可持续运转。社区矫正社会工作行政作为管理活动之一，其目的是保证实现组织目标，即满足区域内矫正对象的服务需求，达成服务使命。因此，社区矫正社会工作行政需要监督控制服务效率和效果上的一致性，尤其是在社区矫正社会服务机构服务运行过程和服务效果评估中的一致性。

在社区矫正社会服务机构的日常运转和实施专业服务的过程中，决策的重要依据就在于是否满足了矫正对象的需求、是否提高了服务效率、是否确保了资源利用的最大化。效率的提升是为了资源的有效利用、保证社区矫正社会工作机构事务的有效运行，但不能偏离最终的服务目标和矫正对象的需求，片面地追求社区矫正项目的表面效果，而破坏社会工作服务机构的价值理念和专业使命。而社区矫正评估主要包括效率评估和效果评估，效率评估主要考虑达成矫正目标的投入成本，评估矫正服务是否完成服务投入产出比指标。效果评估主要是对服务效能的评估，主要评估矫正服务是否符合机构的使命目标，是否为矫正对象提供了符合质量标准的服务，是否满足社会对社区矫正服务的期待，是否对矫正对象产生了正向效果，恢复和提升了他们的社会功能。效率评估和效果评估的结果的契合度对于社区矫正社会工作机构继续开展服务活动具有重要的指导作用。

第二节 社区矫正社会工作机构

一、社区矫正社会工作机构的含义

社区矫正社会工作机构，即主要由公民、企事业单位和其他社会力量自愿组成的，经民政部门依法登记，依照章程约定从事非营利性活动的社会组织。任何承担社会服务的组织机构都有一定的组织形式，组织内部通过角色（成员）之间的分工与合作完成社会服务的任务。在社会工作较为发达的国家和地区，从事社会工作、社会服务的组织机构是专业化的。而在我国，其专业化水平还比较低。社区矫正服务组织的结构类型包括直线型、职能型、直线—职能型、事业部型和矩阵型等多种形式。直线型和矩阵型常常作为重要的形式在提供社会服务方面发挥着重要作用。直线型组织结构是科层制形式，呈金字塔形状，是一种自上而下通过严格分工和权力分层而形成的组织形式。而一些社会工作机构所承担的社会服务任务是多元化的和变动的，为了更好地运用组织人力资源开展服务，可以采用矩阵结构，将机构看作一个人力资源库，根据工作任务的需要而进行多种搭配。社区矫正社会工作机构的主体成员是社区矫正社会工作者。社区矫正社会工作者指具有社会工作专业知识和技能，在社区矫正机构组织下，协助开展社区矫正工作的人员。社区矫正志愿者指具有一定专业技能，在社区矫正机构组织下，自愿为社区矫正工作开展提供无偿服务的社会人员。

二、社区矫正社会工作机构的基本工作要求

1. 去标签化。社区矫正社会工作者应与社区矫正对象平等互动，建立良好的工作关系，促进社区矫正对象顺利融入社会，应避免对社区矫正对象采用贴标签性的定义或者称呼。

2. 尊重。社区矫正社会工作者应充分尊重社区矫正对象，并帮助他们获得专业服务。

3. 接纳。社区矫正社会工作者对社区矫正对象应保持接纳的态度，不可因社区矫正对象的年龄、性别、种族、生理或心理状况、宗教信仰、家庭背景、教育水平、过往经历等对他（她）们有歧视或批判的态度。

4. 自我决定。在合法合规的前提下，社区矫正社会工作者应关注和鼓励社区矫正对象的心理成长和行为改善，尊重其自我选择、自我决定的权利，不代替社区矫正对象做决定。

5. 差别平等。社区矫正社会工作者在工作中要以平等的方式对待社区矫正对象，同时又要注重社区矫正对象的个体差异，充分把握好平等对待和个别化服务的程度。

6. 助人自助。社区矫正社会工作者应和社区矫正对象共同努力，增强社区矫正对象的领悟力、自决力、创造力，发挥其自身主导作用，减少其依赖性和被动性，最终达到社区矫正对象自己帮助自己的目标状态，实现其自我成长和人格完善。

7. 保密。社会组织和社区矫正社会工作者应尊重社区矫正对象的隐私，在不危及社会和他人、自身安全的情况下，未经司法行政部门和本人同意，不得向第三方透露涉及社区矫正对象属于个人隐私的信息。

三、社区矫正社会工作机构的服务内容和主要方法

社区矫正社会工作机构的服务内容和主要方法包括以下几方面。

（一）风险与需求评估

社区矫正社会工作者根据司法行政部门对社区矫正对象进行风险评估后的分类情况，再进行服务需求评估或心理测评，并根据评估结果动态调整介入服务计划。评估的内容包含社区矫正对象的心理、行为、家庭、社会交往、工作情况、闲暇时间安排等多个方面。评估的方法可采取观察、访谈、问卷调查、实地走访等，评估应根据实际情况选择相适应的量表；根据评估结果，采用个案工作、小组工作、社区工作等不同方法，对社区矫正对象进行分类辅导和服务。

（二）日常走访与会谈

社区矫正社会工作者应制定走日常访计划，对一级重点社区矫正对象至少每半月上门走访一次，对二级重点社区矫正对象至少每月上门走访一次，对普通社区矫正对象至少每季度上门走访一次，对特殊社区矫正对象根据实际情况走访。重点时段、重要节日、重大活动期间，对于重点社区矫正对象，社区矫正社会工作者应根据实际情况增加走访次数，将相关情况报告社会组织和司法行政部门。社区矫正社会工作者在走访时，应加强安全防范意识。

(三) 开展教育与学习

社会组织和社区矫正社会工作者协助司法行政部门拟定集中教育计划，可负责教育学习活动的落实。社区矫正社会工作者应按照集中教育计划，获取社会教育资源，为社区矫正对象提供多样化、针对性的培训，包括法律、法规、国家或地方有关政策、政治、哲学、历史、科学、传统文化、心理健康、家庭教育、亲子关系、职业规划、健康管理、公益慈善等多方面的内容。集中教育的形式应丰富多样，除课堂授课的形式外，应增加利用信息化技术的教学形式与体验式的学习形式。社区矫正社会工作者遵循分类管理和分别教育的原则，以社会工作的基本伦理和价值观，根据社区矫正对象的个体特点，采取针对性措施，矫正其不良心理及行为。

(四) 组织参与社区服务

除身体条件和特殊情况外，社会组织应根据司法部门要求，统一组织社区矫正对象参加社区服务，服务时间计入社区矫正对象的社区服务时间；社区矫正社会工作者在组织社区矫正对象在参加社区服务时，对待社区矫正对象应与其他志愿者一视同仁，统一保障其相应的权利和义务。社会组织及社区矫正社会工作者须对社区矫正对象的身份保密；社会组织应提供多样化的社区服务菜单，可供社区矫正对象选择；社会组织应积极创造条件，为社区矫正对象提供更多家庭共同参与的活动，增加社区矫正对象家庭内部互动和社会交往的机会。

(五) 提供心理疏导服务

社区矫正社会工作机构与社会工作者应以平等、接纳、尊重的态度为社区矫正对象提供社会心理服务，为有需要的社区矫正对象进行心理疏导和心理健康教育，以缓解其心理压力、增进其心理成长、促进其人格完善。

(六) 提供就业服务

社区矫正社会工作机构与社会工作者应为未就业且有需要的社区矫正对象提供培训、实习、工作的信息和资源，协助符合条件的社区矫正对象申请享受相关就业扶持政策，提供就业指导和职业介绍等服务，促进社区矫正对象就业。

(七) 提供未成年人的教育服务

社区矫正社会工作机构与社会工作者应协调并督促未成年社区矫正对象的法定监护人，帮助其接受义务教育、职业规划、生命教育等，并为有需要的社区矫正对象提供学历教育和职业教育的信息和机会。

(八) 开展救助帮扶

社区矫正社会工作机构与社会工作者应协助由于遭受自然灾害、重大疾病、失去劳动能力或其他低收入的社区矫正对象，给予物质帮助或心理支持，以维持最基本生活需求，保障其最低生活水平，连接其他社会资源对其进行帮扶救助。

(九) 修复社会关系

社区矫正社会工作机构与社会工作者应鼓励社区矫正对象修复与家庭、社区、社会的关系，利用个案工作、小组工作、社区工作的手法帮助社区矫正对象融入社区生活、重建社会支持系统，恢复和发展社区矫正对象的社会功能。

(十) 社区矫正服务组织档案管理

社区矫正社会工作机构与社会工作者应真实、全面、及时、准确记录服务情况，包括但不限于社区矫正对象基本信息，风险和需求评估记录，参与集中教育和个别教育的记录，访谈记录、服务转介记录，社区服务记录，督导记录，等等。

第三节 社区矫正社会工作计划

计划是一个组织如何达到目标的逻辑过程。如今无论是在机构管理、政府公共管理还是在社会工作管理中，都需要对所要达到的工作目标、工作程序、方法进行论证，并做出决策，制定科学、周密、合理的工作计划，以确保工作目标的实现。[1] 社区矫正社会工作服务计划亦是如此，在社区矫正社会工作机构将社区矫正政策法规转变为具体矫正社会服务开始时，或是在一个社区矫正服务项目即将实施之前，应对项目的开展和专业服务的提供进行科学计划。

一、社区矫正社会工作机构的计划

现代社会服务通常是依托社会服务机构及组织体系而展开的，这种服务的展开需要配置、协调机构的人力、物力资源，这就需要计划。计划是行政管理活动中最重要的环节，其余的行政管理活动，包括组织、领导、人力资源管理、协调和控制，都是由此衍生出来的。如果不能按照计划去开展活动，社会服务机构的人力和其他资源就不能被有效组织，机构所开展的服务也会缺乏明确的方向，管理者也没有信心领导他人，机构目标也不可能有效实现。因此，所谓计划就是根据社会工作服务机构的职能

---

[1] 王思斌主编：《社会行政》，高等教育出版社2013年版，第79页。

定位，确立一定的目标，并预先设计适当的行动以实现目标的过程。[1]

按计划未来时间长短，计划可分为策略性计划和运行性计划。策略性计划是一种中期的计划，一般由机构中高层和中层管理者共同拟定，是对未来3年~5年的发展作出预估后，而制定的工作方针，也是机构整体的目标和方向。制定策略性计划，必须对未来作出假设和预计，并做出相应的部署。运作性计划由社会服务机构的中层和基层管理者共同拟定，是对机构目前的工作订立的具体可测量的短期服务指标，较为常见的是机构的年度计划，它是机构具体的行动计划。[2]

二、社区矫正社会工作服务计划的内容

社区矫正社会工作服务计划一般包含两个层面：一是社区矫正社会工作机构针对特定社区、特殊矫正群体而制定的服务计划，二是社区矫正社会工作机构针对具体矫正对象而制定的社工服务计划。前一种服务计划主要以项目方案的形式来制定，呈现区域化、群体化等特征；后一种服务计划主要以社区矫正服务方案的形式来制定，呈现个体化、个性化的特征。

(一) 针对特定社区和特殊矫正群体的社区矫正社会工作服务计划

社区矫正社会工作机构在把社区矫正政策法规转变为具体矫正社会服务项目的过程中，需要重点考虑以下因素：

第一，要预先对所提供的矫正服务项目进行科学设计。设计项目时应考虑的问题包括：该社区矫正项目的主题是什么？任务目标是什么？能够解决哪些矫正对象群体的问题？服务机构拥有哪些人力、物力、财力资源，资源获取、筹集和配置的时间是否充足？

第二，由于具体社区矫正政策的执行和矫正项目的实施都涉及经济、政治、社会、文化等诸多因素，因此要对服务项目相关的影响因素进行分析，以论证该项目的预期完成效果和社会影响力。

第三，为了顺利完成服务项目，要搞清楚该项目的内外部福利资源的储备情况、怎么样获取资源、需要与哪些资源提供者对接联系等，即保障服务的福利资源情况。

第四，编制好服务项目预算。预算是对提供矫正服务所需资金的计算，是获得资源提供者合理支持的前提。

---

[1] 全国社会工作者职业水平考试教材编委会编写：《社会工作综合能力（中级）》，中国社会出版社2023年版，第237页。

[2] 全国社会工作者职业水平考试教材编委会编写：《社会工作综合能力（中级）》，中国社会出版社2023年版，第238页。

此外，在制定服务计划的过程中，还要重点关注项目方案书。一个好的项目方案是项目成功的一半，尤其是在争取资源上，好的项目申请书更能获得资助。社会服务机构在执行推动服务项目时，通常要与上级司、公、检、法等部门打交道，好的项目方案可以更好地利用资源开展服务。无论社会服务机构向政府和其他资助者申请资助，还是服务机构执行项目，都需要制定书面项目方案。方案主要包括社会服务机构想做什么事；为什么要做这个项目，即项目的重要性和必要性；项目拟达到的目的或目标；项目的可行性怎样，包括已有的条件和可能获得的支持；社会服务机构实施项目的步骤，包括人力资源调配、时间安排、行动过程；服务过程的可靠性，或怎样监测这一过程；项目或服务的最后结果或效果。

所以，制定好的方案对于社会政策的实施、项目获得支持、社会服务的开展都很重要。要制定好的方案需要对多种可能的方案进行评估和选择，从中选优。评估选择优秀方案的标准是：方案要解决的问题是否重要，是否符合资助者或本机构的社会价值，是否具有优先性，方式实施的可行性（条件、机会及风险），方案提出者的以往经验，方案所表明的资源利用效率，服务效果的丰富性，等等。优秀的社会工作服务方案要充分反映社会工作的价值追求、专业方法和良好的服务效果。对于重要项目方案、服务方案的评估通常要邀请相关方面的专家参加。

(二) 针对具体矫正对象的社区矫正社会工作服务计划

针对具体矫正对象制定社区矫正社会工作服务计划，主要包括服务目标的制定、服务面谈安排和服务协议的签订三个方面。社区矫正社会工作者协助案主制定服务目标，主要包括重述案主问题诉求、协助案主确定重点问题、提出解决问题的优先次序、明确案主问题达成效果四个环节，以为矫正对象提供合适、有效的专业服务。通常而言，制定服务计划需要重视以下方面：

第一，要深入调查情况。矫正对象入矫后，就要对该矫正对象进行全方位的调查。调查情况不单是对矫正对象个人情况、家庭成员关系、成长经历以及刑事判决书上的犯罪事实的了解，还应包括矫正对象在行为规范、价值观念、心理健康、家庭和社会环境、职业技能等方面的情况。行为规范包括遵守社区矫正的各项工作规定和纪律，端正接受社区矫正的态度，养成良好的生活习惯；价值观念包括世界观、价值观、人生观教育和遵守法律、社会公德；心理健康包括健康的心态及生活、工作态度；职业技能包括对象所掌握的技能和就业状况等。社区矫正社会工作者在对矫正对象基本情况调查的时候，应做到"谈、访、查"结合。谈即与矫正对象谈话，在谈话过程中看矫正对象的认罪态度、悔罪表现，也可以初步掌握矫正对象的家庭情况和社会情况。访即对矫正对象所在的社区、工作单位、学校等进行多方位的走访，通过走访进一步了解矫正对象在生活中、工作中、学习中的表现，与家庭成员、邻居、同事、同学相处的关系如何，听取他们对矫正对象的评价。查即查看矫正对象以前的档案资料，到相关机构查看矫正对象犯罪前是否有过其他违法行为、是否受到过治安处罚等，同时在得到矫正对象单位、学校同意的情况下，采取低调、保密的方式到单位、学校去查看矫正对象的档案资料。这对社区矫正社会工作者了解真实的矫正对象、对后续制定矫正措施都有很大的帮助。

第二，要分析矫正对象的性格特点。世界上没有相同的指纹，同样也没有完全相同的人。每个矫正对象都有自己的特点，有的内向，有的暴躁，有的冲动，有的懦弱，有的悲观，有的容易走极端。不同的性格特点决定了矫正对象在社区入矫时会有不同的心理和行为反应。这就要求社区矫正社会工作者在掌握情况的基础上，认真分析个性化教育对象存在的主要问题，有针对性地拟定个性化教育措施，如强化矫正对象的个别教育，加强心理疏导；通过情感交流、思想汇报、伦理教育等手段，提高矫正对象的能力素质，帮助矫正对象克服困难，缓解或解决其面临的各种矛盾；通过训诫等手段，加强刑罚执行的严肃性，提高矫正对象的服刑意识，使其认真接受社区矫正工作；通过技能培训等手段，帮助矫正对象掌握一定的生活技能，使其能够维持基本生活。

第三，要制定个性化的矫正措施。个别化原则认为，每个个体都有权利发展自己的个性，社区矫正社会工作者应当尊重案主的个体差异。这就要求社区矫正社会工作者在助人自助过程中，要始终把案主当作独立的个人或群体，不应当使用统一的、固定不变的服务方法去回应每个案主的独特需要，应当充分考虑到案主在性别、职业、年龄、政治信仰、社会地位、宗教倾向、心理生理状况以及问题诉求等方面存在的不同差异。应根据对矫正对象的深入调查和性格分析，最后制定针对性矫正措施。矫正措施包括大众化教育和个性化教育两种。大众化教育指的是每个矫正对象都要遵守的一些基本规章制度，包括思想汇报、公益劳动、集中教育、活动范围限制等一些社区矫正的日常工作。这是每个矫正对象必须要遵守的，因此也是在矫正措施里带有普遍性、规律性的内容。个性化教育则根据矫正对象的年龄、刑种、犯罪性质、犯罪动机等特征，有针对性地制定矫正方案、安排矫治内容。如有的矫正对象存在对抗心理，对社区矫正社会工作者抱以不信任和敌视的心理状态，认为自己没犯多大的罪，纯粹是法院的判决不公。这就需要在矫正方案里加强对这类矫正对象的相关法律法规教育，让他们对自己的犯罪能有正确的认识，从而更好地改造自己。有的矫正对象存在自卑心理，认为自己犯了罪，就丧失信心，没有脸面。针对这类矫正对象，社区矫正社会工作者就需要在矫正方案里面加强心理疏导要素，鼓励其积极面对生活、重新塑造健康向上的生活观。有的矫正对象有一个良好的家庭环境,社区矫正社会工作者就要多利用家庭因素,鼓励其家人对矫正对象多一些关心和理解,与矫正对象共同面对矫正工作。只要方案实施者进行适度的引导,矫正对象家属便能较好地配合矫正机构开展矫正工作。对于年轻的矫正对象,要考虑他们大多没有受过普法教育,不学法、不知法、不懂法,加上自控能力差,从而铤而走险,走上违法犯罪的道路。对于这类矫正对象在制定矫正措施时,就要多注重加强对他们的法治教育,同时也可以利用社会资源对他们开展就业指导和就业培训,帮助他们尽快找到一份稳定的工作,有了固定的生活来源,才能更好降低他们重新犯罪的概率。

三、社区矫正社会工作服务计划的过程模式

从一般意义上来讲,社会服务的计划就是对即将实施的社会服务的方式、途径进行设计和选择。[1] 社区矫正社会工作服务计划是一种社会计划,社会计划的制定是一个复杂的决策过程。当我们把社会行政看作是实施社会政策的过程时,它包括了评估、决策和选择多个阶段。制定社区矫正社会工作服务计划,要考虑到与此相关的各种社会因素,评估它们的现状、在计划执行过程中的变化及对计划行动的影响;不但要考虑它们中的每一个对计划行动的影响,而且要考虑它们之间的相互作用对计划行为的影响;不但要考虑外部因素,而且要对服务能力进行评估。

换言之,在社会政策的总体框架中,要根据社会需要和社会资源来界定服务计划中的任务,分析与服务相关的经济资源需求、利益群体格局、干预层次及力度、文化与社会心理、服务体系状况和选择的多样性等因素。最后,再对制定的多个预案进行比较和执行,并进行任务评估与反馈等。不同的社会服务项目有不同的重点,有着效率优先还是效益优先的区分,以及服务面向优先还是最需要帮助的个体优先的区分。社区矫正计划的制定过程是社区矫正社会工作者与矫正对象共同合作制定的过程。一般社区矫正社会工作服务计划由三个部分组成,即计划的目的和目标、计划关注的对象、计划实施的策略。制定计划的过程主要包括以下阶段:

第一,建立关系阶段。在此阶段,社区矫正社会工作者与矫正对象建立专业关系,主动与矫正对象谈话,关心了解矫正对象的内心感受和矫正意愿,取得矫正对象的信任,促使案主进入角色。建立良好的专业关系对处理矫正对象的问题来说起着至关重要的作用。它可以增强工作效果和社区矫正社会工作者的影响力,使后期的矫正工作更容易进行,在一定程度上影响整个矫正计划的成败,所以社区矫正社会工作者必须慎重对待。同时,还要积极与案主以外的有关系统和人员建立关系,共同合作,帮助

---

[1] 王思斌主编:《社会工作概论》,高等教育出版社2014年版,第154页。

案主走出困境，改变不良习惯，从而达到助人自助的目标。

第二，评估问题阶段。首先，要认定矫正对象的问题是什么；其次，要理解问题的成因是什么；最后，要分析改变矫正对象的境况需要做什么。

第三，制定计划阶段。要成立社区矫正小组，明晰矫正小组的负责人和组员。制定计划应关注多方面的因素，如案主个人、家庭、社会环境等。

第四节　社区矫正社会工作督导与激励

一、社区矫正社会工作督导

"督导"一词，包含着监督、指导的意思。督导是社会工作中的一种间接服务方法，是运用专业训练的方式实现服务目标的方法，督导在专业社会工作领域扮演了重要的角色。社会工作督导是专业训练的一种方法，它是由机构内资深的工作者，对机构内新进的工作人员、一线初级工作人员、实习生及志愿者，通过一种定期和持续的监督、指导，传授专业服务的知识与技术，以增进其专业技巧，进而促进他们成长并确保服务质量的活动。[1]

在录用新成员、承担新任务的情况下，由经验丰富、对工作任务有深入而全面了解的机构领导者对其下属进行督导是必要的。督导是一个渗透了社会工作价值观、工作技巧、人际关系、工作规范等多种因素的综合活动，它具有行政、管理、教育和支持等功能。[2] 在督导过程中，督导者不仅要注重对受督导者工作的管制与绩效评估，更重要的是，要能以接纳、支持的态度，适时引导受督导者的工作态度，使受督导者有学习和工作意愿，并做好独立提供服务的准备。[3]

社区矫正服务组织应建立完善社区矫正服务的督导制度，对于不同经验的社会工作者采用不同的督导方式，通常情况下包括行政性督导、指导性督导、支持性督导。随着社区矫正社会工作者技能的不断提高，督导者也应采用不同的督导方式。所谓行政性督导，也称指示性指导，重点针对刚入职、缺乏实际工作经验的社区矫正社会工作者，督导者采用手把手的方式教下属应如何去做。这种教导行为是示范性的，它展示的是一种工作标准，对社区矫正社会工作者具有一定强制力和心理压力。所谓指导

---

[1] 全国社会工作者职业水平考试教材编委会编写：《社会工作综合能力（中级）》，中国社会出版社2023年版，第267页。
[2] 王思斌主编：《社会工作概论》，高等教育出版社2014年版，第157页。
[3] 王思斌主编：《社会行政》，高等教育出版社2013年版，第134页。

性督导，重点针对具有一定的工作能力、但不是非常成熟的社区矫正社会工作者，督导者发出工作指示或指令，以引导和启发他们去完成工作，适时关注社区矫正社会工作者的工作完成情况，并给予指导和提醒，但不是严密地控制其行为。所谓支持性督导，重点针对具有较强工作能力、比较成熟的社区矫正社会工作者，督导者对社区矫正社会工作者进行适当的辅导和支持。在社区矫正社会工作者相当成熟的情况下，督导也就失去其持续的必要性，因为社会工作者可以自主地、创造性地完成工作，督导者应该对其更大程度地授权。

根据社区矫正工作的需要，社区矫正社会服务机构应配备足够数量的有资质的督导人员；应制定督导工作计划、流程，并做好督导过程记录的档案管理；社区矫正社会工作者应定期接受督导，并且保存督导过程记录；应遵循和倡导社会工作基本伦理和价值观，按照社区矫正对象的需求开展服务工作，并每年定期参加由司法行政部门或其他第三方组织的社区矫正服务专业培训或继续教育。

二、社区矫正社会工作激励

激励就是激发员工的主观能动性，使其产生内在的动力，进而朝向机构所期望的目标前进。与社会服务机构有关的激励因素大致包括个人兴趣、行政支持、明确职责和权威、批准和赞赏、成功的机会等。[1] 激励能够激发员工的斗志，引导他们的行为，使其发挥内在潜力，为实现机构目标而努力。由于社会工作人员具有强烈的助人价值观念，因此助人自助成为他们的首要追求。他们经常琢磨如何能把事情做得更好，达到高标准，愿意去做有创造性的事情，并从中发展自己。因此，社区矫正社会服务机构应为社区矫正社会工作者分配有创造性且能发挥其潜能的工作，为他们创造良好的工作条件。主要表现为以下方面：

第一，提供公平的、符合当代收入水平的薪酬和福利。尽管社会工作是服务和利他的工作，社会工作者应把它作为一项事业，但同时它也是一份职业，专职社会工作者需要依靠这份职业获取工资收入以谋生。为社会工作者提供与其能力和贡献相符的体面的薪酬和福利，不仅是对其努力工作的肯定，也为他们满足基本的生存需求提供了物质条件。同时，薪酬激励仅是诸多激励手段之一。对于内在激励型的社会工作者而言，过分倚重薪酬的作用，不但不会提升工作者对工作的满意感，在一定情况下反而会减少工作者的内在激励，降低士气。因此，分配薪酬和福利必须公平。如果分配不公，奖赏非但起不了作用，反而会适得其反。如果分配量太低，当社区矫正社会工作者与其他专业工作者相比感到明显不公时，也会产生消极行为。社会服务机构必须

---

[1] 王思斌主编：《社会行政》，高等教育出版社2013年版，第129~130页。

制定公平和透明的奖赏制度，根据工作者的贡献或努力公正地进行内部分配。同时，也要对他们的正面行为给予奖赏，促使这种行为再次或持续发生。

第二，注重工作分配和调剂，满足社区矫正社会工作者的心理需求。

激励不仅来自薪酬等外部因素，更来自工作本身等内部因素。首先，社区矫正社会服务机构要注重工作设计和岗位安排，使社区矫正社会工作者感受到工作本身是快乐的。对于作为专业性、知识性工作者的社会工作人才而言，设定超过一定难度的目标，这使社会工作具有一定的挑战性，能够提升他们的斗志，让他们在工作中激发潜能，这是社会服务机构的一项重要工作。其次，要满足社会工作人才多方面的需求。社会服务机构不仅是完成目标的工具，也是满足员工需求的人性化载体。要善于营造良好、团结、合作、竞争氛围，维系较好的互动关系和工作环境，确保他们有归属感；及时奖励、宣传和分享他们的工作成果，让他们具有成就感；允许和鼓励社区矫正社会工作者参与机构决策，让他们具有决策感；尊重工作者，使他们对自己的服务项目拥有决定权，让他们具有自主感。

第三，营造服务机构文化。社会工作是一项具有价值取向的专业工作，强调助人自助，追求社会公平正义。对于作为非营利组织的社会服务机构而言，它的使命和宗旨并非营利。社区矫正社会工作是一份职业，也是一项事业。在为社区矫正社会工作者提供收入的同时，社会服务机构也应当注重营造本机构的文化，强调社会工作价值观和专业伦理，促使他们内化这些价值观。他们在内化了这些价值观时，也会感到自己的工作是有成就的，可以通过这样的工作达成自我实现。

第五节　社区矫正社会工作服务机构的协调与控制

一、社区矫正社会工作服务机构的内部协调

协调就是指管理者为了有效地实现机构的特定目标而引导机构各部门、人员之间建立良好的协作与配合关系，以实现共同目标的行为。[1] 社会服务机构中的信息沟通包括下行沟通、上行沟通及平行沟通等多种形式。下行沟通是信息由上级向下级的传递，上行沟通则相反，平行沟通是横向沟通。在信息沟通过程中既要注意避免只有纵向沟通的科层化弊端，也要避免摆脱纵向沟通、下层自以为是的现象。社区矫正社会工作服务机构的内部协调有以下要求：

---

[1] 王思斌主编：《社会行政》，高等教育出版社2013年版，第109页。

第一，任务目标要有一致性。社会服务机构的内设部门必然存在自身利益。尽管大家理论上都知道要摒弃部门利益，要从机构整体利益来考虑问题；但一旦机构的利益侵犯了部门的利益，这个部门一般都会不自觉地维护部门利益，而不是简单地牺牲部门利益。因此，要确保机构与下属部门在任务目标上的一致性，使各部门的目标与机构的总目标同步。只有想法一致、利益一致、目标一致，才能避免沟通出现问题。

第二，部门要学会换位思考。在沟通过程中，换位思考非常重要。对于内设部门来讲，换位思考意味着应该多了解其他业务部门的运作情况，理解其他部门的难处，多反思自己，站在对方的角度去看问题，而不能一味地埋怨、抱怨。社会服务机构可以制定相关制度，为社区矫正社会工作者创造跨部门沟通的条件，或成立跨部门的项目小组进行工作，或实行岗位轮换或者"AB角"制度。这既可以让社区矫正社会工作者学习到更多专业领域的知识，利于他们规划职业生涯，也可以让他们站在更高角度思考问题。

第三，注重非正式沟通。服务机构内部沟通包括正式沟通和非正式沟通。正式沟通很普遍，在跨部门沟通时经常被运用，如会议沟通。但遇到一些敏感问题，最好能在会前私下解决，迫不得已需要在会议上讨论的，也应该先通气。会议沟通要尽量以解决问题为主，而不能相互指责、相互挖墙脚。面对面的沟通借助丰富的表情，表达更加准确，可以大幅减少信息失真，还可以增进部门间的感情和理解。发现了相关部门的问题，最好与这个问题的相关部门责任人协调解决。

第四，倡导沟通文化。社会服务机构应当为社区矫正社会工作者营造一个交流的平台，这个平台应当能包容各种不同意见，如采取"头脑风暴"的形式，每个人都可以发表意见或看法。要鼓励大家建立朋友关系，杜绝"没事不说话"的现象；在有可能的情况下，请需要配合的部门主管来参加本部门的业务探讨会，一方面可以让其了解本部门的工作方向和需要的支持，另一方面其还可以听取有建设性的意见，其他部门主管也可能会吸取这个经验而请其"回访"。

第五，调整组织机构。如果社会服务机构发现所属部门间需要频繁沟通，则要考虑调整组织机构，使跨部门沟通变成部门内部沟通，这有助于增强沟通。如果信息传递链过长，会减慢流通速度并造成信息失真，因此有必要减少组织机构重叠，拓宽信息渠道。

二、社区矫正社会工作服务机构的内部控制

社区矫正社会工作机构的内部控制又叫社会行政控制，是指社会行政组织在动态变化的环境中，为确保实现既定目标而进行的检查、监督、纠偏等管理活动。社会行

政中的控制类型包括科层控制、小团体控制、市场化控制等。[1] 社区矫正社会工作机构要做好内部控制，应关注以下几点：

第一，合理设立内部职能机构。即使规模小、人数不多的社区矫正社会服务机构，仍可考虑充分利用理事会、监事会的职能，定期或不定期对机构相关业务进行监督，从而避免权责过于集中。

第二，制定明确的发展战略。要以实现服务社区矫正工作的愿景为导向，把服务项目做好、做专、做精。要使矫正对象产生信任感，从而使服务质量获得司法行政部门和社会的认可。

第三，充分考虑社区矫正社会工作者劳动强度。要在合理范围内适当提高工资报酬，并定期组织一线社会工作人员参加团建活动或培训课程，加强团体协作精神，强化其风险意识，提高其心理素质，从而保持他们的稳定性。

第四，完善资产、财务制度。要做好内控、资金管理工作，编制真实准确的财务报告，聘请具备相关专业知识的财务人员。要做好项目预算及基本预算工作，让财务人员及项目人员共同参与预算方案设计，做好充分论证。采购必须是有计划的，采购的物资要在预算中列明。对没有预算的采购，应执行预算调整等程序。对于数量多、价格大的物资，应寻找三家以上供应商进行比价。要制定采购验收制度，做好采购业务各环节的记录。对派发的物资，不论金额大小，均应做好领用登记工作，同时应该对物资派发情况公开。

第五，建立有效的内部监督机制。要自上而下地遵循制衡性原则，权责不能过度集中，要充分利用理事会、监事会，做好日常监督管理工作。专项监督要重点关注政府购买服务项目及捐赠项目，定期进行监督检查工作，并形成书面报告。

第六节　社区矫正社会工作服务评估与报告

一、社区矫正社会工作服务机构评估的概念和意义

社会服务机构评估是对整个机构的运行及所提供服务的评价，是将现状或结果同计划相比较，从而判定机构状况和效果的活动。[2] 对社会服务机构进行评估的意义在于：掌握服务计划、项目的执行情况；梳理经验、发现成绩、查找不足，以便更好地

---

[1] 王思斌主编：《社会行政》，高等教育出版社2013年版，第113~114页。
[2] 王思斌主编：《社会工作概论》，高等教育出版社2014年版，第160页。

推进服务机构的工作；向社会服务的支持机构，如政府、团体、企业和社会作出交代；对相关社会政策做出评估，并助推社会政策的修订。

社会组织参与社区矫正服务工作评价分为内部评价和外部评价。内部评价，即督导者应定期对社区矫正社会工作者服务的成效进行阶段性评价，社会组织定期对社区矫正社会工作者的服务进行项目或服务整体评价。外部评价，即司法行政部门应组织或委托第三方评估机构，对社会组织参与社区矫正服务工作开展年度评价，评价结果作为政府购买服务的依据。社会组织应根据评价结果发现的问题采取措施持续改进。

二、社区矫正社会工作服务机构评估的类型与方法

(一) 评估的类型

机构的评估有方案评估、投入评估、过程评估、结果评估和效率评估等类型。方案评估是对机构服务方案的评估，这类评估所要解决的问题是看某一服务方案是否合理、是否可行，技术是否适当，方案的实施是否有较大把握，该方案是否属较优方案等。投入评估是对服务投入人力、时间、精力和财力的评估，实际上是对于服务的监察工作，评估内容包括机构（成员）提供多少项服务、机构为此投入多少人员、机构（成员）为此投入多少时间和资金、有多少人接受服务等。过程评估针对的是机构运行或服务提供过程，可以及时发现问题，采取措施保证计划的落实，它要解决的问题是要搞清楚机构（成员）提供了哪些服务、服务是如何提供的、服务过程是否指向计划目标。结果评估是对机构运行或服务结果的评估，它关心的是机构所提供的服务的实际效果、这种效果与预期效果的关系、达成这种效果的原因及影响因素。社会服务的效果常包括服务的受益人数、受益人结构及影响深度等。效率评估是比较服务的投入和产出，进而发现资源利用率的评估方式，它关心的是资源利用效率而不是服务的一般效果，一般用于向服务资助者作出交代。

(二) 评估的方法

社会服务评估主要采取社会调查方法，针对要评估的项目，评估人通过座谈、访问、问卷、观察等方式获取必要资料，同计划进行比较。在对服务项目进行评估时，费用—效益分析方法有广泛适用性。费用—效益分析是一种定量与定性相结合的评估方法。它要计算该服务项目的所有费用（包括直接投入、机会成本、替代费用）和效益（包括直接的和间接的），并将它们换算成可比较的量（比如货币量），同时考虑服务效果的分配性问题，从而对该服务项目的费用和效益做出评价。这种评价方法可用于服务方案的选择和最终评价。

三、社区矫正社会工作服务机构评估的原则

随着司法社会工作的不断发展,社会对社区矫正社会工作机构的要求越来越高,社区矫正社会工作面临着促进专业发展、尽快实现本土化的挑战,而社区矫正社会工作机构评估无疑是应对这一挑战的最佳制度回应。作为社区矫正社会工作者服务的重要载体,社区矫正社会服务机构的运行状况及专业性直接影响了社区矫正社会工作专业服务的质量。对社区矫正社会工作机构进行评估,需要把握以下原则:

第一,评估的全面性。评估的全面性是社区矫正社会服务机构评估实现公正客观的坚实基础,其包含的内容也是多维的。对社区矫正社会工作机构进行全面评估,主要体现在评估主体多元、评估内容全面、评估过程完整等方面。所谓评估主体多元,即与社区矫正评估相关的利益方均应参与评估工作,如司法行政部门、社区机构、第三方社会组织评估中心、社区矫正社会工作机构的督导、社会工作者,以及矫正对象等。所谓评估内容全面,即在社区矫正社会工作机构评估的指标设计上,应对机构运营管理的各个方面都进行检验评估,如机构组织管理、机构的专业服务等。同时应对社区矫正社会工作服务机构的机构使命、运作制度、机构文化、人员、财务、绩效管理等进行检视,对其是否有专业服务政策、专业服务要求、服务保密机制、专业伦理、社会效益等内容进行评估。所谓评估过程完整,即通过"查""问""访"等方式完善评估过程。应通过对静态资料的查阅,询问机构管理人员、社区矫正社会工作者,与评估对象进行核实,组织电话访谈、实地走访等方式,掌握机构运行真实情况。

第二,评估的专业性。社区矫正社会工作评估对于司法社会工作者的专业发展具有重要的导向作用,它对司法社会工作者专业的把握与评判标准直接影响着专业的发展方向。因此,评估人员应具备较高的专业素养,对评估人员的筛选要严格规范,不仅应将具有实践经验的司法行政部门人员、长期从事社区矫正工作的基层干部、第三方社会组织评估中心的专家、社区矫正社会工作机构的专业督导和社会工作者纳入,还要加强与高校的沟通,请理论经验丰富的专家教授参与。在评估之前,应对评估人员进行严格的训练,提升其评估专业技巧。

第三,评估的公正性。公平、公正、公开是社区矫正评估充分发挥功能的重要保障,也是社区矫正社会服务机构获得接受和认可的前提。因此,应将公正性贯穿到评估过程的始终。评估的公正性体现在评估机构独立于社会工作服务机构、行业,独立于司法行政部门。在评估过程中,如果评估人员与社区矫正社会工作机构或者机构管理层有利益上的关系,则应要求评估人员进行回避。同时,应设立评估监督委员会,由政府机构、评估组织理事、参评机构代表等人员组成,按照评估方、被评估方、服

务委托方均认可的评估标准进行评估。

第四，评估的前瞻性。对社区矫正社会工作机构的评估，不但要评估该机构的现状，还应增强评估的前瞻性，也就是通过评估，充分考虑促进社区矫正社会工作的专业发展、加强司法社会工作本土化等问题。评估机构、受评机构、高校专家、一线社会工作者应共同探讨专业的前瞻性，做到评估工作既符合国家的政策要求，也适合地区的发展特征，既体现当地的社区矫正发展水平，又体现当地政府对社区矫正工作的政策支持力度，从而把握社区矫正服务的发展方向，通过评估促进专业服务的转型。

四、社区矫正社会工作服务机构评估报告

发布评估报告是社会服务机构将其运行状态，特别是运用政府和社会资源提供服务的状况，向相关方面公开，并获得评价的活动。由于社会服务机构的服务资源大多来自于政府、基金会支持，以及企业和社会捐赠，所以，当一个项目进行到一定阶段或执行完毕后，它有责任向其支持者报告，说明项目进展情况和取得的效果。[1] 社区矫正服务评估报告包括但不限于以下要素：

第一，基础条件。如法定代表人条件是否符合相关规定；办公条件如何；有无专职工作人员；专业工作人员有无社会工作师、心理咨询师等职业资格；有无明确的任务与使命；是否制定社会工作者伦理守则；章程是否符合民政部示范文本要求，章程是否经登记管理机关核准，章程修改是否经理事会通过；所有活动职能是否为矫正对象带来精神和物质利益；是否按规定办理变更登记和备案；是否按规定参加年检等。

第二，组织建设。如每年是否召开员工大会；理事会组成是否符合要求，职责是否明确，理事或相应机构负责人是否按民主程序产生，是否按章程规定召开理事会，有无会议纪要；是否设立监事或监事会，其组成是否符合要求，能否履行职责；内设机构负责人身份是否符合相关规定，内设机构是否健全、合理，是否符合业务需要；党支部、党建联络员制度或党小组党建活动是否正常，台账是否齐全等。

第三，绩效考核。如绩效考核是否有规范的工作职责；有无对社区矫正社会工作者进行业务培训；薪酬和社会保险、劳动用工制度等是否符合章程和有关政策规定等。

第四，财务资产。如有无独立的银行账户、专（兼）职会计及出纳人员，财会人员是否具备从业资格，财务制度是否健全有序；是否规范使用各种票据；是否制定预算管理制度，是否编制年度收入和支出预算；是否依据相关制度编制会计报告，会计核算是否清楚、及时，是否进行财产管理和清查，并依法进行税务登记；有无侵占、私吞、挪用资产现象；是否向任何单位和个人提供担保；是否清楚开展资产造册管理；

---

[1] 王思斌主编：《社会工作概论》，高等教育出版社2014年版，第161页。

是否违法分配净资产；年度慈善活动支出和年度管理费是否符合规定，捐赠资金来源是否合法；资金使用、业务开支合理、合规捐赠资金是否接受民政和有关单位审查等。

第五，档案证章。如归档资料是否齐全、完整、保管良好；有无规范的档案管理制度；印章刻制是否规范，并报登记管理机关备案；有无专人保管和出租、出借行为等。

第六，计划管理。如是否制定中、长期发展规划，并经理（董）事会或相应会议讨论通过等。

第七，工作绩效。如服务项目是否以问题和需求为导向；是否请专业机构督导或与有关专业机构和大专院校开展技术合作；是否灵活运用个案、小组、社区专业方法开展社区矫正；是否针对每个项目制定项目实施方案、实施计划，并开展项目评估；直接矫正对象数量、满意度情况；通过的政府购买及评估通过的项目数量；与相关单位、社区合作的项目数量；志愿者开展情况等。

第八，社会评价。如是否受到各级民政部门、其他政府部门或群团组织表彰；社区党组织、居委会、社会组织、志愿者等的正向评价如何；其他社会工作服务机构的评价如何；工作宣传效果；"三社联动、项目化治理、多元参与、共商共建"效果等。

推进扫黑除恶常态化，依法严惩群众反映强烈的各类违法犯罪活动。

——2022年10月16日，习近平总书记在中国共产党第二十次全国代表大会上的报告

第十二章　特殊人群社区矫正社会工作

本章介绍吸毒人员群体、未成年人群体和女性群体社区矫正社会工作。吸毒成瘾人员兼具违法者、病人、受害者的三重属性，吸毒成瘾的社区矫正人员还具有罪犯的身份，因此吸毒成瘾的社区矫正人员负有遵守服刑规则和接受社区戒毒、社区康复的双重义务。相对而言，已有大量数据和个案证明染有毒瘾的社区服刑人员具有相对较高的再犯罪风险。[1] 未成年人处于成长关键期，处于世界观、价值观、人生观的塑造期，监禁刑对其带来的影响不仅会出现"交叉感染""监狱人格"等情形，更会因教育、家庭关爱的缺失而造成不可逆之后果。[2] 近年来，女性犯罪数量呈快速增长趋势，同时各地女性社区矫正对象数量也在快速增加，加之女性独特的生理、心理特征，如何管理、教育、感化女性社区矫正对象已成为亟待解决的严重社会问题。对此，社区矫正社会工作中需要专门重视和特别对待这三类人群。

第一节　吸毒人员社区矫正社会工作

社区戒毒与社区康复是2008年施行的《中华人民共和国禁毒法》（以下简称《禁

---

[1] 郑海、李国华：《中观视野下重新犯罪的罪刑样态与耦合关系》，载《法律科学（西北政法大学学报）》2017年第4期。
[2] 夏艳：《未成年人犯罪非监禁刑适用的实证分析与展望——以S市A区人民法院2011—2015年审判实践为样本》，载《青少年犯罪问题》2016年第4期。

毒法》）中增加的两项戒毒措施，在 2011 年颁布实施的《戒毒条例》中进行具体说明。这两项更加人性化的戒毒措施体现了"以人为本、科学戒毒、综合矫治、关怀救助"的原则。在自愿戒毒和强制隔离戒毒之间增加社区戒毒制度，其具有半自愿的性质，在强制隔离戒毒后增加社区康复，形成了我国以形式多样化、期限个别化、过程一体化、戒毒力量专职化和戒毒救助社会化为特点的完整的戒毒社会工作体系。因此，吸毒人员作为社区矫正社会工作的特殊人群有必要进行单独介绍。

一、社区戒毒与社区康复的概念

（一）社区戒毒的概念

所谓社区戒毒，是指县级以上公安机关对吸毒成瘾人员决定为期 3 年，由户籍所在地或现居住地乡（镇）人民政府、城市街道办事处执行，社区戒毒工作小组具体负责开展的戒毒康复、帮扶救助、教育和管理，以戒除毒瘾的一项戒毒措施。[1]

理解社区戒毒需要把握几个基本要点：一是社区戒毒的执行地是在社区，在吸毒人员户籍所在地或者有固定住所的现居住地。二是社区戒毒的对象是初次发现吸毒成瘾的人员。三是社区戒毒依靠的力量包括政府机构以及社会组织或团体、家庭等各种社会力量。四是社区戒毒是一项综合性的戒毒措施，包括生理脱毒、身心康复和吸毒违法教育、行为矫正等使其重返社会正常生活的内容，它将最初对吸毒者以惩罚为主转变为以治疗、康复、教育为主，突出以吸毒人员为病人的中心理念，重点是对吸毒人员开展戒毒回归后的社区帮教工作。

（二）社区戒毒的特征

一是法定性，即责任主体的法定性和批准机关的法定性。社区戒毒工作必须由县市公安机关作出决定，由城市街道办事处、乡镇人民政府负责。二是自我教育管理性。我国社区朝着"自我管理、自我服务、自我教育"的方向发展，社区戒毒作为社区工作的一个方面更好体现了自我管理、服务、教育的新模式。三是戒除毒瘾的可行性。就近生活工作并处于亲情的氛围中，有助于戒毒人员在充分自由的环境里受到家庭和社会的关心帮助，有助于他们克服心理障碍和社会障碍，严格遵照戒毒措施从而戒除毒瘾。[2]

---

[1]《莫关耀：社区戒毒与社区康复是一回事吗?》，载 https：//www.sohu.com/a/525794033_121106832，最后访问日期：2022 年 2 月 27 日。

[2] 王国庆：《以人为本科学戒毒综合矫治为民服务——浅议社区戒毒、社区康复的科学性和对策》，载《云南警官学院学报》2008 年第 6 期。

(三) 社区康复的概念

所谓社区康复，是指原决定强制隔离戒毒的公安机关，对于解除强制隔离的戒毒人员，责令其接受不超过3年的戒毒康复措施。它是由原决定强制隔离戒毒的县级以上公安机关决定，乡（镇）人民政府、城市街道办事处执行，社区康复工作小组具体开展的，对吸毒成瘾严重人员的戒毒康复、帮扶救助、教育和管理的一项行政强制措施。[1]

社区康复包括几个基本点：一是社区康复主要依靠本社区的人力资源，包括家属、所在社区、社区相应的卫生部门、教育部门、劳动就业部门和社会服务部门等。二是社区康复工作的开展根据各地实际情况因地制宜，因陋就简，在社区和家庭条件下，使用简化的适宜的技术发挥作用。三是以社区卫生服务站、民政工作网点为中心，以康复中心为后盾，解决复杂的康复医疗、咨询、劳动技能培训等问题。四是在社区对戒毒人员进行身体、精神、教育、职业和社会生活等方面的康复训练，使戒毒人员就地得到全面康复，回归社会。

(四) 社区康复的特征

一是统一性。社区康复参照《禁毒法》关于社区戒毒的规定实施。二是非必要性。社区康复不是解除强制隔离戒毒的后续必要措施。是否责令社区康复，主要看其在强制隔离戒毒期间的表现、复吸的风险和社会回归的能力等各方面，综合进行评估，由评估结果决定是否需要社区康复。当然，对于反复吸毒戒毒的人员，必须责令其遵守社区康复措施。三是高难度性。从戒毒社会工作角度讲，社区康复人员的防复吸、帮扶、救助、教育和协助管理工作难度更大，需要提供必要的心理治疗和辅导、职业技能培训、职业指导以及就学、就业、就医援助等。

二、社区戒毒与社区康复的相关法规

(一) 社区戒毒的相关法规

《禁毒法》规定，对吸毒成瘾人员，公安机关可以责令其接受社区戒毒，同时通知吸毒人员户籍所在地或者现居住地的城市街道办事处、乡镇人民政府。社区戒毒的期限为3年。

戒毒人员应当在户籍所在地接受社区戒毒；在户籍所在地以外的现居住地有固定住所的，可以在现居住地接受社区戒毒。城市街道办事处、乡镇人民政府负责社区戒

---

[1] 《莫关耀：社区戒毒与社区康复是一回事吗?》，载 https://www.sohu.com/a/525794033_121106832，最后访问日期：2022年2月27日。

毒工作。

公安机关和司法行政、卫生行政、民政等部门应当对社区戒毒工作提供指导和协助。接受社区戒毒的戒毒人员应当遵守法律、法规，自觉履行社区戒毒协议，并根据公安机关的要求，定期接受检测。对违反社区戒毒协议的戒毒人员，参与社区戒毒的工作人员应当进行批评、教育；对严重违反社区戒毒协议或者在社区戒毒期间又吸食、注射毒品的，应当及时向公安机关报告。

《禁毒法》第 38 条规定，吸毒成瘾人员有下列情形之一的，由县级以上人民政府公安机关作出强制隔离戒毒的决定：拒绝接受社区戒毒的；在社区戒毒期间吸食、注射毒品的；严重违反社区戒毒协议的；经社区戒毒、强制隔离戒毒后再次吸食、注射毒品的。对于吸毒成瘾严重，通过社区戒毒难以戒除毒瘾的人员，公安机关可以直接作出强制隔离戒毒的决定。吸毒成瘾人员自愿接受强制隔离戒毒的，经公安机关同意，可以进入强制隔离戒毒场所戒毒。

《戒毒条例》规定，对被责令接受社区戒毒的吸毒成瘾人员，县级或者设区的市级人民政府公安机关应当出具责令社区戒毒决定书，送达本人及其家属，并通知本人户籍所在地或者现居住地乡（镇）人民政府、城市街道办事处。

社区戒毒人员应当自收到责令社区戒毒决定书之日起 15 日内到社区戒毒执行地乡（镇）人民政府、城市街道办事处报到，无正当理由逾期不报到的，视为拒绝接受社区戒毒。社区戒毒的期限为 3 年，自报到之日起计算。

《戒毒条例》第 20 条规定，社区戒毒人员在社区戒毒期间，逃避或拒绝接受检测 3 次以上，擅自离开戒毒执行地所在县（市、区）3 次以上或者累计超过 30 日的，属于《禁毒法》规定的"严重违反社区戒毒协议"。

社区戒毒人员被依法收监执行刑罚、采取强制性教育措施的，社区戒毒终止，由监管场所给予必要的戒毒治疗，刑罚执行完毕时或者解除强制性教育措施时应当对其进行诊断评估，对需要采取戒毒措施的，依照本条例的规定重新采取相应的戒毒措施。社区戒毒人员被依法拘留、逮捕的，社区戒毒中止，由羁押场所给予必要的戒毒治疗，释放后继续接受社区戒毒。

（二）社区康复的相关法规

《禁毒法》对社区康复裁决、执行等做出了规定。

《禁毒法》第 48 条规定，对于被解除强制隔离戒毒的人员，强制隔离戒毒的决定机关可以责令其接受不超过 3 年的社区康复。社区康复参照本法关于社区戒毒的规定实施。第 49 条规定，县级以上地方各级人民政府根据戒毒工作的需要，可以开办戒毒康复场所；对社会力量依法开办的公益性戒毒康复场所应当给予扶持，提供必要的便利和帮助。戒毒人员可以自愿在戒毒康复场所生活、劳动。戒毒康复场所组织戒毒人员参加生产劳动的,应当参照国家劳动用工制度的规定支付劳动报酬。云南省昆明市的和谐家园康复社区、开远市的雨露社区和保山市的心雨社区就属于专门的戒毒康复场所。

《戒毒条例》对于社区康复的裁决、时限、责任机关等也做出了规定。

《戒毒条例》规定,因吸食、注射阿片类毒品被决定强制隔离戒毒的人员解除强制隔离戒毒时,强制隔离戒毒决定机关应当责令其接受 1 年以上 3 年以下的社区康复。对其他解除强制隔离戒毒的人员,强制隔离戒毒决定机关应当提出自愿接受 3 年以下社区康复的建议。对被责令接受社区康复和自愿接受社区康复的人员,强制隔离戒毒决定机关应当出具责令社区康复决定书或者社区康复通知书,送达本人及其家属,并通知本人户籍所在地或者现居住地乡(镇)人民政府、城市街道办事处。社区康复人员应当自收到责令社区康复决定书或者社区康复通知书之日起 7 日内到所在地或者现居住地乡(镇)人民政府、城市街道办事处报到。被责令接受社区康复的人员无正当理由逾期不报到的,视为拒绝接受社区康复。社区康复的期限自报到之日起计算。负责社区康复的工作机构应当为社区康复人员提供必要的心理治疗和辅导,为社区康复人员提供职业技能培训、职业指导、就学、就业、就医援助,为其顺利回归社会创造必要的条件。社区康复人员在社区康复期间又吸食、注射毒品的,社区康复专职工作人员、社区康复工作小组以及其他参与社区康复工作的人员应当及时向当地公安机关和乡(镇)人民政府、城市街道办事处报告。

三、社区戒毒与社区康复的意义

(一)社区戒毒的意义

社区戒毒有利于将禁毒由政府行为、部门行为转变为全社会的行为。实践证明,要有效解决毒品问题,仅靠政府号召、公安机关单打独斗是不可能实现的。"无毒社区"与"安全文明社区"一样,是一个载体,要通过创建这个载体,把禁毒各项工作落实到基层,包括宣传、帮教、管理等。如此,一是体现了国家政策的人文关怀,有利于增加戒毒者的心理认同;二是有利于促进社会和谐,维护社会秩序稳定;三是强调整合社会资源来帮助戒毒者;四是提高了戒毒工作的有效性。

(二)社区康复的意义

我国原有的戒毒康复体制不够完善,已经不能适应禁吸戒毒工作发展的需要。《禁毒法》为降低复吸率、延长操守时程、减少药物滥用危害,提供了制度保障,不仅提供了社区戒毒、强制隔离戒毒和社区康复等戒毒形式,而且每种形式的戒毒疗效和戒毒期限都得到了法律保障。这样，每一名戒毒人员都能在适宜时间内接受科学、系统的戒毒康复治疗。社区戒毒、强制隔离戒毒、社区康复等戒毒措施使戒毒的各个阶段紧密衔接，特别是社区康复制度的建立，有利于引导吸毒人员在生活常态下戒毒，为戒毒人员保持操守、适应社会、重获新生创造了条件。[1]

四、社区戒毒与社区康复的功能和目的

社区戒毒和社区康复的目的，即社区戒毒和社区康复追求的目标与结果。具体而言，社区戒毒和社区康复的目的，是指国家创新社区戒毒和社区康复这一非监禁性戒毒执行方式所希望达到的目标与结果。[2]

（一）社区戒毒与社区康复的功能

1. 促进服务对象正常生活。戒毒人员回到社会后，面临着基本生存、心理情绪、家庭关系、就业、社会交往、毒友引诱与毒品诱惑等多种问题，而同时戒毒人员又面临着缺乏改变的正向动机与使用资源的能力等问题，戒毒工作效果并不明显，戒毒后的复吸率高。社会工作在对待吸毒人员方面有着自己独特的价值理念，社会工作者坚信如果吸毒者的生理毒瘾戒除，并能持之以恒坚决脱离吸毒环境，就能够重新回到正常的社会生活，开始新的人生，戒毒社会工作以科学化、专业化的方法将不同的助人资源与不同的需求相连接，有效帮助戒毒人员解决实际问题。戒毒社会工作者遵循其专业价值观，运用个案、小组、社区等工作方法，为服务对象提供生活关心、康复帮助、就业指导、法律服务和行为改善等多项服务措施，在降低复吸率、预防犯罪、满足吸毒人员需要等方面取得一定成效。[3]

2. 促进人与社会环境的相互适应。"人在情境中"是社会工作专业分析问题的一个基本观点，它的基本含义是人和环境是不可分离的。从服务对象个人来说，要注意考虑生理心理、个人经验、能力等方面；从社会方面来说，则需考虑家庭、社区工作单位和社会制度安排等方面。基于这个观点，社会工作专业的服务目标是建立个人与环境之间的友好互动。一方面，要提高个人适应社会环境的能力；另一方面，则要改善环境，调动环境中的资源，排除环境中的障碍。

3. 维持社会秩序。社会秩序是社会各部分关系协调、社会稳定的状态，是任何社会都极力追求的状态。社会工作在一般的意义上来说是具体解决社会问题的专业活动，

---

[1] 刘丽敏、鲁仲平、陈晓雪：《社区戒毒及社区康复的工作范围探讨》，载《中国药物滥用防治杂志》2010年第1期。
[2] 刘建昌等：《社区戒毒与社区康复》，中国人民公安大学出版社2011年版，第49页。
[3] 潘泽泉主编：《禁毒社会工作基础知识》，中国社会出版社2016年版，第105页。

对有困难的人群的问题予以解决不但可以给他们以实际的帮助,而且有助于社会稳定。在这里,社会工作通过提供服务而间接地起到社会管理的作用。因此,许多国家都特别重视发展社会工作。当前我国在社会转型中产生了许多新问题、新矛盾,由于社会结构、社会组织方式的变化,以往传统的工作方法已不能完全解决问题,而社会工作可以在解决社会问题、维持社会秩序、促进社会稳定方面发挥重要功能。[1]

(二) 社区戒毒与社区康复的目的

我国推行社区戒毒和社区康复的目的,就是为了克服强制戒毒、劳动教养戒毒的弊病,充分利用社区资源,矫正吸毒人员的思想与恶习,令其顺利地融入社会或健康地回归社会。社区戒毒和社区康复不仅是为了追求上述特殊的目的,而且是为了对吸毒人员的管理、监督、治疗,尤其是对过去强制戒毒、劳动教养戒毒模式存在的不足进行弥补和救助。对戒毒工作的共同目的而言,社区戒毒与强制戒毒一样,都是以"教育挽救"吸毒人员为宗旨,将吸毒人员教育成为遵纪守法的公民,维护社会的和谐稳定。无论是特殊目的、直接目的、还是共同目的,其归宿均是预防毒品。但是,社区戒毒和社区康复与强制戒毒还是稍有区别的。社区戒毒和社区康复侧重于将吸毒人员放在开放的社区,充分利用社会力量和社会资源对吸毒人员进行治疗和教育,以最大限度地消除吸毒人员再社会化的心理障碍和行为障碍,促其人性的复归。因此,作为复合性的戒毒执行方法的社区戒毒和社区康复,在治疗与教育的同时,更注重吸毒人员的再社会化进程。它既能有效地实现毒品的预防目的,又能充分发扬戒毒执行中的人文精神。[2]

五、社区戒毒与社区康复的内容和方法

(一) 社区戒毒与社区康复的内容

根据《禁毒法》第 33~35 条的规定,我国社区戒毒的基本内容包括:对吸毒成瘾人员,公安机关可以责令其接受社区戒毒,同时通知吸毒人员户籍所在地或者现居住地的城市街道办事处、乡镇人民政府。社区戒毒的期限为 3 年。戒毒人员应当在户籍所在地接受社区戒毒;在户籍所在地以外的现居住地有固定住所的,可以在现居住地接受社区戒毒。城市街道办事处、乡镇人民政府负责社区戒毒工作。城市街道办事处、乡镇人民政府可以指定有关基层组织,根据戒毒人员本人和家庭情况,与戒毒人员签订社区戒毒协议,落实有针对性的社区戒毒措施。公安机关和司法行政、卫生行政、

---

[1] 全国社会工作者职业水平考试指导教材编委会编写:《社会工作综合能力(中级)》,中国社会出版社 2023 年版,第 8 页。
[2] 刘建昌等:《社区戒毒与社区康复》,中国人民公安大学出版社 2011 年版,第 50 页。

民政等部门应当对社区戒毒工作提供指导和协助。城市街道办事处、乡镇人民政府，以及县级人民政府劳动行政部门对无职业且缺乏就业能力的戒毒人员，应当提供必要的职业技能培训、就业指导和就业援助。接受社区戒毒的戒毒人员应当遵守法律、法规，自觉履行社区戒毒协议，并根据公安机关的要求，定期接受检测。对违反社区戒毒协议的戒毒人员，参与社区戒毒的工作人员应当进行批评、教育；对严重违反社区戒毒协议或者在社区戒毒期间又吸食、注射毒品的，应当及时向公安机关报告。对签订社区戒毒协议的人员，不收押，不限制人身自由。对于接受社区戒毒的人员，不影响其工作，不影响其家庭生活，不给予任何处分，不在档案里做任何记载。

一名吸毒成瘾人员完成戒毒治疗和康复的全过程少则需要3年，多则需要9年。戒毒的具体期限因人而异，视情况而定，主要取决于吸毒者本人吸食毒品的种类、成瘾的程度和个人戒毒的状况。执行强制隔离戒毒1年后，经过科学的诊断评估，戒毒情况良好的人员，公安机关可以责令其接受不超过3年的社区康复。

社区戒毒和社区康复的责任切实落实到城市街道办事处和乡镇人民政府，坚持聘用专职力量与发展志愿者队伍相结合的方式，大力发展社区戒毒工作力量，并努力实现社区戒毒力量专职化，为社区戒毒工作提供人力保证，保证社区戒毒和社区康复的实施。但是目前绝大多数地区的社区戒毒和社区康复工作的基础条件比较薄弱，还没有建立专门的机构和工作队伍。为此，落实社区戒毒的基础设施及人力资源建设、实现社区戒毒力量专职化，应是下阶段禁吸戒毒的重点工作之一。依据目前社区工作管理状况，社区（或社区戒毒单位）在接收戒毒人员后，需要立即组织开展帮教工作。对每位戒毒人员都要成立监护小组，由社区居民委员会主任或者书记牵头，治保主任、社区民警、戒毒人员家属、志愿者、退休干部、社会法律工作者、社区医生参与共同帮助吸毒人员戒除毒瘾。

（二）社区戒毒与社区康复的工作方法

科学的戒毒治疗应包括躯体脱毒、心理康复和回归社会三个过程。社区戒毒、社区康复的重点在于心理康复及回归社会。

1. 重点开展家庭治疗。为使社区戒毒和社区康复工作顺利、有效地施行，首先要在社区开展宣传，动员社区人员参加帮助吸毒者戒毒的工作，并使戒毒者的家庭成员转变对他们的态度，多理解、多鼓励，支持戒毒者战胜毒品，强化他们的情感动力。另外，还要对家庭成员普及相关毒品知识，监督和防范吸毒者复吸，切断吸毒者复吸的途径，让他们在家庭的帮助和影响下养成良好的生活习惯，走上正常的生活轨迹。

2. 开展心理干预治疗。心理学家认为初始吸毒是"心理—社会传播"的过程，其中心理因素变化是造成吸毒的重要原因。很多未成年吸毒者由于家庭不健全或者家庭溺爱，或家庭对子女学习和思想变化不闻不问，或父母品行不良及体罚子女，再加上吸毒、贩毒者的教唆引诱，沾染了毒品。这些难以控制和无法预见的社会和个人因素，成为未成年人吸毒的重要根源。针对吸毒者特殊的生活环境和心理状态，首先需要帮助戒毒人员建立良好的家庭支持系统，其次进行心理干预治疗，帮助戒毒人员培养有利于自我健康的心理防御方式，建立回归社会的健康心理和生活信心；虽然其过去是吸毒者，但现在是一个正在戒毒的好市民，要自信通过戒毒依然可以成为一个正常健康的好人。同时通过心理干预治疗，改变戒毒人员不健康的生活观念，调整负性情绪，并使其能够积极应对生活事件。

3. 开展同伴教育。由于接触多，生活经历以及文化社会地位接近，具有共同的语言，相互信赖，同伴间更容易影响彼此行为。应利用戒毒人员之间彼此认同的关系，注意通过典型戒毒成功人员的影响，使吸毒人群接收并增强戒毒信心，同时还能减少对周围人群的伤害。同伴教育也是开展药物滥用知识和防治艾滋病等传染性疾病知识教育的重要途径。

4. 回归社会。回归社会教育在社区戒毒及社区康复中占有极其重要的位置。它不仅要帮助戒毒者解决心理层面存在的问题，还要对他们进行实效性的工作技能、生存技术的培训，使他们摆脱毒品重归社会，创造再生的机会。与此同时，社区和有关部门要作好接纳戒毒康复人员回归社会的准备，为其提供必要的保障。

六、社区戒毒与社区康复的管理

根据《戒毒条例》第2条第1款的规定，县级以上人民政府应当建立政府统一领导，禁毒委员会组织、协调、指导，有关部门各负其责，社会力量广泛参与的戒毒工作体制。考虑到必须用政治、经济、法律的手段来解决社区戒毒（康复）人员的就业指导、法律援助、生理治疗、心理康复问题，要有必要的经费保障。因此，充分发挥禁毒委成员单位的职能，必须规定职责、明确任务、各司其能、综合矫治。公安机关负责社区戒毒（康复）的决定解除，卫生行政机关负责医疗救治，司法行政机关提供司法援助，民政机关实施社会救助，劳动保障部门开展就业服务，教育主管部门开展文化教育，财政部门提供经费保障，工会、妇联组织开展形式多样的教育和宣传。

根据《禁毒法》第34条第1款规定，城市街道办事处、乡镇人民政府负责社区戒毒工作。社区戒毒的组织领导体系就是城市街道办事处、乡镇人民政府。因此，应在乡（镇）一级确定1名领导兼任社区戒毒（康复）领导小组负责人，确定1名专职干部负责这项工作，按每20名吸毒人员配备1名禁毒社会工作者的模式开展工作。城市街道办事处、乡镇人民政府可以指定有关基层组织，根据戒毒人员本人和家庭情况，与戒毒人员签订社区戒毒协议，落实有针对性的社区戒毒措施。

涉及监管指导的部门有公安、卫生、民政、教育、劳动、司法等，由这些部门为社区戒毒工作提供指导和协助。公安机关负责对吸毒人员进行检测和登记，实行动态管理；责令吸毒成瘾人员接受社区戒毒，责令解除强制隔离戒毒人员接受社区康复；参与社区戒毒（康复）人员的日常管理；配合卫生部门开展戒毒药物维持治疗工作。卫生部门负责指导医院和社区卫生服务机构参与社区戒毒（康复）工作，会同公安机关开展戒毒药物维持治疗工作。司法行政部门负责组织对社区戒毒（康复）人员开展法治宣传教育，对符合法律援助条件的社区戒毒（康复）人员提供法律援助。劳动保障部门对无职业且缺乏就业能力的戒毒人员，提供必要的职业技能培训、就业指导和就业援助。同时，工会、共青团、妇联组织要发挥自身的优势，积极参与戒毒工作。民政部门负责指导基层组织将社区戒毒（康复）纳入和谐社区建设，将符合社会救助条件的戒毒人员家庭纳入救助范围。

第二节　未成年人社区矫正社会工作

未成年社区矫正人员历来是社区矫正研究的重点关注对象。未成年人是一个特殊群体，他们正处于从无知到有知、从不成熟到成熟的转变时期，心理上比较脆弱，容易受到外界的诱惑和伤害。"对未成年人的社区矫正，应当与成年人分别进行"，《社区矫正法》对此予以明确。教育、帮扶好未成年人，为他们的健康成长创造一个良好的外部环境，不仅关系到每一个孩子、每一个家庭、每一所学校，而且关系到整个中华民族的明天。

一、社区矫正未成年人的法律界定

我国《宪法》《未成年人保护法》《预防未成年人犯罪法》规定，不满18周岁的为未成年人。社区矫正属刑事范畴，由《刑法》所规定。因此，对未成年人社区矫正中"未成年人"之界定，应当遵循《刑法》之规定。

我国自1979年《刑法》就确立了刑事责任年龄制度。1979年公布的《刑法》中第14条规定："已满十六岁的人犯罪，应当负刑事责任。已满十四岁不满十六岁的人，犯杀人、重伤、抢劫、放火、惯窃罪或者其他严重破坏社会秩序罪，应当负刑事责任。已满十四岁不满十八岁的人犯罪，应当从轻或者减轻处罚。因不满十六岁不处罚的，责令他的家长或者监护人加以管教；在必要的时候，也可以由政府收容教养。"第44条规定："犯罪的时候不满十八岁的人和审判的时候怀孕的妇女，不适用死刑。已满十六岁不满十八岁的，如果所犯罪行特别严重，可以判处死刑缓期二年执行。"[1]

自 1997 年修订《刑法》至《刑法修正案（十一）》正式实施以前，我国刑法大体沿袭 1979 年的刑事责任年龄制度规定，14 周岁以下为不负刑事责任年龄阶段，14 周岁到 16 周岁为相对负刑事责任年龄阶段，仅就 8 项重罪负刑事责任（《刑法》第 17 条第 2 款规定，"已满十四周岁不满十六周岁的人，犯故意杀人、故意伤害致人重伤或者死亡、强奸、抢劫、贩卖毒品、放火、爆炸、投放危险物质罪的，应当负刑事责任。"），并且明确规定对未成年人罪犯一律不适用死刑。

2020 年 6 月，最高人民检察院发布的《未成年人检察工作白皮书（2014—2019）》显示，近些年，未成年人犯罪数量在经历过下降和进入平稳期之后，呈现出上升的趋势，并且近年来我国低龄未成年人恶性杀人案件频发，这是我国《刑法修正案（十一）》降低未成年人刑事责任年龄的主要原因。鉴于《刑法修正案（十一）》恶意年龄补足制度之规定，《刑法》所称"未成年人"是指已满 12 周岁而未满 18 周岁的中国公民。[2] 因此，社区矫正未成年人应是已满 12 周岁而未满 18 周岁的中国公民。

二、未成年人社区矫正的相关法规

从我国各项法律法规中可以看出，我国一直以来都非常重视对未成年人的保护。

《未成年人保护法》规定，对违法犯罪的未成年人，实行教育、感化、挽救的方针，坚持教育为主、惩罚为辅的原则。对违法犯罪的未成年人依法处罚后，在升学、就业等方面不得歧视。公安机关、人民检察院、人民法院和司法行政部门应当结合实际，根据涉及未成年人案件的特点，开展未成年人法治宣传教育工作。

国家鼓励和支持社会组织、社会工作者参与涉及未成年人案件中未成年人的心理干预、法律援助、社会调查、社会观护、教育矫治、社区矫正等工作。

《预防未成年人犯罪法》由第十三届全国人民代表大会常务委员会第二十四次会议于 2020 年 12 月 26 日修订通过，自 2021 年 6 月 1 日起施行。其中指出，预防未成年人犯罪，立足于教育和保护未成年人相结合，坚持预防为主、提前干预，对未成年人的不良行为和严重不良行为及时进行分级预防、干预和矫治。

未成年犯管教所、社区矫正机构应当对未成年犯、未成年社区矫正对象加强法治教育，并根据实际情况对其进行职业教育。社区矫正机构应当告知未成年社区矫正对象安置帮教的有关规定，并配合安置帮教工作部门落实或者解决未成年社区矫正对象

---

[1] 马泽华：《论刑事法定责任年龄降低》，湘潭大学 2017 年硕士学位论文。
[2] 秦吴霄：《未成年人社区矫正法律制度评析——以〈社区矫正法〉为视角》，载《西部学刊》2021 年第 13 期。

的就学、就业等问题。未成年人的父母或者其他监护人和学校、居（村）民委员会对接受社区矫正、刑满释放的未成年人，应当采取有效的帮教措施，协助司法机关以及有关部门做好安置帮教工作。刑满释放和接受社区矫正的未成年人，在复学、升学、就业等方面依法享有与其他未成年人同等的权利，任何单位和个人不得歧视。

2020年7月1日《社区矫正法》实施，其中第七章专门针对未成年人社区矫正作出特别规定。社区矫正机构应当根据未成年社区矫正对象的年龄、心理特点、发育需要、成长经历、犯罪原因、家庭监护教育条件等情况，采取针对性的矫正措施。社区矫正机构为未成年社区矫正对象确定矫正小组，应当吸收熟悉未成年人身心特点的人员参加。对未成年人的社区矫正，应当与成年人分别进行。

未成年社区矫正对象的监护人应当履行监护责任，承担抚养、管教等义务。监护人怠于履行监护职责的，社区矫正机构应当督促、教育其履行监护责任。监护人拒不履行监护职责的，通知有关部门依法作出处理。

社区矫正机构工作人员和其他依法参与社区矫正工作的人员对履行职责过程中获得的未成年人身份信息应当予以保密。除司法机关办案需要或者有关单位根据国家规定查询外，未成年社区矫正对象的档案信息不得提供给任何单位或者个人。依法进行查询的单位，应当对获得的信息予以保密。

对未完成义务教育的未成年社区矫正对象，社区矫正机构应当通知并配合教育部门为其完成义务教育提供条件。未成年社区矫正对象的监护人应当依法保证其按时入学接受并完成义务教育。

年满16周岁的社区矫正对象有就业意愿的，社区矫正机构可以协调有关部门和单位为其提供职业技能培训，给予就业指导和帮助。共产主义青年团、妇女联合会、未成年人保护组织应当依法协助社区矫正机构做好未成年人社区矫正工作。

国家鼓励其他未成年人相关社会组织参与未成年人社区矫正工作，依法给予政策支持。未成年社区矫正对象在复学、升学、就业等方面依法享有与其他未成年人同等的权利，任何单位和个人不得歧视。有歧视行为的，应当由教育、人力资源和社会保障等部门依法作出处理。

未成年社区矫正对象在社区矫正期间年满18周岁的，继续按照未成年人社区矫正有关规定执行。

《社区矫正法实施办法》也专门对未成年人实施社区矫正进行了具体说明。第55条规定，社区矫正机构、受委托的司法所应当根据未成年社区矫正对象的年龄、心理特点、发育需要、成长经历、犯罪原因、家庭监护教育条件等情况，制定适应未成年人特点的矫正方案，采取有益于其身心健康发展、融入正常社会生活的矫正措施。社区矫正机构、司法所对未成年社区矫正对象的相关信息应当保密。对未成年社区矫正对象的考核奖惩和宣告不公开进行。对未成年社区矫正对象进行宣告或者处罚时，应通知其监护人到场。社区矫正机构、司法所应当选任熟悉未成年人身心特点，具有法律、教育、心理等专业知识的人员负责未成年人社区矫正工作，并通过加强培训、管理，提高专业化水平。

三、未成年社区矫正对象的特殊性

未成年人正处在建立世界观、人生观、价值观的过程中，处在向成熟过渡的关键时间点，很容易受到来自各方面的负面影响而走上歧途歪路。这与成年人并不一致。相关数据显示，起诉未成年犯罪嫌疑人总数在整体中占比将近五成。[1] 相较于成年人而言，未成年人犯罪成因更为特别。

(一) 价值观念特征

青少年时期正是人的成长发育期，更是世界观、人生观和价值观形成的重要阶段。未成年社区矫正人员也多是由于价值观念的偏异，致使发生行为上的偏差。他们法律意识淡薄，道德意志薄弱，不能很好地明辨社会上的真善美及假丑恶，同时以强烈的自我满足为主，追求过高的物质享受，片面追求个体感官刺激，大多具有极端的个人主义倾向，表现出过于强烈的自我取向。

(二) 家庭特征

家庭是青少年的第一课堂，家庭环境的不良或家庭类型的畸形都容易导致青少年犯罪。青少年社区服刑人员之所以犯罪，通常是受不良家庭的长期影响。在未成年社区矫正人员的家庭中，不和睦家庭的数量要明显多于和睦家庭。家庭失睦通常是指家庭成员之间的沟通出现问题，家庭成员之间关系紧张，经常争吵，甚至拳脚相向，这会直接影响到未成年人，使其产生违法犯罪行为。对此，有学者认为可将他们的家庭分成以下5种主要类型：[2]

1. 溺爱型家庭。父母对孩子盲目溺爱，往往使青少年形成自私自利、骄横任性、我行我素的性格，缺乏正确的是非观，道德意识薄弱，因此容易纵容青少年犯罪。

2. 缺陷型家庭。家庭缺陷或者家庭结构的巨变会对青少年心理造成一定的伤害，也使青少年的家庭教育产生致命的缺陷，致使一些青少年形成反社会的心理，堕落成

---

[1]《广东未成年人检察工作白皮书》，载 http://www.gdzf.org.cn/zwgd/201805/t20180530_944407.htm，最后访问日期：2022年3月3日。

[2]《青少年犯罪与家庭教育的关系》，载 http://www.chinacourt.org/htmlarticle/201108709/460857.shtml，20091217，最后访问日期：2022年3月3日。

为罪犯。

3. 粗暴型家庭。长期生活在家庭暴力中的青少年，自尊心受到严重挫伤，渐渐形成孤僻、冷漠的逆反性格。由于过分地压抑自己，他们一旦爆发就容易进行犯罪。

4. 施压型家庭。一些家长盲目施加的压力，远远超过了青少年所能承受的负荷，因此青少年容易走向极端。

5. 贪欲型家庭。此类家庭的教育推崇拜金主义，向青少年灌输"钱是万能的"思想，渐渐使孩子耳濡目染，价值观被扭曲，为了钱财不择手段，最终铤而走险，锒铛入狱。

(三) 社会特征

未成年人是通过不断的社会互动来实现自身的社会化进程的，因此社会环境是影响青少年成长的一个重要因素。社会互动不充分，青少年的社会化程度不高，也就容易产生消极观念和不良行为。而社区矫正未成年人正是由于社会互动不良，致使其社会化过程中断并且停留在低层次的社会化水平中。具体表现为以下特征：

1. 受同辈群体影响大。青少年在自我认同建构过程中，受朋辈群体影响，形成了朋辈的价值体系与规范，而青少年朋辈群体的价值与规范很大程度上影响制约着青少年个体的发展。大多社区矫正未成年人正是由于交友不慎而误入歧途，而其中有些人则因为所谓的"哥们儿义气"，容易被别人拉拢、利用，或控制不住情绪，意气用事，不计后果，陷入犯罪泥潭，不能自拔。

2. 受社会不良信息影响大。大众传媒作为一种文化形式，对青少年来说是一把"双刃剑"，一方面迎合了青少年对多元文化的需求，因而深受许多青少年的欢迎和喜爱，但与此同时大众传媒也在潜移默化中改变着青少年的文化价值观念和社会生活方式。社会上存在的暴力、犯罪、色情等不良信息给青少年的身心健康以极大的摧残，使部分青少年不能自拔，深受其害，使一些青少年行为变异，从此走上违法犯罪道路。

3. 受就业问题影响大。大多数社区矫正对象就是在完成学业或者失学、辍学后，未能及时解决就业问题，整日无所事事，在社会中到处闲逛，沦为社会闲散人员，最终堕落为失足青少年。

四、对未成年人进行社区矫正的意义

对未成年人进行社区矫正是预防未成年人犯罪的有效措施，充分体现了我国针对未成年犯实行教育、感化、挽救的方针和坚持教育为主、惩罚为辅的原则，也体现了我国对未成年人犯罪预防再犯的刑事政策。未成年人社区矫正有以下意义：

(一) 有更好的惩戒教育效果

在社区内依法对符合社区矫正条件、被判处相应刑罚的青少年实施教育矫治，帮助他们认识错误、改过自新。这一方面是为了保护未成年人，另一方面能促使其自觉纠正不端思想与陋习，找到自己存在价值，成为对社会有意义的人。

(二) 有利于未成年犯顺利回归社会

社区矫正并没有完全将有罪的未成年人与社会隔离开来，并将其归类为罪犯，反而辅导社区矫正的未成年人恢复正常生活，他们就不会产生被遗弃、被隔离、被歧视的感觉，也不会对社会产生"隔阂感""隔膜感"，也不会产生仇视、敌视社会的情绪，符合未成年人生理、心理的发展需求，有利于其顺利回归社会。[1]

(三) 有利于提高社会资源利用效率

开展社区矫正可以有针对性地落实个性化的矫治措施，提高教育矫治的效果。借助社会力量对未成年人实施社区矫正，可以为国家和政府节省大量的人力、财力、物力，降低行刑成本。

五、未成年人社区矫正的内容

未成年人社区矫正内容包括教育矫治、亲情教育和心理矫治。

(一) 教育矫治

对未成年社区服刑人员主要进行思想道德教育、文化知识教育和职业技术教育，以适应犯罪未成年人身心健康的发展。思想道德教育以塑造社会品格为主。法制教育的目的是帮助他们形成法治理念，增强法律意识。文化教育有利于提高未成年人的认识水平。职业技术教育以学习生产技能为主。

(二) 亲情教育

在矫治过程中，应当充分利用犯罪未成年人的社区环境资源，发挥犯罪未成年人所在家庭、学校和其他社会力量的作用。家庭成员的感化、帮助和监督能够促使犯罪未成年人改变不良心理和行为，有利于实现未成年人再社会化的目标。

(三) 心理矫治

未成年人违法犯罪有其复杂的心理原因，为达到矫正的目的，社区矫正社会工作者应当为其积极开展心理咨询与治疗，进行心理疏导，矫治其不良心理，帮助其树立生活信心，实现未成年人再社会化的目标。国外的研究与实践证明，心理矫治对于转

---

[1] 孙强主编：《社区矫正人员法律指导手册》，中国法制出版社2012年版，第85页。

化犯罪未成年人、预防其重新犯罪具有重要的作用。

第三节　女性社区矫正社会工作

从社会性别视角研究女性社区矫正对象的社会适应,旨在为社区矫正社会工作者的实践提供依据,同时推动矫正社会工作的发展,使得社会工作者的介入服务更加多元化和精准化。

一、女性社区矫正人员的相关规定

《社区矫正法》第 24 条规定,社区矫正机构应当根据裁判内容和社区矫正对象的性别、年龄、心理特点、健康状况、犯罪原因、犯罪类型、犯罪情节、悔罪表现等情况,制定有针对性的矫正方案,实现分类管理、个别化矫正。矫正方案应当根据社区矫正对象的表现等情况相应调整。第 25 条规定:社区矫正机构应当根据社区矫正对象的情况,为其确定矫正小组,负责落实相应的矫正方案。根据需要,矫正小组可以由司法所、居民委员会、村民委员会的人员,社区矫正对象的监护人、家庭成员,所在单位或者就读学校的人员以及社会工作者、志愿者等组成。社区矫正对象为女性的,矫正小组中应有女性成员。一些地方也出台地方性法规,对女性社区矫正对象作出相应规定,如 2019 年 6 月江苏省司法厅下发通知《江苏省规范女性及未成年社区矫正对象社区矫正工作》,进一步规范女性及未成年人社区矫正对象社区矫正工作。

二、女性社区矫正对象的特征

(一) 文化程度普遍较低

女性社区矫正对象的受教育程度低,文化程度普遍较低。从黑龙江省社区矫正管理平台系统中能够发现,24 名女性在中专、大专及以上学历的只有 2 名,占总人数的 8.3%;高中学历的有 1 名,占总人数的 4.2%;初中及以下学历的人数最多,共 21 名,占总人数的 87.5%。[1]

(二) 以经济犯罪为主,与性和家庭暴力有关

女性社区矫正人员的犯罪类型以经济犯罪为主,此外还集中于拐卖、容留和介绍卖淫、贩毒吸毒等。另外依靠性来实施犯罪的也屡见不鲜,因家庭暴力而引发的犯罪也

---

[1] 王恬恬:《社会工作介入女性社区矫正工作的研究——以黑龙江佳木斯市×司法局为例》,东北石油大学 2020 年硕士学位论文。

占一定的比例。

(三) 再就业率低

在司法调查、起诉和审判、执行缓刑的过程中，社会就已经给女性社区矫正人员贴上了犯罪的标签。同时，社区矫正人员在接受社区矫正期间需按照规定每月参加一定时长的集中教育学习以及集中公益劳动，使得女性社区矫正人员很难获得一份稳定的工作。

(四) 心理特征

相较男性，部分女性有特殊的心理特征。如思维片面、直观；情感细腻、脆弱；自尊心、虚荣心更强；意志不坚定，缺乏自觉性。

(五) 行为特征

在行为方面，女性社区矫正人员的行为具有冲动性和从属性的特点。女性心理上具有较强的依附性，因此女性犯罪多以共同犯罪的形式实施；在男女共同实施的共同犯罪中，女性社区矫正人员多数情况下扮演次要角色，居于从犯的地位。

三、女性社区矫正对象的需求

女性社区矫正对象的需求较男性矫正对象相比要更加多元化，加之她们较为敏感、脆弱、情感细腻，在接受社区矫正期间，面临的失业、家庭矛盾、压力等问题会使她们的日常生活陷入困境，因此她们的需求也更特殊。

(一) 尊重、关爱和接纳的需求

马斯洛的需求层次理论提出：人有生理、安全、感情、尊重、自我实现的需求。女性社区矫正对象与男性社区矫正对象相比，在心理、情感上都较为脆弱。自古以来女性时常给人以弱者、受害者的印象，当女性犯罪后，社会对于女性的偏见较男性大。她们在犯罪之后，家人、朋友都渐渐远离她们，整个社会对于女性的包容度也较低，这就使得女性社区矫正对象感受不到尊重、关爱以及被接纳。

(二) 教育、就业支持

从女性社区矫正对象的基本情况中可以看到，她们的学历普遍较低，文化程度不高，导致她们就业率很低。一方面是由于社会为她们贴标签，导致企业、工厂对她们存在偏见，不愿接纳她们工作；另一方面也是由于受教育少、学历低、自身素质及能力水平不够高，且女性较男性而言大多从事脑力劳动和轻力量型的工作，就业的种类较少。因此，需要对这些女性社区矫正人员提供维持生活需要的文化教育、职业技能培训以及就业指导。

(三) 家庭成员关系重建

社区矫正对象服刑之后大多与之前的社交圈子断了联系，其对重建社交圈子是非常渴望的。男性矫正对象因其工作圈子和社交圈子是重叠的，所以男性非常重视人际关系的重建。而女性矫正对象在心理状况上大多处于迷茫悔恨的状态，羞耻感可能要比男性更深，会因为家人的责怪而备感压力，以不会再犯错为担保来维护家庭关系的和谐，甚至选择放低自己的姿态，因此能够看出女性矫正对象是十分重视家庭成员关系重建的。

四、女性社区矫正社会工作的主要内容

与社区矫正的主要内容相对应，对女性犯罪人的社区矫正也分为监督管理和教育矫正两个部分，相对一般社区矫正人员，在矫正过程中需要更多地关注女性社区矫正人员的特点。

（一）女性社区矫正人员的监督管理

关于女性社区矫正人员的监督管理，在内容上主要是监督管理其认真遵守社区矫正的各项规定，避免违法现象的发生，不存在特殊之处。值得着重探讨的是，对于女性社区矫正人员的监督管理方式。考虑到女性思维直观的特点，在对女性社区矫正人员实施入矫宣告等行为时，可以考虑首先将生硬冰冷的"法言法语"翻译为通俗易懂的日常生活用语，其次辅之以举例的方式进行，保证女性社区矫正人员真正理解其所要遵守的各项矫正规定。

另外，女性社区矫正人员的感情丰富细腻，情绪容易受周围客观环境的影响，她们不喜欢在公开场合表达内心的真实想法，害怕别人以异样的眼光看待自己，更害怕自己在众人面前被批评。因此，在矫正过程中，除按照法律规定外，需要尽量考虑她们的感受。如《社区矫正法实施办法》第 20 条第 1 款、第 3 款规定："执行地县级社区矫正机构接收社区矫正对象后，应当组织或者委托司法所组织入矫宣告……宣告由社区矫正机构或者司法所的工作人员主持，矫正小组成员及其他相关人员到场，按照规定程序进行。宣告后，社区矫正对象应当在书面材料上签字，确认已经了解所宣告的内容。"矫正行为除必须在多人在场的场合进行外，可以尽量缩小有关女性社区矫正人员矫正信息的知悉人员范围，尽量在不扩大知悉人员范围的情况下对其继续矫正，以防女性社区矫正人员"破罐子破摔"心理的出现。

在对女性社区矫正人员进行监督管理的过程中，可以充分发挥家庭对其的监管作用。一方面，女性社区矫正人员更愿意听从其家人的意见和建议，社区矫正工作者可以通过家庭这条途径进行有效的监管；另一方面，目前的社区矫正资源有限，加强家

庭对女性社区矫正人员的监管可以有效节省社区矫正资源。[1]

(二) 女性社区矫正人员的教育帮助

对女性社区矫正人员的教育矫正，在内容上可以对生理教育、心理教育给以适当突出，同时加强对女性社区矫正人员的道德教育和法律教育。

女性的心理与男性心理有较大差别，此外女性具有特殊的周期性生理现象，但是部分女性社区矫正人员缺乏基本的生理卫生常识，在月经期、更年期内出现生理反应时，不会合理调节自己的情绪变化，在心情烦躁的情况下思想情绪容易激化。因此，务必加强对女性社区矫正人员的生理教育和心理教育。

此外，道德和法律都是人们生活中的行为准则，因此，要加强对于女性社区矫正人员的道德教育，提高她们的道德感，形成有效的自我约束机制。在法律教育方面，可以适当增加《妇女权益保障法》《民法典》"婚姻家庭编"的内容，使其能够在就业、家庭生活中学会用法律的武器保障自己的合法权利。

在对女性社区矫正人员进行教育时，应当实行感化教育和感性教育相结合原则，以及个别教育与家庭教育相结合的原则。对于眼浅心细的女性社区矫正人员，要以细对细进行教育；对于心存顾虑的女性社区矫正人员，要以诚开导，进行心理矫治；对于心灰意冷的，则以热对冷进行鼓励教育；对于爱慕虚荣的女性社区矫正人员，要注意尊重她们的性格；对于感情脆弱的女性社区矫正人员，则要以情动人、循循善诱。[2] 除了直接对其个人在就业、生活方面提供帮助外，还需要在心理、情感方面给予支持，并且将帮助的范围延展到其整个家庭，彻底解决她们的后顾之忧。总之，应当根据女性特有的心理、性格特点，选取恰当的教育方法，提高矫正质量。

---

[1] 李怀胜主编：《社区矫正工作实操指引》，中国法制出版社 2012 年版，第 186 页。
[2] 姜祖桢主编：《社区矫正理论与实务》，法律出版社 2010 年版，第 299 页。

参考文献

1. 习近平：《高举中国特色社会主义伟大旗帜 为全面建设社会主义现代化国家而团结奋斗——在中国共产党第二十次全国代表大会上的报告》，人民出版社 2022 年版。

2. 《中华人民共和国宪法》，中国法制出版社 2023 年版。

3. 《中华人民共和国刑法（根据〈刑法修正案（十二）〉编定）》，中国法制出版社 2024 年版。

4. 《中华人民共和国社区矫正法》，法律出版社 2021 年版。

5. 《中华人民共和国未成年人保护法》，法律出版社 2012 年版。

6. 《中华人民共和国禁毒法（注释本）》，法律出版社 2019 年版。

7. 《中华人民共和国妇女权益保障法（注释本）》，法律出版社 2023 年版。

8. 王思斌主编：《社会工作概论》，高等教育出版社 2014 年版。

9. 李迎生主编：《社会工作概论》，中国人民大学出版社 2018 年版。

10. 顾东辉主编：《社会工作概论》，复旦大学出版社 2021 年版。

11. 许莉娅主编：《个案工作》，高等教育出版社 2013 年版。

12. 隋玉杰主编：《个案工作》，中国人民大学出版社 2019 年版。

13. 刘梦主编：《小组工作》，高等教育出版社 2013 年版。

14. 万江红主编：《小组工作》，中国人民大学出版社 2022 年版。

15. 徐永祥主编：《社区工作》，高等教育出版社 2004 年版。

16. 夏建中主编：《社区工作》，中国人民大学出版社 2015 年版。

17. 甘炳光、梁祖彬：《社区工作：理论与实践》，香港中文大学出版社 1994 年版。

18. 王思斌主编：《社会行政》，高等教育出版社 2013 年版。

19. 时立荣主编：《社会工作行政》，中国人民大学出版社 2020 年版。

20. 陈钟林、黄晓燕：《社会工作价值与伦理》，高等教育出版社 2011 年版。

21. 高鉴国主编：《社会工作价值与伦理》，山东人民出版社 2012 年版。

22. 顾东辉主编：《社会工作评估》，高等教育出版社 2009 年版。

23. 全国社会工作者职业水平考试教材编委会编写：《社会工作综合能力（中级）》，中国社会出版社 2023 年版。

24. 全国社会工作者职业水平考试教材编委会编写：《社会工作实务（中级）》，中国社会出版社 2023 年版。

25. 范燕宁等编著：《社区矫正社会工作》，中国人民公安大学出版社 2015 年版。

26. 范燕宁、席小华：《矫正社会工作研究（2008）》，中国人民公安大学出版社 2009 年版。

27. 李全彩、于海平：《社区矫正社会工作实务研究》，华东理工大学出版社 2018 年版。

28. 张昱主编：《更生时代：社区矫正社会工作案例研究》，华东理工大学出版社 2018 年版。

29. 刘琰主编：《社区矫正社会工作案例评析》，中国社会出版社 2017 年版。

30. 王丹丹、黎键编著：《社区矫正社会工作服务指南》，中国社会出版社 2017 年版。

31. 张书颖、曹海英主编：《社区矫正社会工作服务项目操作指南——北京市朝阳区常营社区矫正模式探讨》，知识产权出版社 2013 年版。

32. 郭建安、郑霞泽主编：《社区矫正通论》，法律出版社 2004 年版。

33. 张昱主编：《矫正社会工作》，高等教育出版社 2008 年版。

34. 吴宗宪主编：《社区矫正导论》，中国人民大学出版社 2020 年版。

35. 张凯、姜祖桢主编：《社区矫正概论》，法律出版社 2021 年版。

36. 芦麦芳主编：《社区矫正教育》，法律出版社 2016 年版。

37. 李怀胜主编：《社区矫正工作实操指引》，中国法制出版社 2012 年版。

38. 吴艳华、李明宝主编：《社区矫正对象个案矫正》，中国人民公安大学出版社 2020 年版。

39. 王增铎等主编：《中加矫正制度比较研究》，法律出版社 2001 年版。

40. 王珏等主编：《中加社区矫正概览》，法律出版社 2008 年版。

41. 刘建昌等：《社区戒毒与社区康复》，中国人民公安大学出版社 2011 年版。

42. 潘泽泉主编：《禁毒社会工作基础知识》，中国社会出版社 2016 年版。

43. 刘静林主编：《禁毒社会工作理论与方法》，中国社会出版社 2016 年版。

44. 席小华、王璐倩主编：《GB/T 42380-2023〈未成年人司法社会工作服务规范〉

理解与适用》，中国标准出版社 2023 年版。

45. 张李玺主编：《妇女社会工作》，高等教育出版社 2008 年版。

46. 刘蔚玮、曹国慧主编：《妇女社会工作案例评析》，中国社会出版社 2017 年版。

47. ［英］Lena Dominelli：《女性主义社会工作》，王瑞鸿等译，华东理工大学出版社 2014 年版。

声　　明　　1. 版权所有，侵权必究。

　　　　　　2. 如有缺页、倒装问题，由出版社负责退换。

图书在版编目（CIP）数据

社区矫正社会工作 / 李辉, 马永清主编. -- 北京：中国政法大学出版社, 2024.6. -- ISBN 978-7-5764-1544-5

Ⅰ. D926.7

中国国家版本馆CIP数据核字第2024TY3888号

出　版　者	中国政法大学出版社	
地　　　址	北京市海淀区西土城路 25 号	
邮　　　箱	fadapress@163.com	
网　　　址	http://www.cuplpress.com（网络实名：中国政法大学出版社）	
电　　　话	010-58908435(第一编辑部) 58908334(邮购部)	
承　　　印	北京鑫海金澳胶印有限公司	
开　　　本	787mm×1092mm　1/16	
印　　　张	17.75	
字　　　数	315 千字	
版　　　次	2024 年 6 月第 1 版	
印　　　次	2024 年 6 月第 1 次印刷	
印　　　数	1~3000 册	
定　　　价	56.00 元	